普通高等教育"十一五"国家级规划教材

质量管理学

(第4版)

曾 瑶 李晓春 编著

北京邮电大学出版社
·北京·

内 容 提 要

中国加入世界贸易组织后,企业间的竞争更加激烈,企业的管理者逐渐认识到,高质量的产品和服务是赢得顾客、占领市场,在竞争中取胜的根本保证。因而在企业中推行质量管理,建立健全质量管理体系成为企业必然的选择。

本书系统地阐述了现代管理学的分支——质量管理学——的基本概念、理论及方法。全书共 8 章,每章后均附有习题。本书可用做大专院校经济管理类课程的教材或参考书,也可作为企业质量管理培训用书。

图书在版编目(CIP)数据

质量管理学/曾瑶,李晓春编著. --4 版. --北京:北京邮电大学出版社,2012.7(2024.1重印)
ISBN 978-7-5635-3096-0

Ⅰ.①质… Ⅱ.①曾…②李… Ⅲ.①质量管理学—高等学校—教材 Ⅳ.①F273.2

中国版本图书馆 CIP 数据核字(2012)第 121166 号

书　　名:	质量管理学(第 4 版)
编 著 者:	曾　瑶　李晓春
责任编辑:	王晓丹
出版发行:	北京邮电大学出版社
社　　址:	北京市海淀区西土城路 10 号(邮编:100876)
发 行 部:	电话:010-62282185　传真:010-62283578
E-mail:	publish@bupt.edu.cn
经　　销:	各地新华书店
印　　刷:	北京虎彩文化传播有限公司
开　　本:	787 mm×1 092 mm　1/16
印　　张:	16.5
字　　数:	409 千字
版　　次:	2002 年 5 月第 1 版　2006 年 1 月第 2 版　2007 年 12 月第 3 版
	2012 年 7 月第 4 版　2024 年 1 月第 9 次印刷

ISBN 978-7-5635-3096-0　　　　　　　　　　　　　　　　　定 价: 42.00 元

·如有印装质量问题,请与北京邮电大学出版社发行部联系·

前　言

随着全球贸易竞争的加剧和世界经济一体化的进程，在整个世界范围内，无论是发展中国家还是发达国家，都越来越重视质量，质量已成为全球经济关注的焦点。同时企业的管理者也认识到，高质量的产品和服务是企业在激烈的市场竞争中制胜的法宝。质量管理从过去为应付检查不得已而进行的活动，转变为许多企业赢得市场的自觉行动。而企业要有效地开展质量管理活动，不仅要从思想上重视质量管理工作，还要有掌握质量管理理论和方法的人才，质量管理的思想、理论、方法的学习也应成为企业管理者们必修的一课。

《质量管理学》教材为满足"质量管理"课程的教学需要，根据培养管理各专业本、专科学生教学计划的要求而编写，自2002年推出后受到读者欢迎，并被多所大专院校选作教材。随着质量管理理论的发展完善及应用环境的变化，本教材经历了多次修改、补充。本次修订的第4版教材在第3版基础上，对服务质量管理的内容进行了充实，对原有的例题也进行了修改补充。新版《质量管理学》秉承原书"精、简、适"的特点，在内容的组织上力求做到突出重点内容与理论精华；简明扼要，简单易懂；实用，适用，并最大限度地保持理论体系的完整性。

为了便于读者学习并深入掌握、理解各章内容，书中还列出了各章学习目标和复习思考题、练习题，在重点章节中设置了案例分析。作者力求理论结合实际，有助于读者在实际工作中运用所学理论和方法，解决一些实际问题。本书也可作为企、事业单位的质量管理教育培训用书和各级质量管理人员的参考书。

全书共分8章，由北京邮电大学副教授曾瑶和李晓春编写。本书在编写过程中参阅了我国目前已经出版的质量管理方面的优秀教材、专著与书籍，引用了一些有关的内容和研究成果，在此恕不逐一注明出处，仅在参考文献中列出书目，并向有关作者致以衷心感谢。

由于编者水平有限，在全书的结构体系和内容上难免存在欠缺及不妥之处，恳请广大读者批评指正。

编　者

目 录

第一章 质量管理概论 … 1

第一节 现代质量管理的产生 … 2
一、质量管理的发展历史 … 2
二、我国质量管理的历史沿革 … 9

第二节 全面质量管理概述 … 12
一、全面质量管理的特点 … 12
二、全面质量管理的任务和目标 … 14
三、全面质量管理的基本观点 … 15

第三节 质量管理的基础工作 … 16
一、标准化工作 … 16
二、计量工作 … 17
三、质量信息工作 … 18
四、质量教育工作 … 19
五、质量责任制 … 19
六、质量管理小组活动 … 20

第四节 质量管理的基本过程 … 21
一、产品设计开发过程中的质量管理 … 21
二、生产制造过程中的质量管理 … 23
三、服务过程中的质量管理 … 26

第二章 现代质量管理标准 … 30

第一节 ISO 9000 系列标准概述 … 30
一、ISO 9000 系列标准产生的背景 … 30
二、ISO 9000 系列标准的发展变化 … 32
三、2000 版 ISO 9000 核心标准简介 … 33
四、2000 版 ISO 9000 系列标准的特点 … 35
五、ISO 9000 系列标准与全面质量管理（TQM）的比较 … 38

第二节 质量管理的术语 … 40
一、有关过程和产品的术语 … 40
二、有关质量的术语 … 41
三、有关管理的术语 … 42

第三节 质量管理的原则 …………………………………………… 47
　一、以顾客为中心 ………………………………………………… 48
　二、领导作用 ……………………………………………………… 49
　三、全员参与 ……………………………………………………… 49
　四、过程方法 ……………………………………………………… 50
　五、管理的系统方法 ……………………………………………… 51
　六、持续改进 ……………………………………………………… 51
　七、基于事实的决策方法 ………………………………………… 52
　八、互利的供方关系 ……………………………………………… 53
第四节 质量管理体系 ……………………………………………… 54
　一、质量管理体系说明 …………………………………………… 54
　二、质量管理体系要求与产品要求的区别 ……………………… 54
　三、质量管理体系和其他管理体系所关注的目标 ……………… 55

第三章 现代质量控制工具 …………………………………………… 56
第一节 基础知识 …………………………………………………… 56
　一、概率与随机变量 ……………………………………………… 56
　二、离散型随机变量的常见分布与数字特征 …………………… 58
　三、连续型随机变量的常见分布与数字特征 …………………… 60
　四、总体与样本 …………………………………………………… 64
第二节 统计分析表 ………………………………………………… 65
第三节 排列图 ……………………………………………………… 66
　一、排列图的概念和结构 ………………………………………… 66
　二、排列图的作图步骤 …………………………………………… 67
　三、绘制排列图的注意事项 ……………………………………… 68
　四、排列图的观察分析 …………………………………………… 68
　五、排列图举例 …………………………………………………… 68
第四节 因果图 ……………………………………………………… 70
　一、因果图的概念和结构 ………………………………………… 70
　二、因果图的作图步骤 …………………………………………… 71
　三、绘制因果图的注意事项 ……………………………………… 71
　四、因果图的种类 ………………………………………………… 71
　五、因果图举例 …………………………………………………… 73
第五节 分层法 ……………………………………………………… 75
第六节 直方图 ……………………………………………………… 76
　一、直方图的概念及作图方法 …………………………………… 76
　二、直方图特征值的计算 ………………………………………… 80
　三、直方图的观察分析 …………………………………………… 83
第七节 质量因素相关分析 ………………………………………… 87

一、相关与回归的概念 …………………………………………………… 87
　　二、相关图及回归方程 …………………………………………………… 88

第四章　工序质量控制工具——控制图 …………………………………… 94

第一节　控制图的基本原理 ………………………………………………… 94
　　一、控制图的理论基础 …………………………………………………… 94
　　二、控制图的工作过程 …………………………………………………… 96
　　三、常用的休哈特控制图的种类 ………………………………………… 98

第二节　计量值控制图 ……………………………………………………… 99
　　一、x 单值-移差控制图 …………………………………………………… 99
　　二、平均数-极差控制图 ………………………………………………… 102
　　三、$\tilde{x}$-R 控制图 ………………………………………………………… 107

第三节　计数值控制图 ……………………………………………………… 109
　　一、不合格品率控制图与不合格品数控制图 ………………………… 109
　　二、缺陷数控制图与单位缺陷数控制图 ……………………………… 115

第四节　通用控制图与选控图 …………………………………………… 121
　　一、通用控制图 ………………………………………………………… 121
　　二、选控图 ……………………………………………………………… 124

第五节　控制图的观察分析与诊断 ……………………………………… 129
　　一、控制图的观察分析 ………………………………………………… 129
　　二、控制图的诊断 ……………………………………………………… 133

第五章　其他质量控制工具 ………………………………………………… 137

第一节　措施表 …………………………………………………………… 137
第二节　PDCA 循环 ……………………………………………………… 138
　　一、PDCA 循环的四个阶段 …………………………………………… 138
　　二、PDCA 循环的特点 ………………………………………………… 139
　　三、解决和改进质量问题的八个步骤 ………………………………… 140
　　四、PDCA 循环应用实例 ……………………………………………… 141

第三节　过程能力分析 …………………………………………………… 144
　　一、过程能力(工序能力) ……………………………………………… 145
　　二、过程能力指数 ……………………………………………………… 146
　　三、过程能力的评价与处置 …………………………………………… 150
　　四、用过程能力指数估计废品率 ……………………………………… 151

第四节　新 QC 工具概述 ………………………………………………… 151
　　一、关联图法 …………………………………………………………… 151
　　二、亲和图(KJ)法 ……………………………………………………… 155
　　三、系统图法 …………………………………………………………… 160
　　四、矩阵图法 …………………………………………………………… 163

五、矩阵数据分析法 …………………………………………………… 168
　　六、PDPC 法 ………………………………………………………… 172
　　七、矢线图法 ………………………………………………………… 176
第五节　6σ管理概论 …………………………………………………… 183
　　一、6σ管理的含义与组织 …………………………………………… 183
　　二、6σ管理的模式 …………………………………………………… 186

第六章　服务质量管理 …………………………………………………… 191

第一节　服务和服务质量 ………………………………………………… 191
　　一、服务及其分类 …………………………………………………… 191
　　二、服务的特征 ……………………………………………………… 193
　　三、服务质量及其基本理论 ………………………………………… 195
第二节　服务质量体系 …………………………………………………… 204
　　一、服务质量体系的概念 …………………………………………… 204
　　二、服务质量体系设计的要求与内容 ……………………………… 204
第三节　服务过程的质量管理 …………………………………………… 206
　　一、服务过程质量管理概述 ………………………………………… 206
　　二、服务过程质量管理的内容 ……………………………………… 207

第七章　质量审核与质量认证 …………………………………………… 212

第一节　质量审核 ………………………………………………………… 212
　　一、质量审核的概念 ………………………………………………… 213
　　二、质量审核的组织管理 …………………………………………… 214
　　三、质量审核的组织实施 …………………………………………… 218
第二节　质量改进 ………………………………………………………… 222
　　一、质量改进的概念 ………………………………………………… 222
　　二、质量改进的程序和主要工具 …………………………………… 223
第三节　质量认证 ………………………………………………………… 224
　　一、质量认证概论 …………………………………………………… 224
　　二、产品质量认证 …………………………………………………… 227
　　三、质量体系认证 …………………………………………………… 229
第四节　质量手册 ………………………………………………………… 231
　　一、质量手册的概念 ………………………………………………… 231
　　二、标准对质量手册的要求 ………………………………………… 232
　　三、质量手册的结构和格式 ………………………………………… 233
　　四、质量手册的内容 ………………………………………………… 233

第八章　质量的经济性与质量成本管理 ………………………………… 234

第一节　质量效益与质量损失 …………………………………………… 234

一、质量效益 …………………………………………………………… 234
　　二、质量损失 …………………………………………………………… 235
　　三、质量波动的损失函数 ……………………………………………… 236
　第二节　质量成本的基本概念 …………………………………………… 237
　　一、质量成本的概念 …………………………………………………… 238
　　二、质量成本费用的分类 ……………………………………………… 239
　第三节　质量成本管理 …………………………………………………… 240
　　一、质量成本预测和计划 ……………………………………………… 240
　　二、质量成本分析和报告 ……………………………………………… 242
　第四节　质量经济分析 …………………………………………………… 245
　　一、质量经济分析的概念及内容 ……………………………………… 245
　　二、产品设计和制造过程的质量经济分析 …………………………… 246
　　三、销售和售后服务过程的质量经济分析 …………………………… 248

附表1　标准正态分布表 …………………………………………………… 251

附表2　相关系数检验表 …………………………………………………… 253

参考文献 ……………………………………………………………………… 254

第一章　质量管理概论

学习目标

【知识目标】
- ◆ 了解质量管理的发展经历的主要阶段
- ◆ 理解全面质量管理及全面质量管理的特点
- ◆ 了解质量管理的基础工作
- ◆ 理解质量管理的基本过程

【能力目标】
- ◆ 能够说出质量管理主要经历了哪些发展阶段
- ◆ 知道什么是全面质量管理及其特点
- ◆ 知道质量管理有哪些基础工作
- ◆ 能够解释质量管理的基本过程

　　质量管理是企业管理的一个重要组成部分，随着现代化生产和科学技术的发展及科学化管理的需要，质量管理已经从管理科学中分支出来，形成了一门独立学科，即质量管理学。现代质量管理更是与企业的经营管理紧密联系在一起。

　　质量管理学是研究和揭示质量产生、形成和实现过程的客观规律的科学。质量是质量管理学的研究对象。

　　质量管理学既涉及经济学、管理学等社会科学，又涉及数学、数理统计学等自然科学，并且与社会发展密切相关。同时，质量管理也是技术与管理的结合，如果只有技术没有管理，技术很难充分发挥作用；反之，如果只有管理没有技术，管理就只能成为无米之炊。因此，从这个角度看，质量管理学又是一门将管理科学与自然科学、技术科学相结合的科学，是一门涉及面十分广泛的边缘学科。

　　质量管理是企业管理的一个组成部分，它同时要受到企业以外的很多因素的制约，因此，质量管理学的研究范围包括微观质量管理和宏观质量管理。微观质量管理着重从企业等组织的角度，研究如何建立健全质量管理体系，企业各个部门在产品质量产生、形成和实现过程中所承担的质量职能，质量控制和改进过程中所使用的各种方法等，目的是提高产品质量；宏观质量管理则着重从国民经济和全社会的角度，研究外部环境对企业产品质量的影响，通过行政的、法律的、经济的和舆论的手段促使企业改进产品质量，达到提高产品质量的目的，其研究质量管理的范围要广泛得多。

　　本书主要涉及从微观的角度对质量管理进行的研究。

第一节 现代质量管理的产生

一、质量管理的发展历史

质量管理这个概念是随着现代工业生产的发展逐步形成、发展和完善起来的。当然,在质量管理成为具有一套科学的管理方法和理论体系的独立学科之前,人类很早就有了这方面的实践活动。根据对出土文物的考古证实,早在一万年前的石器时代,人类就有了"质量"意识,并开始对所制作的石器进行简陋的检验。古代中外各国也曾有过为进行质量管理而颁布的法律条文。例如,我国唐朝有一条法律规定:"诸造器用之物及绢布之属,有行滥短狭而卖者,各杖六十"。这就是一条惩罚制造出售伪劣产品者的法律,又如,古巴比伦汉莫拉比法典中规定,如果营造商为他人建的房屋倒塌,致使房主身亡,那么这个营造商将被处死。虽然人类追求质量的历史可谓源远流长,但可以看出,中外古代的原始质量管理,基本上都是属于经验式管理,而没有什么理论基础作为依据。随着科学技术的不断发展和实践经验的不断丰富,人们对生产活动客观规律的认识逐步深化,质量管理这一学科正是在不断总结实践经验的基础上逐步发展而形成的,并经过了一个从实践到理论的过程。

美国在 20 世纪初开始将质量管理作为一门学科来研究。日本从 20 世纪 50 年代开始逐步从美国引进了质量管理思想理论、技术和方法,并在推行质量管理的过程中,结合本国国情,有所创新,有所发展,自成体系,在不少管理方法和管理组织上超过了美国,形成后来居上之势。当前,质量管理已经发展成为一门独立的学科,形成了一整套质量管理理论和方法。

回顾质量管理科学的发展史,可以看出,社会对质量的要求是质量管理学科发展的原动力,不同时期的质量管理理论、技术和方法为了适应社会对质量的要求都在不断发展变化着。从质量管理的产生、形成、发展和日益完善的过程,及在不同时期解决质量问题的理论、技术、方法的演变来看,质量管理大体经历了四个发展阶段,即质量检验阶段、统计质量控制阶段、全面质量管理阶段和标准化质量管理阶段。

(一)质量检验阶段

质量检验阶段从 18 世纪中叶欧洲工业革命开始,直到 19 世纪 30 年代第二次世界大战爆发前,是质量管理形成和发展的积累和准备阶段。这一阶段也被称为事后检验阶段,它是质量管理发展的最初阶段。这一阶段中,主要是通过产品质量检验的方法,利用一定的检测工具来鉴别产品的质量,区别合格品或不合格品,并保证合格品出厂。

由于在当时人们对质量管理的理解还只限于质量的检验,因此,检验工作是质量管理活动的主要内容。其主要特点是利用各种各样的检测工具、设备和仪表(包括目测)等,对已完成了的全部产品进行事后的、百分之百的检验,严格把关。而在这一阶段中,检验工作的主要承担者,即由谁来执行检验这一职能有一个变化的过程。

20 世纪以前,主要是依靠操作者的手艺和经验,严格把关、检验,故称为"操作者的质量管理"。即在生产中,工人完全依据个人经验和手艺技巧来操作,检验和生产都集中在操作工人身上。工人制造产品,并自己负责检验产品质量。工人既是直接操作者,又是检验者、管理者。

1918年以前，美国出现了以泰罗的"科学管理"为代表的"管理运动"，强调工长在保证质量方面的作用，工厂中设专职检验的职能工长，于是执行质量管理的责任就由操作者转移给工长。因此被称为"工长的质量管理"。

1938年以前，由于公司规模的扩大，生产规模和生产批量都扩大了，检验的职能由工长转移给专职的检验人员，大多数企业都设置专职的检验部门并直属厂长领导，负责全厂各生产单位的产品检验工作，有人称之为"检验员的质量管理"。

在20世纪初期，随着市场范围迅速扩大，企业生产规模日益发展，机器和机器体系逐步代替手工操作，零部件互换性、标准化、通用化的要求越来越高，科学技术不断进步。在这种情况下，出现了一种"科学管理"理论，认为企业所有的管理问题都可以用科学的方法解决，主张把许多管理经验上升为管理理论，变为科学，实行科学管理。提出这个管理理论的代表人物是美国工程师泰罗。在他提倡的企业实行科学管理的主张中，要求在管理人员和工人之间进行合理、科学的分工，建立专职管理（包括质量方面的专职管理）就是其中一个重要组成部分。泰罗认为应当把计划职能（包括计划、设计、制定工艺及操作标准、制定定额、工具准备等职能）和执行职能两者分开，交由不同的人来担任，并相应增加中间检验这一环节，以检验和监督计划、设计、产品标准等项目的贯彻执行。实行这种职能管理制，一方面使管理和生产分开，另一方面又使所有管理者只承担一两种管理职能，形成计划设计，直接执行操作，质量、标准检查三方面都各有专人负责的制度。产品质量检验就是这样提出来的。这是历史上第一次把质量检验职能从直接操作中分离出来，把担任专职的检验人员从工人中分离出来。它是伴随现代工业化生产发展所引起的分工上的变化。结果是直接操作的生产工人减少了，产生了一支专职检验的队伍，并由检验人员集中组成了专职检验部门。这种专职检验的特点就是"三权分立"，即有人专职制定标准（计划）；有人负责制造（执行标准或计划）；有人专职按照标准检验产品质量。这种管理从本质上讲都是靠检验把关的质量管理，其实质是从成品中挑出废品。当然，这也可以保证出厂产品的质量，但却有其固有的弱点，即管理的效能非常差。具体说来有三点，其一，出现质量问题容易扯皮、推诿，缺乏系统的观念，责任不明；其二，它属于"事后检验"，无法在生产过程中起到预防、控制的作用。一旦产生废品，就会造成原材料、燃料、设备、工时及其他费用损失，一般很难补救，充其量只能是"防止以后再发生"；其三，它要求对成品进行百分之百的检验。而百分之百的检验也并不等于百分之百的准确，并且这样做有时在经济上并不合理（因为它增加检验费用，延误出厂交货期限），有时从技术上考虑也不可能（例如破坏性检验）。在生产规模扩大和大批量生产的情况下，这一弱点暴露得更为突出。

事实上早在20世纪20年代前后，一些著名统计学家和质量管理专家就注意到质量检验的弱点，并设法运用数理统计学的原理去解决这些问题。在质量管理中，运用数理统计原理解决问题的最早典型是第一次世界大战期间美国临时突击组织军需供应的成功。1917年，美国仓促决定赴欧参战，遇到一个突出问题，就是300万参战大军的军装、军鞋按照什么规格在短期内尽快加工出来，才能保证适用，且既快又准地满足需要。当时，贝尔电话研究所的休哈特（W. A. Shewhart）提出运用数理统计方法可以做到这点，并通过实践初步证明了数理统计方法在管理工作中的巨大作用。1924年，休哈特进一步运用概率论、数理统计学原理来加强质量预防。他认为，质量管理除了检验之外应在发现有废品产生预兆时就注意预防,实行监督控制,做到防患于未然。休哈特还提出了控制生产过程质量、预防废品产生的具体方案。在他的备忘录中给出了第一张质量控制图,首创质量控制的统计方法,并在贝尔系统的西方电气公司生产现场应用了这个质量管理工具,该方法又叫控制质量的"6σ"(六西格玛)法,这基本上就是现在广泛采用的质量控制图的雏形。当时,美国的威斯汀豪斯电气公司、通用汽车公司、福特汽车公司等少数企业,在质量管理中采用了他所介绍的统计方法,取得了一定成效。与此同时,同属贝尔研究所的道奇(H. F. Dodge)和罗米格(H. G. Romig)两人一起提出在破坏性检验情况下采用的"抽样检验表"和最早的抽样检验方案,为解决这类产品的质量保证问题提供了初步的科学依据。上述三位人士是最早把数理统计方法引入质量管理领域的创始人。但是,由于20世纪二三十年代资本主义国家爆发严重的经济危机,特别是受当时生产力发展水平以及经济发展成熟程度的限制,对产品质量和质量管理的要求还处于较低水平,致使休哈特等人创始的先进管理技术和科学方法未能被普遍接受,绝大多数企业仍然主要采用事后检验的质量管理办法。

(二) 统计质量控制阶段

统计质量控制形成于20世纪40年代到50年代,其主要代表人物是美国贝尔研究所的工程师休哈特、道奇和罗米格等。统计质量控制,就是主要运用数理统计方法,从产品(指原材料、零件、部件、半成品、产品等)质量波动中找出规律性,消除产生波动的异常因素,使生产过程的每一个环节控制在正常的、比较理想的生产状态,从而保证最经济地生产出符合用户要求的合格产品。这种质量管理方法,一方面应用数理统计技术;另一方面,它着重于生产过程的控制,做到以预防为主。它使质量管理工作从单纯的产品检验发展到对生产过程的控制,并为实行质量标准化提供了合理依据,从而把质量管理提高到一个新的水平。

从事后检验的质量管理发展到统计质量管理,是第二次世界大战以后的事,是随着战争引起的科学技术发展以及推动军工生产大幅度提高的客观需要。

第二次世界大战爆发后,由于战争对大批量生产(特别是军需品)的需要,质量检验工作立即显示出其弱点,检验部门成了生产中最薄弱的环节。由于事先无法控制质量,且检验工作量大,军火生产常常延误交货期,影响前线的军需供应。因此,美国政府和国防部为了适应战时环境的客观需要,于1941—1942年,组织了一批数理统计专家和工程技术人员,运用数理统计方法先后制定和公布了《美国战时质量管理标准》,即 Z1.1《质量控制指南》、Z1.2《数据分析用的控制图法》和 Z1.3《生产中质量管理用的控制图法》。这三个标准实际上是以休哈特的质量控制图为基础的,使抽样检验和预防缺陷都得以标准化。这是质量管理中最早的标准,其主要内容包括质量控制办法、管理体制、组织机构、控制图、各种抽样检验方案等。当时,为贯彻这些标准,还采取了三条措施:①宣传普及,扩大"三个标准"的影响,其中包括在大学里举办为期8天的质量控制方法学习班,强制要求各公司选送总检师等主要检验人员参加学习;②制定实施三个标准的细则;③强制执行标准。陆海军采购署要求在所有采购合同中都要包括有关质量管理方面条文的规定,否则不予审批订货。这三个标准贯彻实施以后不到半年,就扭转了从前军需品的生产局面,而且无论是在军需物资生产还是在武器制造方面都取得了显著成效,工厂中的检验人员也比以前减少了。

由于采用质量控制的统计方法给公司带来了巨额利润,战后,很多公司继续运用这一方法,20世纪50年代初期达到高峰。但是,由于这个阶段过分强调质量控制的数理统计方法的作用,忽视了组织管理工作,使人们误认为"质量管理就是统计方法",数理统计方法理论深奥,所以"质量管理是统计专家们的事情",因而对质量管理产生了一种"高不可攀"、"望而生畏"的感觉。此外,在这一阶段中,企业主要依靠制造和检验部门实行质量控制,其他部门则很少过问、关心质量工作,使人们认为"质量管理是少数专家的事情"。这些都在一定程度上限制了质量管理统计方法的普及和推广。

(三) 全面质量管理阶段

全面质量管理的理论是在 20 世纪 60 年代提出的,至今仍在不断发展完善中。其代表人物是美国质量管理专家费根堡姆(A. V. Feigenbaum)和朱兰(J. M. Juran)等。

从统计质量控制发展到全面质量管理,是质量管理理论与实践的一大进步。统计质量控制着重于应用统计方法控制生产过程质量,发挥预防性管理作用,从而保证产品质量。然而,产品质量的形成过程不仅与生产过程有关,还与其他许多过程、许多环节和因素相关联,这不是单纯依靠统计质量控制所能解决的。全面质量管理更适应现代化大生产对质量管理整体性、综合性的客观要求,从过去局部性的管理进一步走向全面性、系统性的管理。

随着生产力水平的不断提高,科学技术的日新月异以及市场经济的迅速发展,出现了许多新的情况,促使统计质量控制向全面质量管理过渡。这些新情况主要如下。

(1) 人们对产品质量的要求更高、更多了。过去,对产品的要求一般注重于产品的一般性能,现在,又增加了耐用性、可靠性、安全性、经济性以及可销性等要求。特别是 20 世纪 50 年代以来,出现了许多大型产品和复杂的系统工程,如美国曼哈顿计划研制的原子弹,海军研制的"北极星导弹潜艇",火箭发射,人造卫星,以至阿波罗宇宙飞船等。对这些大型产品和系统工程的质量要求,特别是安全性、可靠性的要求之高是空前的。以"阿波罗"飞船和"水星五号"运载火箭为例,它们共有零件 560 万个,它们的完善率如果是 99.9%,则飞行中就将有 5 600 个机件要发生故障,后果不堪设想。对于产品质量如此高标准、高精度的要求,单纯依靠统计质量控制显然已越来越不适应,无法满足要求。

(2) 在生产技术和企业管理活动中广泛应用系统分析的概念,它要求用系统的观点分析研究质量问题,把质量管理看成是处于较大系统(如一个企业,甚至整个社会)中的一个子系统。因为在这种产品复杂、竞争激烈的情况下,即使产品制造过程的质量控制得再好,每道工序都符合工艺要求,而试验研究、产品设计、试制鉴定、准备过程、辅助过程、使用过程等方面工作不纳入质量管理轨道,很不好衔接配合、协调起来,则仍然无法确保产品质量,也不能有效地降低质量成本,提高产品在市场上的竞争力。这就从客观上提出了向全面质量管理发展的新要求,而电子计算机这一现代化工具的出现及其在管理中的广泛应用,又为综合、系统地研究质量管理提供了有效的物质技术基础。

(3) 管理理论又有了一些新发展,其中突出的一点就是所谓"重视人的因素"。过去的"科学管理"理论是把人作为机器的一个环节发挥作用,把工人只看成一个有意识的器官,如同机器附件一样。放在这个位置上来研究管理,忽视了人的主观能动作用。现在则要把人作为一个独立的人在生产中发挥作用,要求从人的行为的本质中激发出动力,从人的本性出发来研究如何调动人的积极性,尽量采取能够调动人的积极性的管理办法。在这个理论基础上,提出了形形色色的所谓"工业民主"、"参与管理"、"共同决策"、"目标管理"等新办法。这个管理理论的发展对企业各方面管理工作都带来了重大影响,在质量管理中相应出现了组织工人"自我控制"的无缺陷运动、质量管理小组活动、质量提案制度、"自主管理活动"的质量管理运动等,使质量管理从过去仅限于有技术、有经验的少数人参与的管理逐步走向多数人参加的管理活动。

(4)"保护消费者利益"运动的兴起。20世纪60年代初,广大消费者以及中小企业主在大公司垄断控制市场的情况下,为了保护自己的利益纷纷组织起来同垄断组织抗争。他们迫使政府制定法律,制止企业生产和销售质量低劣、影响安全、危害健康的劣等品,要企业对提供的产品质量承担法律责任和经济责任。

(5)随着市场竞争,尤其是国际市场竞争的加剧,各国企业都很重视"产品责任"(PL)和质量保证(QA)问题。激烈的市场竞争迫使企业提供的产品不仅要性能符合质量标准规定,而且要保证在产品售后的正常使用期限中,使用效果良好、可靠、安全、经济,不出质量问题。这就要求企业建立起贯穿全过程的质量保证体系,把质量管理工作转到质量保证的目标上来。

所有这些,都要求突破原有的统计质量控制概念,即除了运用统计方法外,还要结合其他组织管理工作、管理技术和手段,实行综合的质量管理。

正是基于这种新的历史背景和经济发展形势的客观要求,美国通用电气公司的费根堡姆和质量管理专家朱兰等人先后提出了新的质量管理——全面质量管理——的概念。费根堡姆于1961年出版了《全面质量管理》一书,该书强调执行质量职能是公司全体人员的责任,应该使全体人员都具有质量的概念和承担质量的责任。而要解决质量问题不能仅限于产品制造过程,在整个产品质量产生、形成、实现的全过程中都需要进行质量管理,并且解决问题的方法手段是多种多样的,而不仅限于检验和数理统计方法。他指出:"全面质量管理是为了能够在最经济的水平上并考虑到充分满足用户要求的条件下进行市场研究、设计、生产和服务,把企业各部门的研制质量、维持质量和提高质量的活动构成为一体的有效体系。"

费根堡姆的全面质量管理理论自提出后,已逐步被世界各国所接受。经过二十多年来许多国家在实践中的运用、总结和认识,全面质量管理的含义、内容和方法都得到丰富、充实和完善,形成了一门新的、完整的学科,有了一整套质量管理的理论、技术和方法。全面质量管理也被有些专家学者称为质量系统工程。

全面质量管理理论虽然发源于美国,但真正取得成效却是在日本等国,由于种种原因,在美国并未取得理想的效果。20世纪80年代初,在激烈的国际商业竞争中逐渐处于不利地位的美国重新认识到质量管理的重要性,在著名质量管理专家戴明(W. Edwards Deming)的倡导下,大力推行统计过程控制(SPC)理论和方法,取得显著成效。经过15年的努力,1994—1995年,美国主要产品(如钢铁、汽车等)的质量已经赶上日本,缩小了美、日间的差距。据1994年上半年统计,美国劳动生产率的增长已超过了当时的德国和日本。

在全面质量管理阶段,为了进一步提高和保证产品质量,又从系统观点出发,提出若干新理论。

(1)质量保证理论。朱兰博士指出,质量保证就是对产品的质量实行担保和保证。在卖方市场条件下,不可能存在真正意义上的质量保证。在买方市场形成初期,质量保证也只停留在恢复产品质量的"三包"(包退、包修、包换)的水平上,用户得到的补偿是有限的。在成熟的买方市场条件下,质量保证的内容和范围都发生了质的变化。质量保证已从传统的、只限于流通领域的范围扩展到生产经营的全过程,供方向需方提供的不仅是产品和服务本身的信誉,而且要出示能够保证长期、稳定生产,满足需方全面质量要求的质量的证据。

(2)产品质量责任理论。为了制止企业和个体经营者的不正当竞争行为,减少质量事故的发生,保护消费者的利益,进行质量监督和制定相应的质量法规是十分必要的。国外在

20世纪80年代兴起的产品责任理论就属于这方面的内容。

(3) 质量经济学。质量经济学是20世纪80年代兴起的一门新的质量科学。从宏观角度看,质量经济学研究质量形成的经济规律,分析价格、税收等经济杠杆对促进产品质量提高的作用,对实施质量政策的经济评价等。从微观角度看,质量经济学分析研究为获得一定的质量所投入的资源的经济效益。国外在80年代所倡导的所谓经济质量控制(EQC:Economical Quality Control)即属于这类内容。德国的冯·考拉尼(Elartvon Collani)是这方面的一个代表人物。其他如美国的朱兰、费根堡姆在20世纪六七十年代提出质量成本的概念及核算方法,美国的麦尔斯(L D. Miles)早在20世纪40年代就提出的价值工程、价值分析的理论,在许多领域都取得了巨大的经济效益。质量经济学的研究虽然已取得了相当多的成果,但作为一门完整的科学尚有待于进一步完善和开拓。

(4) 质量文化。质量文化是指企业在生产经营活动中所形成的质量意识、质量精神、质量行为、质量价值观和质量形象以及企业所提供的产品或服务质量等的总和。企业质量文化是企业文化的核心,而企业文化又是社会文化的重要组成部分。企业质量文化的形成和发展反映了企业文化乃至社会文化的成熟程度。质量文化的培育和建设是个艰难的、长期的过程,要从社会、文化、法律和社会心理等方面努力探索,才能培育出具有本国特色的企业质量文化来。

(5) 质量管理与电子计算机的结合。近年来国外发展出一种应用电子计算机的集成制造系统(CIMS:Computer Integrated Manufacturing System),把一个企业从市场调研、确定产量、制造、运输、销售等各个环节全部用电子计算机进行控制和优化,并且第一个试验性工厂已在美国获得成功。这是生产的未来发展方向,也是质量管理在现场运行的未来发展模式。这里需要解决的是质量控制与自动控制如何结合的问题。

(6) 质量控制理论。传统的休哈特质量控制理论对于生产异常只能显示异常,而不能告知是什么异常,发生于何处,即不能进行诊断。我国质量管理专家张公绪教授于1982年提出质量诊断的概念和两种质量诊断理论。这是世界上第一个统计诊断理论,开辟了统计质量诊断理论的新方向。从此,SPC(Statistical Procexs Control,统计过程控制)上升为SPCD(Statistical Process Control and Diagnosis,统计过程控制与诊断)。从20世纪90年代起,SPCD又上升为SPCDA(Statistical Process Control Diagnosisand Adjustment,统计过程控制、诊断与调整),国外称之为ASPC(Algorithmic Statistical Process Control,算法的统计过程控制)。目前,国内外都在进行研究,尚无实用性成果。为了更好地满足顾客的需求,生产愈益趋向多品种、小批量的生产,所谓柔性生产系统理论也已问世。

(7) 质量检验理论。随着生产过程的自动化和自动检测技术的广泛应用,检验环节的集成化程度明显增加。自动生产、自动检测、自动判断以及自行反馈可以在很短时间内一气呵成,具有很高的时效性,大大简化了管理工作。此外,许多发达国家在生产过程中还推广无检验方式,在这方面,统计过程控制(SPC)的贯彻、销售服务的完善和工人自主管理活动的推广提供了可靠的保证。

(8) 质量改进理论与田口方法。质量改进是质量体系运行的驱动力,是实施质量保证的有力手段。日本田口玄一在20世纪五六十年代由于发展出稳健性设计(Robust Design)方法,提高了日本产品质量以及产品开发设计能力,且于1962年获得日本戴明个人奖。现今,田口方法已成为质量改进理论的一个重要内容,在设计低成本、高质量的产品时,田口方法得到广泛应用。

(9) QFD(Quality Function Deployment,质量功能展开)理论。该理论是日本赤尾洋二在20世纪六七十年代所创建的,它利用矩阵表这类工具能够将消费者的需求科学地转化为所开发产品的规格要求。这是开发设计任何产品的第一步。例如,丹麦食品工业十分发达,他们的著名点心曲奇(Cookie)就采用了QFD进行设计。

(四)标准化质量管理阶段

进入20世纪80年代后,随着国际贸易的发展,产品的生产销售已打破国界。不同民族、不同国家有不同的社会历史背景,质量的观点也不一样,往往会形成国际贸易的障碍或鸿沟。这就需要在质量上有共同的语言和共同的准则。产品和服务质量的国际标准化是由各国公认的国际组织对各类产品和各项服务制定统一的产品标准和服务规范,以有助于国际间经济和贸易往来与交流合作。这项工作早在20世纪初期就已由国际标准化组织(ISO)、国际电工委员会(IEC)和国际电信联盟(ITU)为主要代表的一些国际组织承担了,而质量管理的国际标准化则是20世纪80年代才由国际标准化组织制定和完成。

1987年,国际标准化组织在总结各国全面质量管理经验的基础上,制定了ISO 9000《质量管理和质量保证》系列标准,1994年和2000年又对ISO 9000系列标准进行了两次修订。我国也等效、等同采用了ISO 9000《质量管理和质量保证》系列标准,企业在认真总结全面质量管理经验与教训的基础上,通过宣传贯彻GB/T19000或ISO 9000系列标准,来进一步全面深入地推行这种现代国际通用的质量管理方法。

回顾质量管理的发展历程,可以看出,人们在解决质量问题时所应用的方法、手段是在不断发展完善的,这一过程是同科学技术的进步和生产力水平的不断提高密切相关的。质量管理发展的各个阶段也不是孤立的、互相排斥的,前一个阶段是后一个阶段的基础,后一个阶段是前一个阶段的继承和发展,而每一次质量管理的发展既是一次质量飞跃,也是一场质量革命。表1-1-1列出了质量管理各发展阶段特点的比较。可以预测,随着新技术的兴起以及由此而提出的挑战,人们解决质量问题的方法、手段将会更加完善和丰富,质量管理也将会步入新的发展阶段。

表 1-1-1　质量管理各发展阶段特点比较

对比项目＼对比阶段	质量检验阶段	统计质量控制阶段	全面质量管理阶段	标准化质量管理阶段
管理对象	只限于产品质量	产品质量和工序质量	全面质量(产品质量好、成本低、供货及时、服务周到)	产品、过程、体系、形象等全方位质量
管理范围	生产制造过程	从制造过程发展到设计过程	实行设计、生产、辅助生产、使用全过程管理	组织和供方质量管理(企业内部质量管理与外部质量保证)
参加人员	少数技术检验人员	少数技术部门、检验部门等管理部门	实行全员性、全厂性管理	所有相关部门及人员
方法手段	主要用技术检验方法	主要用技术检验及数理统计方法	实行改善经营管理、专业技术研究和应用科学方法(数理统计为基本手段)的三结合综合、系统管理	以ISO 9000系列标准为依据,综合利用各种管理方法手段

续表

对比阶段 对比项目	质量检验 阶段	统计质量 控制阶段	全面质量 管理阶段	标准化质量 管理阶段
管理方式	生产过程结束后,事后把关为主	监控生产过程,重在预防控制	防检结合,以防为主,重在管理影响产品质量的各项因素	内外部质量保证和质量控制相结合
标准化程度	缺乏标准化	只限于控制部分的标准	实行严格标准化,不仅贯彻成套技术标准,而且要求管理业务、管理技术、管理方法的标准化	按照ISO 9000系列标准的要求实行严格的标准化管理
管理经济性	忽视质量经济性	开始注意质量经济性	关注质量经济性	重视质量经济性

二、我国质量管理的历史沿革

解放前,我国工业很落后,基本上是修配式的手工作业。管理更落后,根本谈不上现代化专业性的质量管理,当时仅在一些国家兵工厂中,设有专职的检验人员和专业性的质量检验机构。解放后,引进了原苏联和东欧国家的整套管理模式,但主要还是停留在质量检验方面。从宏观上说,中央、地方、工厂三级检验管理体制已初步形成,企业从原材料进厂、车间生产过程,直到产品的包装、出厂,都有一套检验机构和制度,由检验人员严格进行层层把关,较好地保证了产品质量,促进了国民经济的发展。如当时机械等工业生产的产品质量水平不断提高,有些产品的质量已经达到了国际先进水平。在质量水平提高的同时,企业的计量管理、标准化工作都开始建立和逐步完善。特别是我国的全民所有制大中型企业发展很快,并且从修理、修配转变到了仿造、设计和独立制造,企业生产管理秩序开始走上了正轨。而且,曾经在一些机械、纺织企业中还开展了统计质量管理活动。但后来,由于历史的原因,在"左"的思想影响下,长期重数量、轻质量,使质量管理受到了很大冲击和破坏。采用数理统计方法进行质量管理,被认为是唯心主义,得不到应用。质量检验被看成是管、卡、压。质量管理不被认为是符合客观规律的一门管理科学。因此,在不少企业,检验机构被撤销,检验人员失职,检验文件被遗弃,质量职能似乎不存在了,使企业质量工作大倒退。严重的后果是造成"一年生产、三年返修"的被动局面,这是十分深刻的历史教训。后来又经过了"整顿、调整、充实、提高"的一个痛苦过程,质量管理工作才慢慢得到了恢复。

从1978年到1988年的10年间,我国企业的质量管理得到了较快的发展。首先,1978年在北京内燃机厂开始试点从日本引进的全面质量管理,以后迅速向全国各企业传播,到1985年,全面质量管理得到了普遍推广。原国家经济委员会颁布了《工业企业全面质量管理办法》,在此10年期间,全国有8 200多个大中型企业推行了全面质量管理,在提高产品质量方面取得了明显的成效。但在计划经济体制下,重产值、轻质量的思想在我国企业和管理人员头脑中根深蒂固,质量很少有正确的指导和严格的考核评价,企业大多偏重追求盈利,企业行为短期化的现象比较严重。

1984—1985年,是国民经济快速增长的时期,固定资产投资规模增长很快,但产品质量却有所下降,开始出现了假冒伪劣产品,有些地区甚至很严重。对此,中央很快采取了措施,在1986年7月国务院发布的《工业企业若干问题的决定》中明确指出:"要把产品质量与职工的政治荣誉和物质利益结合起来,使质量指标在职工工资、奖金分配上具有否决权。"这里提到的所谓否决权是指产品质量在对企业职工的劳动成果评价和利益分配上有最终的决定作用。随后于1987年12月,原国家经济委员会发出了《关于在工业企业中推行"质量否决权"的通知》,这就使我国的"质量否决权"活动从少数行业、企业的探索、实践转向在全国有组织、有要求、有指导地开展起来,并在提高质量、降低消耗、增加效益等方面取得了一定的效果。但是,产品质量问题并未因实行"质量否决权"而根本解决。因为影响产品质量的因素很多,它受到企业经营体制、职工的技术、思想素质、管理水平和产、供、销等改革配套措施以及社会上要回扣等不正之风的综合影响。作为"质量否决权"本身来说,还存在着企业领导认识上的偏差、中层干部的畏难和生产工人的抵触情绪、执行方法上的不足、质检人员的压抑心态等诸方面的阻力,有待进一步改进和完善。

直到党的十四大的召开,确立了在中国建立社会主义市场经济体制,为促进企业重视、提高质量创造了有利条件。因为市场经济的最大特点是竞争,竞争的焦点是质量,而保证质量的前提是加强质量管理,这是符合客观规律的事情。但有部分经营管理者和企业职工却错误地认为,只要一实行市场经济,质量就自然而然地会好起来,所以,反而放松了管理,宏观管理上也曾一度失控,导致某些商品供应紧张。而市场需求带来的抢购风,一段时期导致企业的高额利润,致使许多企业盲目追求产量。由于某些商品供不应求,自然形成卖方市场,甚至那些因质量问题而廉价出售或出口转内销的残次品,也成为市场俏货和招引顾客的有效广告。然而物极必反,随之而来的是严重的市场疲软,商品积压,甚至优品品的销售也呈下降趋势,于是就出现了"有奖销售"、"销售回扣"等不正当竞争,使产品质量再次被错误导向。与此同时,我国有的地区有三分之一的企业竟把质量管理机构撤销了,还有三分之一的企业把质量管理机构兼并了,假冒伪劣产品大量冲击市场。国家在这段时间内采取了许多措施,1990年总结、宣传、推广了武钢的"质量效益型"企业管理经验,强调效益来自质量的辩证关系;1991年被确定为"质量、品种、效益年";1992年开展了"中国质量万里行"活动,实际上是揭开了"打假"工作的序幕。一些企业生产的假冒伪劣产品在报纸、电台、电视台被频频曝光,产品质量问题一时成为全国舆论的热点,受到全国人民的拥护,一些企业被停产整顿或关停并转,生产的假冒伪劣产品被焚之于火,彻底销毁,有的厂长甚至受到法律制裁,与此同时,对重视质量、产品质量好的企业则予以表扬,这一空前巨大的声势引起了"轰动"效应。国务院在1989年和1990年两年里,共颁发了五个通知,要求严厉惩处制造和销售假冒伪劣产品的违法行为。

与此同时,我国还建立了一些有效的制度和标准。如1988年8月开始等效采用了国际标准ISO 9000系列(即GB/T 10300),后来鉴于大力发展外向型经济的需要,1992年5月决定于1993年1月开始由等效采用改为等同采用这个标准(即GB/T 19000—ISO 9000),推行质量认证制度,并相继建立了一系列质量法律和法规,其中最主要的有:《中华人民共和国产品质量法》、《中华人民共和国消费者权益保护法》和《中华人民共和国反不正当竞争法》等,使我国产品质量走上了法制的轨道,加强了产品质量的监督管理,加强了宏观调控,加大了"打假"力度。

此外,我国企业为了大力提高产品质量,还做了大量其他基础工作,例如,推广质量成本管理，结合班组建设推行 QC 小组。仅在 1991 年 7 月至 1993 年 5 月这段时间里，全国累计注册的 QC 小组就有 230 万个，创造可计算价值约为 277 亿元；我国还推行了"质量月"活动；广泛持续地加强质量教育和质量培训工作，促进了全民质量意识的提高；在企业中广泛推行了由天津地区首创的提高"一次投入产出合格率"的方法，在此基础上，普遍开展了减损活动，并取得了较好的效益。

全面质量管理在我国的推广应用，有着特别重要的意义，它标志着我国企业的质量管理工作进入了一个深入提高的阶段。企业管理活动中很少有一项工作像全面质量管理那样普及，可以说是家喻户晓，深入人心。尽管在推行中还存在这样或那样的问题，但它在提高产品质量、增强职工质量意识、应用科学的质量管理方法、提高企业素质和经济效益等方面都取得了很大的进展，而且正是由于有了较长时间推行全面质量管理的经验和成果作基础，才使我国能较快地适应质量管理新的发展变化，较好地等同采用 ISO 9000《质量管理和质量保证》系列国际标准，跟上质量国际化的大趋势。

我国通过这十几年在质量管理方面的不断探索与实践，无论是产品实物质量水平，还是质量管理水平都有了很大的提高。例如我国家用电器、机电设备、航天技术等不少产品的质量，已达到了国际先进水平。但就整体而言，总体质量水平与经济发达国家相比仍有较大差距。我国产品档次低、品种少、质量差的状况还没有得到根本的改变，某些产品的质量甚至存在严重问题。据中国消费者协会有关调查资料统计，全国每年受理的消费者投诉信件中，对产品质量问题的投诉占投诉总量的大部分，成为危害消费者权益的主要原因。产品质量直接关系到消费者的利益，质量低劣不仅给消费者带来经济上的损失和精神上的烦恼，有时还会威胁到消费者的健康和安全。因此，如何保证和提高产品质量，满足广大消费者日益增长和多样化的需要，已是当前保障消费者合法权益的紧迫问题。

随着经济活动国际化趋势的增强，国际市场对各国经济发展的促进作用和重要性明显提高。不参加国际竞争就有可能被排斥在世界经济体系之外，这导致各国市场日益对外开放。而世界经济的发展也正经历着由数量型增长向质量型增长的转变，市场竞争已由价格竞争为主转向以质量竞争为主，质量代表了一个国家的科学技术水平、管理水平和文化水平。一个国家的经济增长，很大程度上取决于其产品在国际市场上的占有量，我国必须提高产品质量，才能在国际市场的竞争中处于主动地位，才能最终保持经济增长的速度和水平。因此，质量战略已成为我国经济发展的一种必然选择。

当今，科学技术和生产力的不断发展，特别是少数经济大国的崛起，使得国际市场的竞争日益激烈。质量管理界已流行"世界级质量"之说。所谓"世界级质量"也就是世界最高水准的质量。任何国家的产品，如果达不到世界级质量的水准，就难以在国际市场的竞争中取胜。中国在加入世界贸易组织后有了更多的发展机遇，也面临前所未有的挑战。参加世界贸易组织的国家，在无法采用关税壁垒等保护方式的情况下，甚至难以在国内站稳脚跟。正如美国质量管理专家哈林顿（H.J. Harrington）所说，这不是一场使用枪炮的战争，而是一场商业战争，战争中的主要武器就是产品质量。可以想象，21 世纪的质量战争将更为严酷。因此，21 世纪将是质量的世纪，质量是人类社会发展的永恒主题，同样，质量也将是我国经济建设中的永恒主题。

第二节　全面质量管理概述

全面质量管理(TQM：Total Quality Management)，起源于美国，后被其他发达国家采用，并在实践中各有所长。特别是日本，开展全面质量管理取得丰硕成果，引起世界瞩目。

质量管理是指导和控制某组织与质量有关的彼此协调的活动。指导和控制与质量有关的活动通常包括质量方针和质量目标的建立、质量策划、质量控制、质量保证和质量改进。

全面质量管理是基于组织全员参与的一种质量管理形式。它是以质量为中心，由全体职工及有关部门参与，把专业技术、经营管理、数理统计方法和思想教育工作相结合，建立产品研究、设计、生产、服务等全过程的质量管理体系，有效地利用人力、物力、财力、信息等资源，以最经济的手段生产出顾客满意的产品，使组织、全体成员和社会受益，从而使组织获得长期的成功和发展。

与以往的质量管理方法相比，全面质量管理有如下转变：从过去以事后检验为主的管理转变为以预防为主的管理；从过去只在局部进行的分散的管理转变为系统的、全面的和综合的管理；从过去只是少数人参与的管理转变为全员参与的管理；从过去重视结果的管理转变为重视过程的管理；从过去单纯以符合标准为中心的管理转变为以满足顾客需要为中心的管理。总之，全面质量管理与传统的质量管理相比有其独到之处。

一、全面质量管理的特点

全面质量管理的一个重要特点就在于它管理的全面性，即它是全面质量的管理、全过程的质量管理、全员性的质量管理和综合性的质量管理。

（一）全面质量的管理

全面质量的管理，即全面质量管理的对象——"质量"——的含义是全面的。全面质量管理不仅要管最终产品质量，还要管产品质量赖以形成的过程质量。实行全面质量管理，就是为达到预期的产品目标和不断提高产品质量水平，经济而有效地提高产品质量的保证条件，使过程质量处于最佳状态，最终达到预防和减少不合格品，提高产品质量的目的，并做到成本降低、价格便宜、供货及时、服务周到，以全面质量的提高来满足用户各方面的使用要求。

（二）全过程的质量管理

全过程的质量管理，即全面质量管理的范围是全面的。工业产品质量是生产活动的成果。产品的质量有一个逐步产生和形成的过程，它是经过企业生产经营的全过程一步一步形成的。所以，好的产品质量是设计和生产出来的，不是靠检验得到的。根据这一规律，全面质量管理要求对产品质量形成的全过程，从市场调研、产品设计、生产制造到使用的各环节，进行有效管理，杜绝不合格品产生，做到防检结合，以防为主。

实行全过程的质量管理，以防为主，就是要求企业把质量管理工作的重点，从事后检验产品质量转移到事前控制过程质量上来，在设计和制造过程的管理上下工夫，加强过程的质量管理，保证过程的质量良好，消除产生不合格品的种种隐患，做到防患于未然；还要求企业逐步形成一个包括市场调查、设计研制到销售使用的全过程，能够稳定地产出合格品的质量管理体系。

在现代工业生产中,生产过程是按一定程序进行的,后道工序的质量要受前道工序的影响。各工序之间,一环扣一环,一道工序出问题,就会影响整个生产过程和产品质量。因此,要求每道工序的生产和工作质量都要经得起它的用户检验,满足下道工序要求。有些先进企业在生产过程的许多工序,特别是一些关键工序开展复查上道工序的工作,保证本道工序质量,优质准时地为下道工序服务的活动,在提高质量方面取得了显著效果。只有每道工序都为下道工序和用户着想,在质量上高标准、严要求,才能确保最终生产出优质产品。当然,实现生产全过程的质量管理,仅仅保证上述设计和工艺加工过程的产品质量,保证产品的出厂质量是不够的,还要保证产品的使用质量,就是要建立担保用户能够长期正常使用的质量保证制度。这样就把质量管理从原来的生产制造过程,扩大到产品市场调查、研制、质量设计、试验、试制、工艺、技术、工装、原材料供应、生产、计划、劳动、行政、销售直至用户服务等各个环节,形成从产品设计一直到销售使用的总体(综合)质量管理。从这方面来看,全面质量管理在工作范围和职能上都比以往的质量管理扩大了,它在管理的深度和广度上都有了新的发展。

质量管理向全过程管理的发展,有效地控制了各项质量影响因素,它不仅充分体现了以预防为主的思想,保证质量标准的实现,而且着眼于工作质量和产品质量的提高,争取实现新的质量突破。根据用户要求,每一个环节都致力于产品质量的提高,从而形成一种更加积极有效的管理。

(三) 全员性的质量管理

全员性的质量管理,即全面质量管理要求参加质量管理的人员是全面的,企业所有的相关部门及人员都应参与质量管理活动。全面质量管理是依靠企业全体职工参加的质量管理,质量管理的全员性、群众性是科学质量管理的客观要求。工业产品质量的好坏,是许多工作和许多生产环节活动的综合反映,因此它涉及企业的所有部门和所有人员。这就是说,一方面,产品质量与每个人的工作有关,提高产品质量需要依靠所有人员的共同努力;另一方面,在这个基础上产生的质量管理和其他各项管理,如技术管理、生产管理、劳动管理、物资管理、财务管理等各方面之间,存在着有机的辩证关系,它们以质量管理为中心环节,既相互联系,又相互促进。

因此,全面质量管理要求在企业的集中统一领导下,把各部门的工作有机地组织起来,人人都必须为提高产品质量,为加强质量管理尽自己的职责。只有人人关心产品质量,都对质量高度负责,企业的质量管理才能搞好,生产优质产品才有坚定基础和可靠保证。

实行全员性的质量管理,企业可以开展以质量为中心的各种群众性活动,如开展质量竞赛等,并建立群众质量管理小组。质量管理小组是组织工人进行现场质量管理,开展群众性质量管理活动的基本组织形式。普遍建立质量管理小组,并不断提高它的效能,是开展全面质量管理的基础,也是衡量全面质量管理水平高低的一个重要标志。

(四) 综合性的质量管理

综合性的质量管理,即全面质量管理用以管理质量的方法是全面的,多种多样的,是由多种管理技术与科学方法组成的综合性的方法体系。质量管理方法的现代化、科学化,充分反映了生产力发展水平的迅速上升,产品质量大幅度提高的客观要求。随着现代化大工业生产和科学技术的发展,对产品的性能、精度、可靠性等方面的质量要求也大大提高,检验测试的工作量成倍增加。相应地,对质量管理也提出了许多新的要求,推动了质量管理的科学化、现代化发展,使人们在质量管理工作中更加自觉地利用先进的科学技术和管理方法,广泛应用数理统计、运筹学、正交试验法等来分析各部门的工作质量,找出产品质量存在的问题及其关键影响因素,进而有效地控制生产过程质量,达到提高产品质量的目的。同时,由于影响产品质量的因素错综复杂,来自很多方面,既有物的因素,又有人的因素;既有技术因素,又有组织管理因素;既有自然因素,又有人们心理、环境等社会因素;既有企业内部因素,又有外部因素等,要把如此多的因素系统地控制起来,全面管好,也必须根据不同情况,针对不同影响因素,采取不同的管理方法和措施,才能促进产品质量长期、稳定地持续提高。否则,如果只是片面地运用某一管理方法或工具,不仅影响效果,而且在实践中也很难行得通。

以上内容说明了全面质量管理的全面性,这些全面的管理又都围绕着一个中心目的,就是要用最经济的办法研制、生产出用户满意的优质产品。这是企业推行科学质量管理的出发点和归宿点。

二、全面质量管理的任务和目标

全面质量管理的任务就是要根据国家建设和人民生活的需要,调查分析国内外科技发展趋势、市场变化情况;贯彻质量第一的思想,执行先进合理的技术标准;采用科学方法(包括数理统计方法),结合专业技术研究,控制影响产品质量的各种因素;进行产品质量的技术经济分析;开展对用户技术服务;根据使用要求不断改进产品质量,努力生产物美价廉、适销对路、用户满意、在国内外市场上有竞争能力的产品。

各企业生产的产品不同,企业素质不同,其所确定的质量管理目标也有所不同,各有其侧重,但就推行全面质量管理来讲,企业应努力做到以下几方面。

第一,要保证生产出用户认为具有足够质量水平的产品,这是满足用户需要的基本要求,也是保持产品市场竞争能力的重要条件。为此,企业要不断地改进产品设计,完善产品结构,开发新产品,积极采用先进技术,广泛开展技术革新活动,采用国际标准或国外先进标准,并努力提高企业的经营管理水平。

第二,要不断降低产品成本,提高企业经济效益。从市场的角度看,质量好的产品具有较强的竞争能力;而质量水平尽管一般,但价格较低,也具有一定的竞争能力。企业可通过推行全面质量管理,减少各种损失浪费,降低产品成本,并在此基础上科学地确定出最佳质量成本。众所周知,如果产品缺陷严重,产品质量很差时,产品成本必然很高;而如果产品完美无缺,质量非常好,同样,产品成本也会很高,特别是当质量提高到一定水平以后,如果再要提高质量,则产品成本将会明显升高,因此企业必须确定最佳的质量成本。

第三,要保证必要的产量。就企业来说,保证必要的产量是质量管理的目标之一。如果企业按用户的需要组织生产,产品质量好,受到用户的欢迎,那么产品的销量将增加,市场占有率也将发生变化。另外,产品的产量与产品的单位成本成反比关系,即产量增加,成本降低;相反,产量减少,成本升高,当产量减少到一定程度时就要亏本。这就要求企业根据自己的生产能力和市场需求情况,确定合理的产量,以满足市场需要和获得较好的经济效益。

第四,做好售前售后的服务工作,让用户满意。主要包括以下工作:定期访问用户,征求意见,建立良好的质量反馈系统;建立畅通的销售渠道和方便的消费场所;提供必要的技术咨询和人员培训;建立完善的退换货制度和维修服务网点等。

从根本上讲,全面质量管理的目标和企业的经营目标应该是一致的。企业把生产经营管理与质量管理有机地结合起来,才能保证生产出满足顾客需要的产品,也才能使企业获得长期稳定的发展,使企业在激烈的市场竞争中立于不败之地。

三、全面质量管理的基本观点

全面质量管理的特色,除了体现在它的特点上,还体现在基本观点等方面。

(一) 质量第一的观点

任何产品都必须达到所要求的质量水平,否则就没有或未完全实现其使用价值,从而给消费者和社会带来损失。从这个意义上讲,质量必须是第一位的。20世纪80年代以来,国际市场的竞争异常激烈。日本在产品质量和经济上的成功与欧美工业发达国家的衰退,促使了欧美国家质量管理的复兴。例如,1984年英国政府发起了一项质量改进运动,与此同时,美国政府也发起了一项有关质量的五年运动。现在西方国家又把统计过程控制(SPC)列为现代高技术之一。市场的竞争归根结底就是质量的竞争,企业的竞争能力和生存能力主要取决于它满足社会质量需求的能力。1984年首届世界质量会议提出"以质量求繁荣",1987年第二届世界质量会议提出"质量永远第一",这些都说明"质量第一"的指导思想已成为世界各国的共同认识。

贯彻"质量第一"就要求企业全体职工,尤其是领导层,要有强烈的质量意识;要求企业在确定经营目标时,应根据用户或市场的需求,科学地确定质量目标,并安排人力、物力、财力予以保证。当质量与数量、社会效益和企业效益、长远利益与眼前利益发生矛盾时,应把质量、社会效益和长远利益放在首位。"质量第一"并非"质量至上"。质量不能脱离当前的消费水平,也不能不问成本一味地讲求质量。应该重视质量成本的分析,把质量与成本加以统一,确定最适宜的质量。

(二) 用户至上的观点

在全面质量管理中,这是一个十分重要的观点。"用户至上"就是要树立以用户为中心、为用户服务的思想,要使产品质量与服务质量尽可能满足用户的要求。产品质量的好坏最终应以用户的满意程度为标准。

这里,所谓用户是广义的,不仅指产品出厂后的直接用户,而且指在企业内部,下工序是上工序的用户,下工段或下车间是上工段或上车间的用户等。

(三) 重视设计、制造过程的观点

在生产过程中,检验是重要的,它可以起到不允许不合格品出厂的把关作用,同时还可以将检验信息反馈到有关部门。但影响产品质量好坏的真正原因并不在于检验,而主要在于设计和制造。设计质量是先天性的,在设计时就已决定了质量的等级和水平;而制造是实现设计质量,是符合性质量。二者不可偏废,都应重视。从我国目前现状来看,需要特别重视和强调的是设计质量。

(四) 用数据说话的观点

要求在全面质量管理工作中具有科学的工作作风,在研究问题时不能满足于一知半解和表面现象,对问题除了有定性分析外还应尽量采用定量分析方法,做到心中有"数"。这样可以避免主观盲目性。

在全面质量管理中广泛地采用了各种管理方法和工具,其中既有定性分析方法也有定

量分析方法。用得最多的有"七种工具",即因果图、排列图、直方图、相关图、控制图、分层法和调查表。以后日本又提倡和推行了"新七种工具",即关联图法、KJ法、系统图法、矩阵图法、矩阵数据解析法、过程决策程序法(PDPC法)和箭条图法。常用的数理统计方法有回归分析、方差分析、多元分析、实验设计和时间序列分析等。

(五) 重视人的积极因素的观点

在开展质量管理活动中,人的因素是最积极、最重要的因素。与质量检验阶段和统计质量控制阶段相比,全面质量管理阶段格外强调调动人的积极因素的重要性。这是因为现代化生产多为大规模系统,环节众多,联系密切复杂,远非单纯靠质量检验或统计方法就能奏效的。必须调动人的积极因素,加强质量意识,发挥人的主观能动性,以确保产品和服务的质量。全面质量管理的特点之一就是全体人员参加的管理,"质量第一,人人有责"。1962年日本在我国"鞍钢宪法"三结合小组的启发下开展了质量管理小组活动,充分调动了人在质量管理活动中的主要功能性,对保证和提高质量起了很大的作用。

要提高质量意识,调动人的积极因素,一靠教育,二靠规范,需要通过教育培训和考核,同时还要依靠有关质量的立法以及必要的行政手段等各种激励及处罚措施。

第三节 质量管理的基础工作

根据国内外质量管理的实践,开展质量管理必须具备一些基本条件、基本手段和基本制度,这些就是开展质量管理的基础工作。质量管理的基础工作是企业建立质量体系、开展质量管理的立足点和依据,也是质量管理工作取得成效、质量体系有效运转的前提和保证,质量管理基础工作的好坏,既决定了企业质量管理工作的水平,也决定了企业能否面向市场长期地提供满足顾客要求的产品。基础工作做不好,管理就像无源之水,无本之木。

质量管理的基础工作为企业开展全面质量管理建立基本的秩序和准则,提供合格的人力资源和基本的技术手段,沟通质量信息的流转,维持和保证质量管理活动的持续和深入。它包括标准化工作、计量工作、质量信息工作、质量教育工作、质量责任制和质量管理小组活动等。

一、标准化工作

标准是对重复性事物和概念所作的统一规定,它以科学、技术和实践经验的综合为基础,经过有关方面协商一致,由主管机构批准,以特定形式发布,作为共同遵守的准则和依据。标准是衡量产品质量和各项工作质量的尺度,也是企业进行生产技术活动和经营管理工作的依据。ISO/IEC指南2《标准化与相关活动的基本术语及其定义》对标准的定义是:"标准是由一个公认的机构制定和批准的文件。它对活动或活动的结果规定了规则、准则或特性值,供共同和反复使用,以实现在预定领域内最佳秩序和效益。"

标准化是指在经济、技术、科学及管理等社会实践活动中,对重复性事物或概念,通过制定、发布和实施标准,达到统一,以获得最佳秩序和效益。企业的标准化工作是以提高经济效益为中心,以企业的生产、技术、经营活动的全过程为内容来制定和贯彻标准的一种有组织的活动。ISO/IEC指南2《标准化与相关活动的基本术语及其定义》对标准化的定义是:

"标准化是对实际与潜在的问题作出统一规定,供共同和反复使用,以在预定的领域内获取最佳秩序和效益的活动。"

按照标准化的对象,一般可以将标准分成技术标准、管理标准和工作标准三类。

技术标准是对技术活动中需要统一协调的"物"制定的准则。它是根据不同时期的科学技术水平和实践经验,针对具有普遍性和重复出现的技术问题提出的最佳解决方案。它的对象既可以是有形的"物"(如产品、材料、工具等),也可以是无形的"物"(如程序、方法、符号、图形等)。技术标准是企业标准体系的主体。

管理标准是对标准化领域中需要协调统一的管理事项所制定的标准。它的对象是管理技术事项,即"事"。它是为合理地组织、利用和发展生产力,正确处理生产、交换、分配和消费中的相互关系,以及行政和经济管理机构行使其计划、监督、指挥、控制等管理职能而制定的准则。它是组织和管理企业生产经营活动的依据和手段。

工作标准是对标准化领域中需要协调统一的工作事项所制定的标准。它的对象是"人"的工作、作业、操作或服务程序和方法。工作标准是"人"的行为准则和工作质量的基本依据,目前主要由企事业单位自行制定,它包括管理、操作和服务岗位职工的岗位职责、工作程序、工作内容与要求、工作质量考核等方面的标准,体现了某一工作岗位相应的技术要求和管理要求。

随着科学技术的进步和生产力的发展,标准化的对象与范围越来越广泛,几乎涉及各个方面,由物、事、人发展到"实体",即可以单独描述和研究的事物,包括活动、过程、产品、组织、体系与人及其任何组合,这就与质量的对象一致了。目前国际标准化组织所颁布的国际标准中,有一半以上是与质量管理直接有关的,标准化工作在质量管理中的地位日益重要。每个企业要推行和加强质量管理,就必须认真做好这项基础工作。

质量管理和标准化都是现代的科学管理技术,都要按严格的客观规律和充分的科学依据办事。标准是质量管理的基础和依据,质量管理是贯彻执行标准的保证。不过,质量管理更加突出"管理",重点是放在使用数理统计方法对质量进行控制方面,管理的范围主要是在组织内部;而标准化则更加突出"化",它要求一切具有多样性、相关性特征的重复事物都要制定标准,并且实行标准化、规范化,标准化的范围并不只局限在质量管理的范畴内,它甚至超出组织本身,标准化的工作重点是放在认真制定、修订和贯彻标准,包括国际标准、国家标准、行业标准、地方标准和企业标准,并认真执行质量检查检验。加强标准化工作,对于加强质量管理,提高产品质量具有重要意义。

质量管理的过程就是对标准的采用与实施过程,需要保持生产过程中标准的统一性、权威性和约束力。同时,要认识到标准是产品质量应达到的最低期望值,而不是最高水平。例如,按照国家规定,达到国家标准的是合格品,超过国家标准、处于国内先进水平的才是一等品。随着生产技术水平的进步和需求的变化,既应保持标准的相对稳定,又应根据需要对标准定期加以修改和提高。

二、计量工作

计量是关于测量和保证量值统一、准确的一项重要的技术基础工作。企业计量工作是以统一计量单位制度、组织量值正确传递、保证量值统一为目的的基础工作。如果没有计量单位制度和量值的统一,工艺过程就不能正常控制,生产就无法进行,制定和贯彻技术标准与提高产品质量就只能是一句空话。

计量在生产经营全过程中的作用表现在以下几方面：第一，通过对进厂原材料、燃料进行计量测试，以消除产品质量的隐患；第二，对外购元器件、零部件和各种工艺装备必须严格检测合格，以确保加工和装配的质量；第三，计量测试也是进行生产过程工艺参数监控最基本、最主要的技术手段；第四，半成品和产品质量的最终评价也必须依赖完备、科学的测量控制体系；第五，计量工作是工业生产技术进步和管理现代化的基础和前提。

在生产过程中，大部分的质量特性值是通过各种计量工具、方法获得的，其计量的准确性关系到质量管理工作的有效性，影响对最终产品质量的判断。基础计量管理工作的基本要求是：严格保持测量手段的量值的统一、准确和一致，并符合国家标准；保证测量仪器和工具质量可靠、稳定以及配套；定期对全厂量具进行检定和维护，禁止不合格量具投入使用；完善测量技术、测量手段的技术改造和技术培训工作；逐步实现计量工作的科学化与现代化。对于不能定量的质量特征（如外观、形态、色、香、味、包装、内部缺陷等）要逐步改进评价指标及评价方法，使之更完善、更科学化。做好企业的计量工作，对于企业加强质量管理、提高产品质量以及与国际惯例接轨具有重要意义。

三、质量信息工作

质量信息，指的是反映企业产品质量、原料供应、市场供求、售后服务等各环节工作质量的基本数据、原始记录以及在产品使用过程中反映的各种信息资料。只有有效地掌握这些质量信息才能搞好质量管理工作，因为及时、准确的质量信息是企业制定质量政策、目标和措施的依据，是改进产品质量、改善各个环节工作质量的最直接的原始资料和依据，是正确认识各种因素变化和产品质量波动之间的内在联系和规律性，从而进行质量控制的基本依据。因此，质量信息也是企业的一项重要资源。

质量记录是质量信息的主体。质量记录是表述质量活动状态和结果的客观证据，也是在对产品进行检验、测量、检查的基础上获取的真实质量信息。任何一个组织或一个质量体系均应保存完整的质量记录，证明产品达到规定的质量要求，验证质量体系处于正常有效的运行之中。质量记录又可分为产品质量记录、质量体系记录等。其中，产品质量记录包括产品、半成品、零部件的质量检验记录，不合格品回收与处置记录，产品合格证书，产品质量审核报告等。质量体系记录是对质量体系及其各要素运行状态的记录，包括设计评审报告，工艺更改记录，工序质量控制记录，质量培训与考核记录，计量检测设备的检定记录与证书，质量成本报告，质量体系审核报告等。

由于影响产品质量的因素是多方面且错综复杂的，因此质量信息也是多方面的，它不仅包括企业内部在产品研制与制造过程中的质量信息，还应包括国内外有关的科技发展状况、同类产品质量情况及发展趋势、市场需求的变化及质量反映等方面的信息。企业应建立质量信息系统并和企业内外的质量跟踪系统结合起来。要确定质量跟踪点，质量反馈程序和期限，以保证质量信息的及时性。做好质量信息工作还要和企业的生产统计分析工作结合起来，要完善指标体系，使质量信息工作规范化、制度化。

四、质量教育工作

人力资源是生产要素中最重要的要素,工作要靠人来做,产品或服务要靠人来生产或提供,产品或服务质量的好坏,取决于企业员工的技术和素质水平,取决于企业各部门的管理水平。质量管理活动既是一个工作过程,也是一个教育过程,要"始于教育,终于教育"。因此,开展质量管理活动必须从提高员工的素质抓起,把质量教育作为"第一道工序"。企业只有通过质量教育工作,不断地提高全体员工的质量意识,掌握和运用质量管理的理论、方法和技术,自觉地提高业务管理水平和操作技术水平,才能不断地提高工作质量,从而生产出合格产品,并满足顾客的需要。

质量教育的内容十分广泛,既包括质量管理理论、思想、方法的培训,也包括生产加工技术、工作技能的学习和交流。对于不同部门和岗位的人员,企业应有计划、分层次、有针对性地组织开展质量教育,并加以考核,以评价效果,为下一步的质量教育工作拟定方案。

表 1-3-1 列出了国外对于不同部门的新来者所进行的质量管理培训天数的统计资料。从表中可见:(1)在各个部门中,日本安排质量管理培训的时间最多,韩国次之,而欧洲的丹麦最少;(2)日本在各个部门都安排了一定的质量管理培训时间,丹麦只在质量管理部门安排一定的时间,而在其他部门安排的时间很少。以上反映出日本和欧洲对待质量教育的态度有很大的差异。

表 1-3-1　不同部门对新来者进行质量管理培训的平均天数

部门	平均培训天数/天		
	丹麦	日本	韩国
研制部门	1.4	12.5	8.7
市场部门	0.7	8.1	5.1
生产部门	1.5	14.3	9.7
质量管理部门	10.1	19.3	13.1
生产班组长	2.8	17.5	10.0

我国比较重视质量教育是从 1980 年起,历年都举办全面质量管理电视讲座,参加的学员数以百万计,并组织考试,取得了很大的成绩。今后,各个企业对不同层次人员的质量教育还需要经常化、制度化,尤其要重视结合实际工作,避免流于形式。

五、质量责任制

建立质量责任制是企业建立经济责任制的首要环节。它要求明确规定企业每一个人在质量工作上的具体任务、责任和权利,以便做到质量工作事事有人管、人人有专责、办事有标准、工作有检查,把同质量直接有关联的各项工作和广大职工的劳动积极性结合起来,形成一个严密的质量管理工作系统。一旦发现产品质量有问题,可以追查责任,有利于总结正反两方面的经验,更好地保证和提高产品质量。企业质量责任制的表达形式主要有两种:一是以企业规章制度形式颁布实行;二是以企业标准形式发布实施。随着企业质量管理标准化工作的推行,许多企业采用了后一种形式,并取得较好的效果。

质量责任制的主要内容如下。

(一)建立企业各级行政领导的质量责任制

厂长主管企业的质量工作,对产品质量负全面责任,要定期分析质量状况,认真处理重大质量问题。总工程师或技术副厂长负责解决产品质量中存在的重大技术问题,组织有关部门制定技术攻关计划和产品质量升级赶超规划,协助厂长督促检查各项质量计划的实现。

(二)建立各职能机构的质量责任制

实现生产全过程的质量管理,不仅要求专职质量管理部门、质量检验部门有明确的质量管理职能,而且要求企业所有职能机构(如设计、工艺、生产、计划、供销、财务、教育等部门)都要结合具体情况,建立明确的质量责任制。

为了组织好本部门的质量管理工作,各科室、车间都应成立质量管理领导小组,明确质量管理领导小组的职责与任务,配备专职或兼职质量管理员,具体负责本部门的质量管理工作。

(三)建立车间、班组和个人的质量责任制

生产车间和班组对其加工制造的产品质量负直接责任,车间主任对车间的产品质量负责,要对车间职工进行"质量第一"的教育,严格贯彻工艺规程,防止不合格品出车间,车间需建立以车间主任为组长,有技术人员和工人参加的质量管理小组,解决本车间的质量问题,组织产品质量的自检、互检活动,支持专职检验人员的工作,重点工序建立质量管理点,进行质量控制。操作工人应熟练掌握操作技术,严格按工艺操作,按图纸加工,按制度办事,保证不合格产品不转入下道工序。

实践证明,为了使所有影响质量的活动受到恰当而连续的控制,且能迅速查明实际的或潜在的质量问题,并及时采取纠正和预防措施,必须建立和实施质量责任制度。只有实行严格的质量责任制,才能建立正常的生产技术工作程序,才能加强对设备、工装、原材料和技术工作的管理,才能统一工艺操作,才能从各个方面有力地保证产品质量的提高;实行严格的责任制,不仅提高了与产品质量直接联系的各项工作的质量,而且提高了企业各项专业管理工作的质量,这就可以从各方面把隐患消灭在萌芽状态,杜绝产品质量缺陷的产生;实行严格的责任制,可使工人对于自己该做什么、怎么做、做好的标准是什么都心中有数。

六、质量管理小组活动

质量管理小组是企业实施质量管理活动的群众基础。它是以保证和提高质量为目的,围绕生产现场存在的问题,由班组工人或科室人员在自愿的基础上所组成的开展质量活动的小组。

质量管理小组是日本受到我国鞍钢宪法三结合小组的启发,于1962年提出的。在日本和其他一些亚洲国家,质量管理小组比较普及,并已成为日本质量管理的特色之一。

从表1-3-2中可以看出,质量管理小组最普及的部门是生产部门,在日本甚至行政部门也平均有67.4%的人参加了质量管理小组。而欧美各国普及率则很低,这是他们质量管理工作中的欠缺之处,也与不同的文化背景有关。

表 1-3-2　不同国家不同部门质量管理小组的普及率

部门	组成质量管理小组的职工人数百分比(%)		
	丹麦	日本	韩国
研制部门	0.24	59.3	53.1
市场部门	0	54.1	41.8
生产部门	3.2	86.4	83.5
质量管理部门	7.8	72.7	71.2
行政部门	0	67.4	0

第四节　质量管理的基本过程

质量管理的基本过程大体上包括生产前——产品设计开发过程的质量管理、生产中——生产制造过程中的质量管理,及生产后——服务过程中的质量管理。

一、产品设计开发过程中的质量管理

设计开发过程是指产品正式投产前的全部开发研制过程,包括调查研究、制定方案、产品设计、工艺设计、试制、试验、鉴定、标准化等工作内容。设计开发质量是企业质量管理的起点,它"先天"地决定着产品质量,也是生产制造过程质量管理的依据和目标。

(一) 管理目的——控制产品质量的源头

近年来世界发达国家的制造商已经将质量管理的重点由制造过程转移到设计过程。这是因为他们经过多年来的实践和统计分析发现,在由市场信息获取的索赔和意见的报告中,设计问题所占的比例呈明显上升趋势。例如,日本某公司的统计数据表明,在该公司用户索赔和意见中,属于设计问题部分约占70%,剩下的30%才是属于制造、装运等其他责任。这种倾向引起了国外制造商的密切关注,并取得了一致性观点——产品的设计开发是产品质量的源头。于是,在20世纪80年代以后,各国制造商们成倍地增加设计部门的人员,以保证产品设计开发阶段的质量。日本某公司从1980到1986年的6年中,设计开发部门人员由72人增加到162人,经费投入由2.26亿日元增加到5.45亿日元,约占销售额的3%～6%。在此期间,我国工业企业也相继在企业内部成立"开发部",并且集中优秀技术人员加强产品开发能力。例如,我国某纺织机械厂的开发部人员由最初的10多人增加到70多人,并且对设计开发机构作了比较合理的调整,明确了产品设计开发阶段的主要任务。

世界著名企业认为质量管理的重点由制造向设计转移是基于如下理由。

(1) 统计资料中显示设计质量引起索赔所占的比例显著。

(2) 外部故障成本的含义被广泛认同。正如美国质量管理专家菲力浦·克劳斯比(Philip B. Closby)所说:"第一次就做好。返修的费用是很高的,带来极大损失,延误交货期。"

(二) 管理任务——识别并满足双向要求

产品的设计开发是一个复杂的过程,同时要满足来自用户和制造两个方面的双向要求。

1. 产品质量的识别

应清楚了解什么样的顾客需要什么样的产品及服务,这些顾客将来可能需要什么。对一个企业来说,没有什么事能比这个更基本、更不可缺少。上述问题明显处于企业中心地位,所有其他的事情都要围绕它展开。既然如此,产品设计开发质量目标的基本出发点就是满足用户要求。为此,正确识别用户的明确要求和潜在要求是首要的,也是确定新产品设计开发的依据。识别的整个过程就是大量收集情报并进行系统分析的过程。

2. 识别的范畴和类别

(1) 社会动态、市场情报

如国内和国外经济形势、市场规模的变化趋势和市场预测、相关公司(企业)市场占有率比较分析、市场评价、安全及环境法规和新科学技术动态等。

(2) 竞争对手的情报

如产品开发动向、未来发展战略及课题方向、竞争产品的性能及特征、与竞争对手产品的比较分析等。

(3) 用户的情报

如用户满意程度的测试、用户对同类产品生产厂家的评价、用户对产品的改进意见、用户对产品价格的期望值和承受能力、用户使用环境和使用方法等。

新产品开发的目标决策来自对市场调查信息的系统分析,这是一个识别和确认用户的明确或潜在需求的复杂过程。制造者(经营者)追求新产品质量特性的准确界定和设计开发的新产品投放市场的最小风险。

3. 满足双向要求的过程

经过识别确认的产品质量目标,明确了产品设计的标准,即产品在性能、成本、安全性、可靠性、生产性、维修性、服务性、使用费用、人类工效、对环境的影响以及对法规的符合性等各方面都要充分满足用户的要求。实际上,要完全满足上述客观要求是十分困难的。因此,在产品设计开发过程中只能努力逼近这一目标,只有最佳逼近才能产生优秀的设计成果。

用户要求的最终实现是通过制造过程完成的,因此,设计过程的另一重要质量标志是对制造要求的符合性,这也是一个动态的逼近过程。制造对设计的要求表现在以下方面:产品结构的工艺性、标准化水平、消耗及成本、试制周期及生产效率等。

(三) 产品设计开发的过程

产品设计开发的全部过程,就是产品的研制向生产转移的过程,这个过程主要经历4个阶段和8个步骤。

A:新产品策划—可行性研究

B:初步设计研制—试验—最终产品设计

C:试制(工艺设计)—生产转移

D:使用

以上过程阶段反映了产品设计开发的基本模式和内在规律性。当然,不同类型产品,其开发程序有差异,但本质是相同的。以典型的机械、电子、军工产品为例,这类产品常称为装配性产品,其开发程序分为6个阶段、14个工作程序,如表1-4-1所示。

表 1-4-1　新产品设计开发程序

编号	阶　段	程序号	程　序　内　容
1	策划阶段	1 2 3	新产品构思,市场调研,收集质量信息和技术情报,识别质量 投资预测,资金筹集,物资和人员的准备 对采用的新技术、新材料进行先行试验
2	样品设计阶段	4 5 6	产品初步设计,即方案设计及可行性报告(评审) 产品技术设计,即结构设计(评审) 工作图设计,即施工图设计(完成全部设计图纸和技术资料的编制)
3	样品试制阶段	7 8 9	样品(机)制造(加工过程的跟踪和信息反馈) 样品(机)试验,按规范全面试验,作数据分析评价 样品(机)技术鉴定(评价)(性能参数、设计的正确性)
4	改进设计阶段	10	对样机进行改进(二次设计和改进计划或二次试验、鉴定和审批)
5	小批试制阶段	11 12	小批试生产和投产鉴定(检查工装、工艺、材料和供应的准备工作) 试销,加强用户服务,收集故障和用户意见的信息,反馈信息
6	批量投产阶段	13 14	批量投产,产品定型,鉴定(评价)(生产流程到位) 指导技术服务,收集用户信息,质量跟踪,用户服务,信息反馈

二、生产制造过程中的质量管理

(一) 制造质量的含义

生产制造是以经济的方法,按质、按量、按期、按工艺要求,生产出符合设计规范的产品,并能稳定控制其符合性质量的过程。生产制造过程的质量管理是实现设计意图、形成产品质量的重要环节,也是实现企业质量目标的保证。

将一个理想的产品设计由图纸变成实物,是在生产制造过程中实现的。尽管当前不少企业质量管理的重点已经向设计和服务两个阶段转移,但产品的制造过程仍是产品质量形成的一个重要基础,而制造过程的目标是不偏离设计,是保证对设计的符合性质量。

生产制造过程质量管理的任务是建立一个控制状态下的生产系统。所谓控制状态(in control),就是生产的正常状态,即生产过程能够稳定、持续地生产符合设计质量的产品。生产系统处于控制状态下才能够保证合格(符合规格标准)产品的连续性和再现性。为此,在生产制造过程中应有效控制影响质量的各种因素,及时发现质量问题并加以解决。

生产制造过程的质量管理包括工艺准备的质量控制、基本制造过程的质量控制、辅助服务过程的质量控制。

(二) 工艺准备的质量控制

工艺准备是根据产品设计要求和生产规模,把材料、设备、工装、能源、测量技术、操作人员、专业技术人员与生产设施等资源系统、合理地组织起来,明确规定生产制造方法和程序,分析影响质量的因素,采取有效措施,明确生产按规定的工艺方法和工艺过程正常进行,使产品的制造质量稳定地符合设计要求和控制标准的全部活动。工艺准备是生产技术准备工作的核心内容,是直接影响产品制造质量的主要系统要素。

当产品设计定型之后,工艺准备工作的质量对确保制造质量、提高工作效率、降低制造成本、增加经济效益将起到决定性的作用。尤其是在市场竞争机制下,新产品从开发设计到正式投产的周期越来越短,因此,如何在确保工艺准备质量的前提下缩短工艺准备的周期,已经成为十分重要与现实的课题。

1. 制定制造过程的质量控制计划

为对产品的制造质量实施有效控制,在产品批准投入批量生产之前,必须由工艺部门对生产制造过程的质量控制进行统筹安排,制定质量控制计划,以确保产品制造在受控的状态下进行。

制造过程的质量控制计划涉及工艺准备的各项职能活动,计划的内容视实际需要选择、确定,通常包括下列主要方面。

(1) 审查、研究产品制造的工艺性,确保生产过程的顺利进行。

(2) 确定工艺方法、工艺路线、工艺流程和计算机软件。

(3) 选择与质量特性要求相适应的设备,配备必要的仪器、仪表。

(4) 对采用的新材料、新工艺、新技术、新设备进行试验、验证。

(5) 设计、制造、验证专用工装、储运工具和辅助设备。

(6) 制定工序质量控制计划。对关键工序、部位和环节实行重点控制,对于重点控制的质量特性设置工序质量控制点。编制必要的产品检验计划,明确检验程序、方法、手段、标准等。

(7) 培训操作人员,对特殊工序的操作与验证人员进行资格培训、考核与认可。

(8) 判定合理的材料消耗定额与工时定额。核算能源需用量,分析其供应的安全性与可靠性。

(9) 确定在产品形成适当阶段的合适的验证,对所有特性和要求明确接收标准。

(10) 研究改进制造质量和工序能力的措施和方法。

(11) 确定和准备制造过程的质量记录图表和质量控制文件与质量检验规范等。

2. 工序能力的分析与验证

工序能力是体现工序质量保证能力的重要参数,是指工序能够稳定地生产出合格产品的能力,即工序处于受控状态下的实际加工能力。

在制造过程中,工序是产品质量形成的基本环节,因此,在工艺准备中应对工序具备生产符合产品质量要求的产品的能力进行验证。关于工序能力的分析与工序质量的控制将在第五章中予以阐述。

3. 工艺文件的质量控制

工艺文件是产品制造过程中用来指导工人操作的技术文件,是企业安排生产计划、实施生产调度、劳动组织、材料供应、设备管理、质量检查和工序控制等的重要依据。通常,工艺文件除工艺规程外,还有检验规程、工装图样、工时定额表、原材料消耗定额表等。此外,根据质量要求,为了进行重点控制,还应有工序质量控制点明细表、工序质量分析表、作业指导书、检验计划、检验指导书等。根据产品生产的需要,在可能的情况下还应增加工艺评定书和技艺评定准则等必要的文件。当采用数控设备或计算机控制和测试时,还应编制和维护计算机软件,并使之成为受控工艺文件的组成部分。

工艺文件的形式有工艺过程卡、工艺卡、操作规程、工艺守则、检验卡、工艺路线等。采用何种形式的工艺文件,应视企业的产品类型、生产规模、生产方式特点而定。

对于制定的工艺文件必须贯彻执行,并保持相对的稳定性,若需修改,必须按规定的程序进行审批,以确保受控工艺文件的质量。

(三) 基本制造过程的质量控制

基本制造过程的质量控制是指从材料进厂到形成最终产品的整个过程对产品质量的控制,是产品质量形成的核心和关键的控制阶段,其质量职能是根据产品设计和工艺文件的规定以及制造质量控制计划的要求,对各种影响制造质量的因素实施控制,以确保生产制造出符合设计意图和规范质量并满足用户或消费者要求的产品。基本制造过程的质量控制的基本任务是:严格贯彻设计意图和执行技术标准,使产品达到质量标准;实施制造过程中各个环节的质量保证,以确保工序质量水平;建立能够稳定地生产符合质量水平要求的产品的生产制造系统。

为此,基本制造过程的质量控制的主要环节包括以下几个方面:加强工艺管理,执行工艺规程;严格质量把关,强化过程检验;坚持文明生产和均衡生产;应用统计技术,掌握质量动态;加强不合格品的控制;防误措施和质量可追查性;验证状态的控制;建立健全工序质量控制点;综合运用工序质量控制方法;制造过程的质量经济分析。

(四) 辅助服务过程的质量控制

为保证基本制造过程实现预定的质量目标,保证基本制造过程正常进行,还必须加强对辅助服务过程的质量管理。辅助服务过程的质量管理,一般包括物料供应的质量管理、工具供应的质量管理和设备维修的质量管理等内容。

1. 物料供应的质量管理

与基本制造过程直接相关的物料,包括原材料、辅助材料、外购件、外协件等,这些物料本身质量的好坏,直接影响到产品质量。因此,物料供应质量管理的任务,就是要保证所供应的物料符合规定的质量标准,做到供应及时、方便。同时要在保证能够满足生产需要的前提下,减少储备量,以加速资金周转。

物料采购的质量职能就是为产品质量提供一种"早期报警"的保证。为了执行这一职能,一般要进行以下活动:(1)对合格供应商的要求;(2)对物料供应商的调查和评价;(3)处理同供应商的关系;(4)进货检验;(5)对物料供应商的监督;(6)对供应商的质量评级;(7)制定供应手册。

以上在采购过程中所进行的活动,根据企业所采购的物资的不同而有所不同。

2. 工具供应的质量管理

工具包括各种外购的标准工具和自制的非标准工具等。例如冲、模、卡、量、刃具等。工具不同于原材料之处,在于它不是一次性的消耗品。有的工具使用的时间很长,因此在使用期间如何保证质量是质量管理的一项重要内容。特别是量具,包括各种测试工具,直接影响制造过程的质量检验工作,应在当地计量部门统一组织下进行定期的检验,以保证示值准确。为了统一企业的量值,企业应有专门的部门负责量具的验收、保管、发放、鉴定、校正和修理工作。

生产中所需的大量非标准工具和各种工艺装备,一般由制造部门自行制造。在制造过程中的质量管理,应按前面所讲的基本制造过程中的质量管理要求进行。自制非标准工具,经过完工检验合格后,应送入仓库保存备用。对长期在用的工具,要定期到使用地点进行检验,发现质量问题要及时处理。

3. 设备维修的质量管理

设备质量的好坏直接影响产品的质量。保持设备的良好状态,首先要依靠生产员工正确使用和认真维护保养,及时消除隐患,使设备完好率保持在90%以上;其次要有专门的设备检修队伍来为生产服务。

企业的设备维修部门在维修设备时,要像保证产品质量一样,保证修复的设备达到规定的质量标准。设备的"三级保养"工作应由企业的设备管理部门负责组织和领导。维修人员和日常生产活动有着密切联系,对保证设备质量,从而保证产品质量,起着重要作用。从质量管理要求来说,他们应做到以下几点。

(1) 经常巡回检查设备,及时发现和消除设备隐患,预防设备故障的产生。

(2) 与生产员工相结合,正确使用和维护设备,以生产员工为主进行一级保养,以维修工人为主进行二级保养。

(3) 对发生故障的设备进行修理。修理要做到及时、迅速,修复设备的质量要符合标准,对关键设备要及时抢修,保证生产制造过程顺利进行和产品的质量。

三、服务过程中的质量管理

从微观角度看企业经营策略,自20世纪80年代以来,质量管理的重点明显地由制造向设计和服务两端延伸。从宏观角度看,在当今国际贸易中,服务贸易正异军突起,已远远高于货物贸易的增长速度持续增长。而世界范围的"质量战",使各国的产品质量不断提高,市场竞争的结果促使各国的产品质量差距逐渐缩小。因此,服务质量的优劣日益成为决定胜负的关键,企业只有千方百计地在"服务"上下工夫,才能在竞争中脱颖而出。各国企业都已认识到提高服务质量与提高产品质量是同等重要的。

广义的服务过程涵盖从市场调研、产品设计到生产、销售、售后服务的全过程。这里探讨的只是狭义的服务过程——售后服务——的质量。

售后服务属于产品的附加利益,是现代产品整体概念中十分重要的组成部分。

(一) 售后服务的作用

售后服务的作用表现在以下几个方面。

(1) 售后服务有助于迅速、有效、持久地发挥产品的功能和社会效益。顾客购买产品的目的是使用产品,作为产品的生产者和销售者,应帮助顾客尽快运送、安装、调试产品,培训操作人员,以及提供维修配件和维修服务。这样才能使产品迅速、有效、持久地发挥应有的功能;否则虽然从生产企业看,产品已经销售出去,但从顾客和社会看,产品并未发挥应有的功能和效益。

(2) 售后服务有助于提高产品信誉,促进产品销售。使用中的产品是最有说服力的推销员。产品在使用过程中难免发生故障,其中有些是生产企业造成的,有些是顾客使用不当造成的。产品发生故障后,不仅顾客受到了损失,产品生产者同样蒙受很大的损失。具有战略头脑的经营者总是千方百计地降低企业产品的故障率,其中重要的措施之一是加强售后服务,指导和帮助顾客正确使用本企业的产品,如在保证期内一旦发生重大故障,不仅立即派人赶往现场维修,甚至无偿地用新产品更换有故障的产品。其结果是企业只花极少的销售费用,而极大地提高产品的信誉,加强了顾客的信任感、安全感,从而有力地促进产品的销售。

(3) 售后服务有助于生产企业直接倾听顾客的意见,了解顾客的需要,设计出更好的产品。因为售后服务可使生产者和顾客直接见面,互通信息,如果生产者能根据产品使用条件和使用中发生的种种问题来设计产品,就有可能生产出顾客满意的产品。许多成功的产品都是根据顾客的意见不断改进而日益完善的。

(4) 售后服务还有助于向顾客介绍产品,引导消费。有许多产品虽然性能良好、物美价廉,但由于顾客不了解,或者由于习惯而不愿接受,或者由于对新技术无知而抱怀疑拒绝的态度,从而影响产品的生存和发展。如果生产者能够主动向潜在的顾客免费传授技术,免费试用新产品,自然就会把新产品介绍给潜在的顾客,一大批潜在顾客就可能成为忠实顾客,从而起到引导消费的作用。

(二) 售后服务的内容

售后服务的内容很多,归纳起来,主要有以下各项。

1. 咨询介绍服务

企业不仅要向顾客提供产品,同时还应提供详细的产品技术说明书、必要的产品结构、线路图纸、产品使用和维修手册等资料,把产品向顾客详细介绍。除提供书面资料外,还可设立咨询服务窗口,专门接待感兴趣的顾客,在保守商业秘密的前提下,诚恳、热情、实事求是地回答他们所提出的一切问题。必要时也可组织潜在顾客参观产品的生产过程和试验过程。通过咨询介绍增强未来的顾客对本企业产品的了解程度和信赖度,及时解决他们的疑虑和将来使用中可能发生的问题。

2. 技术培训服务

技术培训服务可以针对已购买或准备购买本企业产品的顾客,也可针对一切可能购买本企业产品的顾客进行。这种培训完全是服务性的,通常不收费甚至还提供培训期间的生活费用。许多生产高级、复杂、技术密集型产品的企业都普遍开展技术培训服务,例如,计算机公司举办某种型号计算机的培训班,不仅培训操作方法,而且提供配套软件,甚至培训简单的软件设计技术。当受训者掌握和熟悉该产品的使用方法后,自然就会倾向于购买该种产品。

3. "三包"服务

我国生产企业一般都实行包退、包换、包修的"三包"服务。有的企业还增加包使用寿命、包赔偿损失、包技术培训等新的内容。"三包"实际上是生产企业对产品质量和功能所作出的保证和承诺。正因为产品可能发生某种问题才需要"三包",因此应把"三包"看成产品质量出现问题时的一种补救措施,而不应把"三包"看成是对顾客的恩赐。

4. 维修服务

任何产品特别是耐用品在使用中都会发生磨损,都需要维修服务。生产企业对产品的维修服务的形式一般有以下三种。

(1) 定点维修。生产企业在本企业产品销售比较集中的地区，派人设立修理部。为了节省费用也可委托各地有关企业、商店作为本企业某种产品的特约维修点。特别是对于那些比较笨重、不便长途运输的产品，或者结构特殊、需要专门零件和修理技术的产品，更应在产品市场覆盖范围内设立修理点，以方便顾客修理。

(2) 上门修理。定点修理需要顾客把损坏的产品送到修理点才能修理，对某些产品而言这样做仍不很方便。较好的方法是上门修理。顾客通过信件、电报、电话把产品故障情况和停放地点通知生产企业，企业派人上门修理。例如，某拖拉机厂向顾客保证在接到顾客要求修理的函电后，本省 24 小时赶到现场，国内其他地区 3 天内赶到现场进行修理。尽管产品质量好，但难免发生故障，所以这种及时的修理服务保证对顾客具有极大的吸引力，可以防止顾客可能因设备故障所造成的损失。

(3) 巡回服务。对于一些精密、高级、复杂、昂贵的仪器设备，生产企业应根据产品档案，主动巡回进行预防性维修，这样就可以避免故障发生后产生的损失，使顾客更加放心。

5. 访问服务

生产耐用品的企业要做好访问服务，一般分为四次：第一次访问在产品出售后 1 个月内进行，主要检查产品安装和操作情况，建立产品顾客档案；第二次访问在产品出售后 3~6 个月之内，主要帮助顾客对产品进行保养，发现顾客在使用中的问题，及时予以提示；第三次访问在产品出售后 2~3 年内进行，主要进行修理服务，更换一些已经损坏的零件，恢复产品的功能，同时也要向顾客介绍此类产品目前还可使用，但正在变得陈旧和落后；第四次访问在产品出售后 5~6 年之间进行，主要目的是向顾客介绍新产品，并用大量的事实向顾客证明购买新产品替代老产品所能带来的经济效益。

综上所述，用一句话来概括，售后服务的任务就是通过以上提到的各种服务让顾客满意。由于售后服务直接面对顾客，服务质量的情况可以得到最直接的反馈，服务质量的好坏往往可以通过顾客的满意度体现出来，而顾客对企业提供的服务是否满意，将会给企业带来极大的影响，这种影响也往往是超乎想象的。

有资料显示，顾客不满意所耗费的成本是一笔可怕的数字。据 1988 年美国珊蒂公司 (Sandy Corporation) 的研究报告证实，该公司因顾客不满意所耗费的成本约占全年营收的 10%。珊蒂公司曾计算过，以服务范畴的顾客流失率每年 5% 计算，损失一名顾客，就损失 89 美元的营收，再加上 100 美元的促销行销费用补充一名新顾客，对每位不满意的顾客，公司将付出 189 美元的成本。假设该公司每年有 454 000 名顾客，那么损失将高达 8 600 万美元。仅用这些数字还不足以充分表现顾客不满意的影响，因为还有许多间接的损失。产品的保证成本、法律诉讼费用、市场调查费用和广告费用都必须增加，还要付出更多的资金与资源，防止竞争对手侵入市场。

不满意顾客抱怨的扩散效应也是不容忽视的。据加拿大一家连锁旅店调查，如果顾客在其中一家旅店遇到不好的服务对待，他会在 24 小时之内向 12 位亲友说，在 72 小时内有 23 个人会知道，一星期之后，有 72 个人知道这家连锁旅店服务不好。这种涟漪效应是长期的，公司的良好形象逐渐被破坏。相反地，如果顾客感觉很满意，不仅会再度光临，也会告诉

4~5位亲友。这份调查报告的结论令人惊讶,顾客不满意的影响,竟然高达一整年的营收。这种现象现在已引起很多企业的注意,提高服务过程中顾客的满意度能够帮助企业更经济、更有效地稳定老顾客,发展新顾客。同时企业也更加清楚地认识到,给予顾客良好的服务,是可以为企业带来更多利润的。从某种意义上说,顾客是企业一项最宝贵的资产。

复习思考题

1. 质量管理经历了哪些发展阶段,各阶段有何特点?
2. 什么是质量管理?质量管理包括哪些活动?
3. 什么是全面质量管理?全面质量管理有什么特点?
4. 全面质量管理的基本观点有哪些?
5. 质量管理有哪些基础工作?
6. 研究质量管理有什么意义?
7. 试分析不同行业在推行质量管理的过程中有哪些不同点。
8. 试分析论证质量管理的重点由制造过程向设计和服务过程转移的理由。

第二章　现代质量管理标准

学习目标

【知识目标】
◆ 了解 ISO 9000 系列标准
◆ 掌握质量管理的术语
◆ 理解质量管理的原则
◆ 了解质量管理体系

【能力目标】
◆ 知道 ISO 9000 系列标准及遵循此标准的现实意义
◆ 能够理解、解释并正确运用质量管理的术语
◆ 能够说明遵循八项质量管理原则所采取的措施及效果
◆ 知道什么是质量管理体系

第一节　ISO 9000 系列标准概述

一、ISO 9000 系列标准产生的背景

质量管理和质量保证标准的产生绝不是偶然的,它是现代科学技术和生产力发展的必然结果,是国际贸易发展到一定时期的必然要求,也是质量管理发展到一定阶段的产物。

（一）科学技术和生产力发展的必然结果

20 世纪后半叶,科学技术迅速发展,新产品不断出现,其中相当一部分是具有高安全性、高可靠性、高价值的产品。这些产品在质量上的缺陷不仅给生产企业本身带来经济损失,还会给顾客造成损失和伤害,一些特殊产品的质量问题,甚至影响到国家安全、生态环境和人类生存。例如,核电站、飞机、火车、锅炉、桥梁、隧道、汽车、火箭等产品,不但在生产上要耗费大量资金、时间和人力,而且这些产品都是多环节的产物,一旦某些环节失控,不能保证质量,在使用过程中发生质量事故,其影响范围之大、损失之巨大是难以估计的。据美国产品安全全国委员会 1970 年的统计报告,每年因使用具有缺陷的产品而使身体受到伤害的约有 2 000 万人。其中致残的约有 11 万人,致死的约有 3 万人。这表明现代文明既给人们

带来丰富的产品，同时也伴随着更多的危险和更大的灾难，因此，社会和顾客都要求生产企业能建立一套质量体系，对产品质量形成全过程的每一环节的技术、管理和人员等方面的因素进行控制，长期稳定地生产满足顾客需要的产品。

（二）国际贸易发展的必然要求

自20世纪60年代以来，世界贸易有了长足的发展。据联合国贸易和发展会议统计，进入20世纪90年代以来，世界贸易增长率一直持续快于世界产出的增长率，前者为后者的3倍。世界经济的融合度越来越高，"在竞争中寻求合作，在竞争和合作中寻求发展"已成为世界各国经济发展的基本战略。随着国际交往的日益增多，产品越出了国界，出现产品国际化，其结果必然出现产品责任国际化的问题。为了有效开展国际贸易，分清产品责任，减少产品质量问题的争端，人们希望在产品国际化的基础上再提高一步，要求质量管理国际化。这就不仅要求产品质量符合统一的技术标准，而且要求有一个共同的语言，能对企业的技术、管理和人员能力进行评价。许多国家和地区性组织陆续发布了一系列质量保证标准，作为贸易往来供需双方认证的依据和评价的规范，但由于缺乏国际统一的标准，给不同国家企业之间在技术合作、质量认证和贸易往来上带来困难。在这样的背景下，为保证国际贸易的迅速发展，制定质量管理和质量保证方面的国际标准已势在必行。

（三）质量管理发展的必然产物

20世纪初期，由于企业规模的扩大以及企业内部分工的细化，大多数企业把检验从生产中分离出来，成立了检验部门，质量管理进入所谓"检验质量管理"阶段。20世纪40年代，为适应大规模生产的要求，美国和欧洲的一些数理统计学家把概率论和数理统计的原理运用于质量管理，成功地创立了质量"控制图"和"抽样检查表"等，使质量管理进入了"统计质量管理阶段"。进入20世纪50年代，出现了一大批高安全性、高可靠性的技术密集型产品和大型复杂产品。在这种情况下，仅在制造过程实施质量控制，已不足以保证产品质量。60年代，美国的费根堡姆提出了"全面质量管理"的概念，提出企业经营的目的是要生产出满足用户需要的产品，必须对质量、成本、交货期和服务水平进行全面管理，对产品形成全过程进行管理，还要把质量与成本联系在一起考虑，以及"预防为主"等一套指导思想。这一新的质量管理理论，较快地被各国所接受，先后在日本等国家和地区取得成功。全面质量管理理论的不断完善，质量管理学科的日趋成熟和数量众多企业的广泛实践，为各国的质量管理和质量保证标准的相继产生提供了充分的理论依据和坚实的实践基础。进入80年代以后，随着国际技术经济合作深入发展，对质量管理提出了新的要求。在世界经济一体化的进程中，为了保护和发展民族工业，保护消费者的合法权益，世界上许多国家都制定了比较高的市场准入制度，即国家以法律的形式规定，必须符合某种标准要求的商品才能进入市场，这就涉及生产商品的厂商的合格评定问题；而且随着被动的关税壁垒逐渐削弱甚至取消，一些发达国家利用其技术等方面的优势，为保护自身利益开始利用非关税壁垒，特别是其中的"技术壁垒"与"绿色壁垒"日益显著。为保证国际间技术经济交流的顺畅和世界经济一体化的需要，要求制定国际统一的标准和规范，使各国质量保证和质量管理标准能协调一致，以便成为对合格厂商评定的共同依据。

二、ISO 9000 系列标准的发展变化

1979年,国际标准化组织(ISO)成立了"质量保证"技术委员会(TC176),从事质量管理和质量保证标准的制定工作。ISO/TC176 的秘书国是加拿大,成员国有美、英、法、德等二十几个国家,并有 14 个国家作为观察员参加该委员会。经过各国专家的努力工作,于 1987 年制定出一套质量管理和质量保证国际标准。

ISO 8402—86:质量管理和质量保证——术语

ISO 9000—87:质量管理和质量保证标准——选择和使用指南

ISO 9001—87:质量体系——设计、开发、生产、安装和服务的质量保证模式

ISO 9002—87:质量体系——生产、安装和服务的质量保证模式

ISO 9003—87:质量体系——最终检验和试验的质量保证模式

ISO 9004—87:质量管理和质量体系要素——指南

ISO 9000 系列标准发布以后,很快得到各国工业界的承认和推广,都以其作为质量体系认证的依据。1988 年我国也等效采用该系列标准,编号为 GB/T 10300,后又于 1993 年改为等同采用。

但在标准的实施过程中,也逐渐暴露出 87 版 ISO 9000 系列标准的不足。由于这一系列标准是依据发达国家军工标准编制的,其内容比较适合大、中型制造业,而对其他行业(如教育、金融、服务业等)则难以适用。为了让更多国家、行业和不同类型的组织都能应用这一系列标准,国际标准化组织于 1994 年对该标准进行了一次有限修订,形成了 94 版 ISO 9000 系列标准。

随着 ISO 9000 系列标准在国际上的广泛应用,以及质量保证、质量管理理论和实践的发展,针对实施中出现的问题,国际标准化组织在了解了用户意见的基础上,再一次对标准进行了根本性修订,并于 2000 年 12 月颁布了 ISO 9000 系列新版标准。

2000 版 ISO 9000 系列标准的颁布,标志着质量认证已从单纯的质量保证,转为以顾客为关注焦点的质量管理范畴。修订后的 ISO 9000 系列标准适合各类组织使用,更加通用化、更加灵活,也更趋完善。

2000 版 ISO 9000 系列标准对原有标准有四种处置方式:并入新标准,以技术报告(TR)或技术规范(TS)的形式发布,以小册子的形式出版发行,转入其他技术委员会(TC)。

2000 版 ISO 9000 系列标准的文件结构如下:

1. 核心标准

ISO 9000:2000《质量管理体系——基础和术语》

ISO 9001:2000《质量管理体系——要求》

ISO 9004:2000《质量管理体系——业绩改进指南》

ISO 19011《质量和环境管理体系审核指南》

2. 其他标准

ISO 10012《测量控制系统》

3. 技术报告

ISO/TR 10006《项目管理指南》

ISO/TR 10007《技术状态管理指南》

ISO/TR 10013《质量管理体系文件指南》
ISO/TR 10014《质量经济性管理指南》
ISO/TR 10015《教育和培训指南》
ISO/TR 10017《统计技术指南》

4. 小册子

《质量管理原则》
《选择和使用指南》
《小型企业的应用指南》

三、2000 版 ISO 9000 核心标准简介

(一) ISO 9000:2000《质量管理体系——基础和术语》

本标准取代 1994 版 ISO 8402 和 ISO 9000-1 两个标准,其主要内容如下。

(1) 规定了质量管理体系应遵循的基本原则,是在总结了质量管理经验的基础上,明确一个组织在实施质量管理中必须遵循的原则,也是 2000 版 ISO 9000 系列标准制定的指导思想和理论基础。

(2) 规定了质量管理体系的术语,共 10 个部分,80 个词条。在语言上强调采用非技术性语言,使所有潜在用户易于理解。为便于使用,在标准附录中,推荐了以"概念图"方式来描述相关术语的关系。

(3) 提出了质量管理体系的基本原理,作为对本标准引言中质量管理八项原则的呼应。

(二) ISO 9001:2000《质量管理体系——要求》

本标准替代合并了 1994 版三个质量保证标准(ISO 9001:1994、ISO 9002:1994 和 ISO 9003:1994),其特点如下。

(1) 标准的结构从 1994 版的"要素结构"变为 2000 版的"过程模式",即用"过程模式"取代 1994 版 ISO 9001 标准中的 20 个要素。

(2) 为适应不同类型的组织需要,在一定情况下,允许有条件的剪裁,但对剪裁的规则作了明确的规定。

(3) 标题发生变化,不再用质量保证一词,这反映了质量管理体系的要求包括产品质量保证和顾客满意两层含义。

ISO 9001:2000 与 ISO 9001:1994 相比,已作了大量的技术性修改,两版 ISO 9001 的异同可以从表 2-1-1 的比较分析中看出。

(三) ISO 9004:2000《质量管理体系——业绩改进指南》

本标准替代了 1994 版 ISO 9004-1,其特点如下。

(1) 本标准不是 ISO 9001 的实施指南,而是为了超越 ISO 9001 的最低要求,改善组织业绩的指南。

(2) 本标准的基础是八项质量管理原则。ISO 9004:2000 和 ISO 9001:2000 是一对协调一致并可一起使用的质量管理体系标准,两个标准采用相同的原则,但应注意其适用范围不同。

(3) 本标准给出了质量改进的自我评价方法,并以质量管理体系的有效性和效率为评价目标。

表 2-1-1　ISO 9001:1994 与 ISO 9001:2000 对比表

		对比标志	ISO 9001:1994	ISO 9001:2000
不同点	1	属性	质量保证标准	质量管理标准
	2	用途	用于外部质量保证	用途已扩大,也适用于内部质量管理
	3 结构	标准组成	ISO 9001 与 ISO 9002、ISO 9003 组成一组质量保证标准,按需选用	仅 ISO 9001 一个标准,通过缩减,适用于各种情况
		与 ISO 9004 的关系	按用途分类,ISO 9004 用于内部质量管理且在内容上未全部覆盖 ISO 9001,章节号不对应	按采用目的分类,ISO 9004 用于希望超出 ISO 9001 要求,寻求更多改进的组织,它与 ISO 9001 的结构相似,成对一致
		方法模式	采用离散型的要素结构	采用以过程模式为基础的结构
		与其他管理体系标准相容性	差	好
	4 要求	规定要求的目的	主要在于通过防止发生不合格,产品达到规定的要求,使顾客满意	通过持续改进和预防不合格发生,满足顾客要求和适用法规要求,达到顾客满意
		活动要求范围	产品质量保证	要求必须建立的程序文件减少,仅 6 种,其余由组织按需自定
		文件化要求范围	有较具体的要求,如:要求建立 20 类程序文件	引用 ISO 9000 的术语,要注意供应链术语的变化
	5	术语	引用 ISO 8402 的术语	重在提供组织成员理解和实施过程及运行结果的证据
	6	证实程度	主要要求提供标准要求的文件和记录	
相同点	7	主题	规定质量体系要求	
	8	用途	可用于第二方认定、第三方认证和合同目的	
	9	适用领域	各类组织和产品	

应该注意的是,ISO 9004 和 ISO 9001 是一对协调一致的质量管理体系标准,两项标准可以一起使用,也可以单独使用。ISO 9004 在 ISO 9001 质量管理体系要求的基础上,扩展了描述质量管理体系应包括的过程。ISO 9004 不是实施 ISO 9001 的指南,而是为希望超过 ISO 9001 所述的最低要求的组织提供了指南。两项标准的具体关系见表 2-1-2。

表 2-1-2　ISO 9001 与 ISO 9004 的关系

		对比标志	ISO 9001	ISO 9004
相同点	1	标准属性	质量管理体系标准	
	2	标准结构	总体结构与其他管理体系标准相似，均互相相容	
	3	适用结构	适用于所有组织和产品	
不同点	4	标准目的	为证实组织具有满足客户要求和适用的法规要求的能力	有助于组织使客户满足和相关方受益，改善组织的总体绩效
	5	内容范围	阐述质量管理体系必须在产品质量保证和顾客满意两方面达到的最低要求，通过符合这些要求证实具有提供满足顾客要求和适用法律、法规要求的能力	超越 ISO 9001 的内容，阐述了综合性质量管理体系，描述了体系应含的过程，指引组织持续改进内部过程，且提高效率和有效性
	6	应用领域	组织内部管理，合同目的和认证等（根据要求可用做审核或认证依据）	组织内部管理。可帮助组织追求卓越，不能用做审核或认证依据，可作为自我评价的依据
	7	采用方法	旨在采用全部内容，在特定情况下，有条件地允许剪裁指定章节范围的要求	无条件约束，组织自定，酌情采用标准的内容

（四）ISO 19011《质量和环境管理体系审核指南》

本标准合并取代 ISO 10011-1、ISO 10011-2、ISO 10011-3 和 ISO 14010、ISO 14011、ISO 14012 等几个标准，其特点如下。

(1) 本标准是 ISO/TC176 与环境管理技术委员会（ISO/TC207）联合制定的，以便遵循"不同管理体系可以共同管理和审核"的原则。本标准在术语和内容方面，兼容了质量管理体系和环境管理体系两方面特点。

(2) 本标准规定了审核的基本原则、审核大纲的管理、环境和质量管理体系审核的实施以及评审员的资格要求等内容。

从上述简介中可知，ISO 9000 阐明了质量管理的理论基础，ISO 9001 是质量管理体系的基本要求，ISO 9004 是质量管理体系更高要求的指南，ISO 19011 则是对质量管理体系进行审核的指南。

四、2000 版 ISO 9000 系列标准的特点

2000 版 ISO 9000 系列标准与 1994 版相比，具有以下特点。

（一）面向所有组织，通用性强

2000 版 ISO 9000 系列标准适用于所有的产品类别、所有的行业和各种规模的组织，将成为适用范围最广的国际标准之一。

(1) 2000 版 ISO 9000 系列标准消除了 1994 版对硬件产品制造业的偏向性。尽管 1994 版标准也声明它适用于所有产品类别，但标准中大量存在着较适用于制造业的词汇和要求，如合同评审、检验和试验、加工、安装等，对科研、运输等服务单位就不得不按其含义套

用20个体系要素,结果难免出现牵强附会的现象。例如,有的设计院将其设计任务的实现过程都作为设计控制的内容后,过程控制、检验和试验就无所事事了。又如,有的运输部门仅在要素的搬运和储存中大做文章,却不知过程控制该做什么。再如,百货零售公司为了符合合同评审的要求,在零售发票上不厌其烦地实施合同评审,结果是影响了营业效率。2000版标准巧妙地采用了"产品实现"、"运作控制"、"过程的测量和监控"和"产品的测量和监控"等词汇和要求,消除了行业的偏向性,对非制造业贯彻ISO 9000系列标准所带来的方便是不容置疑的。

(2)为特种行业制定行业附加要求奠定了共同的基础。有些行业确有其特殊性,2000版标准允许在ISO 9001的基础上增加行业特殊要求的条款。这样既能使所有组织的质量管理体系基本要求具有一致性,又确保行业特殊要求的适用性。现在已有医疗器械、汽车、通信等行业按此方式制定了各自的行业特殊要求。

(3)"允许剪裁"的规定使2000版ISO 9001标准的适用范围扩大到1994版ISO 9001/9002/9003三个质量保证模式的标准用户群。三个保证模式的差异都在产品实现过程中,2000版ISO 9001允许在产品实现过程中,对不影响满足顾客和法规的要求,不涉及组织责任的标准条款进行剪裁,从而扩大了ISO 9001标准的适用范围,又获得"以一顶三"(三个质量保证模式),减少标准数量的功效。

(4)考虑了小型企业的适用性。有些小型企业在实施1994版ISO 9001时有一定难度,2000版标准保留了对大小型企业都必要的条款,有的还予以强化,而对小型企业可能不太适合的具体要求则予以弱化,例如文件化要求的弱化,从而使新版ISO 9001标准对组织规模的通用性更强了。

(二)文字通俗易懂,结构简化

2000版ISO 9000系列标准采用通俗语言,尽量避免专业名词,使用非技术性名词来说明技术性问题。这样不仅使新标准有易读易懂的特点,又可避免由于过多的专业词汇造成不同专业对标准的隔阂。在2000版ISO 9000系列标准的附录中采用了10幅概念图,使相关术语的定义之间的关系更有系统性,更有助于对定义的理解。同时对1994版ISO 9000系列标准进行分流安排后,2000版ISO 9000系列标准的总体结构也大大简化了。

(三)确立八项原则,统一理念

在2000版ISO 9000中明确了质量管理的八项原则,这些原则其实并不陌生,它是全世界质量工作者在长期工作实践中总结的质量管理的基本规律,但是在说法上并不规范。ISO/TC176征集了国际上受尊敬的一批质量管理专家的意见后,用最概括的语言来统一组织质量管理的基本理念,既成为这次新标准修订的理论基础,又将成为实施2000版标准的指导思想。可以预见,有正确的质量管理理念指导新标准的实施,其意义将是十分深远的。

(四)鼓励过程方法,操作性强

2000版质量管理体系国际标准采用了过程模式,对比1994版标准有以下特点。

(1)2000版标准的修订采用了过程模式,提倡用过程方法来识别和建立体系,用过程方法对质量活动运行进行控制。由于过程方法符合质量活动的普遍规律,所以适合所有行业。

(2) 在 2000 版 ISO 9000/9001/9004 的引言中，都以图示方法说明过程方法模式，该图示体现了 PDCA 循环的工作原理，从而构成了 2000 版标准的又一特色。

(3) 过程方法模式对比 1994 版 20 个质量体系要素的明显优点，就是实现了以过程的连续性替代 20 个要素的不连续问题，这对更方便地理顺质量管理体系将是十分有益的。

（五）强化领导的关键作用

强化领导的关键作用表现在如下方面。

(1) "领导是关键"已是所有成功企业的共同经验，在 2000 版 ISO 9000 系列标准中，把"领导作用"列为八项质量管理原则的第二项，仅次于"以顾客为中心"，显示了对最高管理者责任的强化。

(2) 2000 版 ISO 9001 要求最高管理者对建立和改进质量管理体系作出具体承诺，并提供为此而开展活动的证据，这无疑比 1994 版对最高管理者的要求更为具体，更加强化了。

（六）自我评价测量，突出改进

自我评价测量及突出改进表现在如下方面。

(1) 突出改进是 2000 版标准的重要特点。把 ISO 9001 与 ISO 9004 构成质量管理体系的一对标准，其目的之一就是要求组织按 ISO 9001 达到最低要求后，应按 ISO 9004 实现产品和过程的持续改进，如果所有组织认证取证后不再改进，就会使这次兴师动众修订标准失去意义。

(2) 2000 版 ISO 9004 除了 1994 版中原有的内部审核和管理评审外，在附录 A 中提供了"自我评价指南"。又在 2000 版 ISO 9001/9004 中提出了"测量、分析和改进"的系统性要求，说明所有内部审核、管理评审、自我评价以及测量、分析的结果都要落实在改进措施上才有意义。如果只有发现问题的本领，却无解决问题和改进的功能，那么，为发现问题所作的全部努力仍然是徒劳的。

（七）关心各相关方，利益共享

2000 版 ISO 9004 把相关方要求作为体系的输入，又把相关方的满意作为体系的输出，说明 2000 版标准对相关方利益的关心。同时，"互利的供方关系"也要求建立良好的合作伙伴关系，实现风险共担、利益共享。

（八）质量管理体系与环境管理体系相互兼容

继 1987 年质量管理体系的国际标准发布之后，环境管理体系（EMS）国际标准于 1996 年也正式发布，并开展了 EMS 认证工作。国际标准化组织为了合理减轻组织的工作量，在 2000 版 ISO 9000 系列标准修订前就加强了 TC176 与 TC207 这两个技术委员会之间的协调，要求两个管理体系相互兼容，具体表现在如下方面。

(1) 2000 版 ISO 9000 系列标准与 ISO 14000 系列标准都采用相同的文件化管理体系原理，都遵循 PDCA 的管理体系模式，要求体系建立方针目标，通过策划、运行、内审和管理评审进行持续质量改进。

(2) 两个管理体系的不少活动是相同或相似的，如管理评审、管理职责、文件控制、培训、纠正和预防措施、内部审核和记录等，虽然对象不同，但方法是基本一致的。

(3) 作为 2000 版 ISO 9000 系列标准的四个核心标准之一的 ISO 19011《质量和环境审核指南》，为质量管理体系与环境管理体系的一体化审核提供依据。

五、ISO 9000 系列标准与全面质量管理(TQM)的比较

(一)世界共同的知识资源

全面质量管理(TQM)在以前又称为全面质量控制(TQC),是 20 世纪 60 年代初由美国质量管理专家费根堡姆在他所著的《全面质量控制》一书中正式提出的,书中还首次提出质量体系概念。TQM 被提出之后,相继为各工业发达国家乃至发展中国家重视和运用,并在日本取得举世瞩目的成功。多年来,TQM 无论在理论上或实践上都得到了很大的发展,特别是近年来全球市场竞争的日趋激烈和世界经济的发展,进一步推动了 TQM 理论的发展,引起人们对 TQM 的更大关注。当前,TQM 已经成为现代企业以质量为核心的经营途径,是通过达到顾客持续满意而有效提高企业竞争力和获得更大利益的经营管理体系。

从 20 世纪 70 年代末开始,在美国军品生产开展质量保证活动的成功经验的基础上,一些工业发达国家相继发布了各自的质量体系标准。为了促进国际贸易,打破技术壁垒,国际标准化组织于 1987 年正式发布了 ISO 9000 系列质量管理和质量保证国际标准。TQM 和 ISO 9000 系列标准的相继诞生为各国企业的质量管理提供了科学依据,也是世界质量管理中的重要里程碑。

1994 版 ISO 9000 系列标准对 TQM 的定义是:"一个组织以质量为中心,以全员参与为基础,目的在于通过让顾客满意和本组织所有成员及社会受益而达到长期成功的管理途径。"由此可见 TQM 的作用和地位。从 TQM 和 ISO 9000 系列标准的产生与发展可知,两者都是世界各国尤其是工业发达国家质量管理经验的总结和理论的发展,因此,它们属于全世界共同的知识财富,已经成为各国企业广泛运用且行之有效的质量管理手段。对于这样重要的知识资源,值得引起我国企业的高度重视,要抓住机遇与各国企业共同分享,切莫失之交臂。同时,应把贯彻 ISO 9000 系列标准与推动 TQM 看成是企业质量管理工作与国际接轨的重要内容。在国务院颁发的《质量振兴纲要》中,明确要求所有企业都要贯彻 ISO 9000 系列标准和推行 TQM。

(二)打基础与求发展的关系

经过多年来的探讨与实践,人们对于 ISO 9000 系列标准和 TQM 的关系,已从早期的众说纷纭,各抒己见,到认识上的逐步深化,如今已取得了基本共识,并澄清了一些模糊观念。较为普遍的认识是:ISO 9000 系列标准与 TQM 都是指导企业加强质量管理的科学途径,两者之间基本上是一个打基础与求发展的关系,相互之间存在着相融相通的有机联系。ISO 9000 系列标准着眼于为企业建立质量管理体系提供具体指导和为实行对外质量保证作出明确规定,而建立并实施质量管理体系则是企业实行 TQM 的基础和核心工作。因此,按 ISO 9000 系列标准建立质量管理体系是企业质量管理的重要基础,也是衡量企业质量管理的基准。而 TQM 除了 ISO 9000 系列标准所包含的内容之外还具有更丰富的内涵,几乎涉及企业所有的经营活动,尤其是它包含了企业长期成功的经营管理战略,它是引导企业持续不断地以质量为中心,以全员参与为基础,坚持质量改进,从而取得长期成功的管理途径。至今,TQM 的理论和实践随着科学技术和社会经济的发展还在继续发展与提高。

(三)全面质量管理是达到和保持世界级质量水平的要求

ISO 9000 系列标准在诸多方面反映了 TQM 的思想,它是 TQM 发展到一定阶段的产物,因此,把 ISO 9000 系列标准看成是 TQM 的一部分也不无道理。2000 版 ISO 9000 系列

标准与 TQM 有着更多的兼容，但 ISO 9000 作为国际标准，难免又是一个协调的产物，因此，决定了它不可能是企业质量管理的最高要求，加上标准修订的时限性，也就不可能与 TQM 的发展始终保持同步，而 TQM 则是达到和保持世界级质量水平的要求，其中各个国家和区域性质量奖可视为当今世界 TQM 最高水平的代表。推行和深化 TQM 是达到这一水平的全过程活动，通过持续改进达到组织的顾客和各个相关方的持续满意，从而使组织获得最佳的整体业绩。因此，推行 TQM 是每个组织的一项长期任务，也可以说是没有止境的。

TQM 在我国推行已有多年的历史，取得的成绩是肯定的，但也存在着成效不够理想的不足，其原因除了经济基础、经营机制以及企业领导的质量意识和管理观念之外，也有一部分是技术方面的原因。有很多企业对于如何深化 TQM，在具体实施中感到不得要领，不如 ISO 9000 标准好操作。这是由于 ISO 9000 作为一个标准，其具体要求已逐项明确地展示在人们面前，企业的质量管理可以按此加以规范。而以往人们接触到的 TQM，则较多地侧重于它的思想、原理和理论，它们常常以一种哲理的形态出现，这些原则看起来较为简单，甚至显而易见，但执行起来却不知从何入手或难以付诸实践；而且由于它的理论化倾向和原则要求过于宽泛，在具体实施时，虽有较大的游刃余地，但同时也会造成可操作性不强，缺乏具体可依据的准则。这是近年来一些企业在深化 TQM 时所遇到的带有共性的问题，或者说是个技术方面的障碍。可喜的是，ISO 9004 标准和质量奖评定标准对此作出了重要贡献，为推行和深化 TQM 提供了技术上的帮助。

新版 ISO 9000 系列标准在内涵上的最大改进是与 TQM 有更多的兼容，反映各种质量奖的核心价值观的主要思想和原则在标准中得到更多的体现。尤其是 ISO 9004 标准更充分地体现了八项质量管理原则，标准的许多内容与质量奖的要求在指导思想上十分接近，甚至完全一致，而这些质量管理原则都是 TQM 的精髓或主要思想，获得世界著名质量管理专家和质量管理界的普遍赞同。ISO 9004 的引言中指出："ISO 9004 为那些希望超出 ISO 9001 的最低要求，寻求更多业绩改进的管理者提供指南"，"本标准给出了质量管理应用的指南，并描述了质量管理体系应包括什么过程"，这就为获证企业在进行质量管理体系拓展时提供了具体的指导，为实现体系认证向 TQM 过渡解决了以往遇到的困惑或障碍。因此，可以确认 ISO 9004 是广大获证企业向 TQM 过渡、获得持续改进、追求卓越的有效途径。

纵观 ISO 9000 系列标准与全面质量管理，它们在理论上是相同的，在采用方法上是相通的，在具体做法上是相近的。当然，如果非常细致地对比，也能找出如下一些不完全一致的地方。

（1）虽然都强调全员参加，但 ISO 9000 是指与质量体系有关的人员，而 TQM 是指企业所有的人员，范围不同；

（2）虽然都强调全员培训，但 ISO 9000 是指与质量有关的人员必须进行培训，而 TQM 是指所有人员，即 ISO 9000 指的是有限的"全员"；

（3）虽然都讲全面质量，但 TQM 所指的范围较 ISO 9000 窄；

（4）虽然都要求全过程的控制，但 ISO 9000 强调文件化，而 TQM 更重视方法和工具；

（5）TQM 强调顾客满意和社会的收益，而 ISO 9000 强调的是企业具有持续提供符合要求产品的能力，为顾客提供实证；

（6）ISO 9000 能够进行国际通行的认证，而 TQM 却不能；

（7）ISO 9000 是通用的标准，企业按规范化的要求去做，可比较、可检查、可操作，但是 TQM 只有书籍、文章阐述的方法，没有规范化。

当然，尽管存在上述这些差别，但都不会影响二者之间的相容、相同、相通和相近的主流。在企业的实际工作中，应把开展全面质量管理和实施 ISO 9000 系列标准有机地结合起来，以获得更好的管理成效。

第二节　质量管理的术语

2000 版 ISO 9000 是 ISO 9000 系列标准的基础标准，该标准阐明了质量管理体系的基础要求，规定了质量管理体系的术语和基本概念，它为组织建立、实施、保持和改进质量管理体系提供理论基础。2000 版 ISO 9000 由引言、范围、术语和定义、质量管理体系基本原理等四个主要部分组成。

2000 版 ISO 9000 列出了 87 个与质量管理有关的术语，详见表 2-2-1。下面介绍其中几个主要术语。

表 2-2-1　2000 版 ISO 9000 规定的术语一览表

类　别	数量/个	术　语
有关质量的术语	7	质量、要求、质量要求、等级、顾客不满意、顾客满意、能力
有关管理的术语	14	体系、管理体系、质量管理体系、质量方针、质量目标、管理、最高管理者、质量管理、质量策划、质量控制、质量保证、质量改进、有效性、效率
有关组织的术语	7	组织、组织机构、基础设施、工作环境、顾客、供方、相关方
有关过程和产品的术语	8	过程、产品、服务、软件、外供产品、项目、设计和开发、程序
有关特性的术语	5	特性、质量特性、可偏差性、可追溯性（通用）、溯源性（计量学）
有关合格的术语	13	合格、不合格、缺陷、预防措施、纠正措施、纠正、偏离许可、让步、放行、返修、返工、降级、报废
有关文件的术语	6	文件、规范、指南、质量手册、质量计划、记录
有关检查的术语	6	客观证据、检验、试验、验证、确认、评审
有关审核的术语	13	审核、审核方案、审核范围、审核准则、审核证据、审核发现、审核结论、审核委托方、受审核方、审核组、审核员、技术专家、资格
有关测量过程质量保证的术语	8	测量、测量过程、计量确认、测量控制体系、测量设备、测量设备允许误差极限值、计量要求、计量特性

一、有关过程和产品的术语

（一）过程

过程被定义为"一组将输入转化为输出的相互关联或相互作用的活动"。过程由输入、实施活动、输出三个环节构成，过程可以包括产品实现过程和产品支持过程。

一个过程的输入通常是其他过程的输出，过程的输出也可以成为下一个过程的输入。组织为了增值通常对过程进行策划并使其在受控条件下运行。对形成的产品是否合格不易或不能经济地进行验证的过程,通常称之为"特殊过程"。

(二) 产品

产品是指过程的结果。即一组将输入转化为输出的相互关联或相互作用的活动的结果。产品是过程所产生的结果,没有过程就不会有产品。这种结果可能是人们所期望的,如能够满足顾客某种需要;也可能是人们不期望的,如造成环境污染。

产品是一个广义的概念,不仅指有形产品,还包括无形产品。通用产品类型包括硬件、流程性材料、软件、服务四种。

(1) 硬件

硬件是具有特定形状的、可分离的产品,它一般由制造的、构造的或装配的零件、部件、构件或组合件所组成,如车床、装载机、房屋、桥梁、电视机、卫星等都是硬件产品。

(2) 流程性材料

流程性材料是将原材料转化成某种预定状态而形成的有形产品。它的状态可以是液体、气体,也可以是固体,如粉末状、颗粒状、块状、线状和片状的水泥、化肥、固态化工材料、板材和线材等。流程性材料产品的另一个显著特点是通常以桶、袋、罐、瓶、盒、管道或卷成筒状的形式交付。

(3) 软件

软件是由通过载体表达的信息所组成的知识产品,如各种信息、数据、记录、标准、程序和计算机软件等。

(4) 服务

服务是为满足顾客的需要,在供方和顾客之间接触的活动以及供方内部活动所产生的结果。

服务是无形产品,供方和顾客均可由人员或设备来提供与接收,并可与有形产品的制造和提供相联系。如各工业企业、商贸企业的产品销售服务,饭店、宾馆的餐饮服务。这时,有形产品的制造(作)、提供或使用已构成服务产品中的一个组成部分了。

通常,硬件和流程性材料是有形产品,而软件与服务是无形产品。通常产品是两种或两种以上产品类型的组合,是有形产品与无形产品的组合,硬件与软件的组合,单一类型的产品是较少的,因此产品类型的区分取决其主导成分。如汽车是由硬件(发动机等)、流程性材料(汽油、冷却液等)、软件(驾驶软件、手册等)和服务(如付款方式或担保等)组成的,但由于硬件是其主导成分,人们还是把汽车产品归入硬件类。

二、有关质量的术语

(一) 质量

质量是指产品、体系或过程的一组固有特性满足顾客和其他相关方要求的能力。

注:术语"质量"可使用形容词(如差、好或优秀)来修饰。

上述定义可以从以下几个方面来理解。

(1) 质量是以产品、体系或过程作为载体的。质量的内涵是由一组固有的特性组成,并且这些固有特性是以满足顾客及其他相关方要求的能力加以表征的。

通常可以把产品质量理解为"反映产品满足明确和隐含需要的能力的特性总和",即产品的使用价值、产品的有用性。

（2）质量是名词。质量本身并不反映一组固有特性满足顾客和其他相关方要求的能力的程度。所以，产品、体系或过程质量的差异要采用形容词加以修饰，如质量好、差等。

（3）顾客和其他相关方对产品、体系或过程的质量要求是动态的、发展的和相对的。它随着时间、地点、环境的变化而变化。所以，应定期对质量进行评审，按照变化的需要和期望，相应地改进产品、体系或过程的质量，才能确保持续地满足顾客和其他相关方的要求。

（4）固有特性是产品、体系或过程的一部分。它是通过设计和（或）开发及其后的实现过程形成的属性。固有特性有别于赋予的特性，赋予的特性（如某一产品的价格、交货期等），并非是产品、体系或过程的固有特性。从固有特性的形成分析，有如下两个方面：第一，首先要识别顾客和其他相关方的需要和期望，然后将其准确和完整地转化为产品、体系或过程的质量要求，也就是对产品、体系或过程的固有特性的要求，例如：物质特性（如机械、电气、化学或生物特性等）、感官特性（如嗅觉、触觉、味觉、视觉特性等）、行为特性（如礼貌、诚实、正直等）、时间特性（如准确性、可靠性、可用性等）、人体功效特性（如语言或生理特性、人身安全特性等）、功能特性（如飞机航程等）等。这些固有特性的要求大多是可测量的，它决定了产品、体系或过程满足顾客和其他相关方的程度，这对产品而言称为适用性。第二，根据质量要求，使产品、体系或过程的固有特性得到实现，使其能达到规定的要求，这称为符合性。尽管具体产品在质量特性上会存在差异，但一般可概括为性能、可信性、安全性、适应性、经济性、时间性六个方面。

（二）等级

等级是指对功能用途相同但质量要求不同的产品、体系或过程所作的分类或分级。

等级反映的是实体功能用途与费用之间的相互关系，反映了预定和认可的不同质量要求差异。如五星级的豪华宾馆，收费很高，但也可能有顾客不满意的服务质量。相反，一星级的旅馆，收费较低，但却可能有使顾客满意的服务质量。

等级可以用数字表示，通常用1表示最高等级，用2，3，4表示较低等级。等级也可以用符号表示，如星、点等符号，用最少的星数（如一星）、点数（如一点）表示最低的等级。

（三）顾客满意

顾客满意是指顾客对其要求已被满足的程度的感受。顾客是指接受产品的组织或个人，是广义的，可以是组织内部的或外部的。要求是指明示的、通常隐含的或必须履行的需求或期望。

顾客满意具有主观性，是顾客期望与实际感受之间对应程度的反映。任何产品、体系或过程都客观存在一组固有特性，只有能满足质量要求的，才有可能使顾客满意。顾客抱怨是一种满意程度低的最常见的表达方式，但没有抱怨并不一定表明顾客很满意。即使规定的顾客要求符合顾客的愿望并得到满足，也不一定确保顾客很满意。这就要求组织应采取各种有效措施达到顾客满意，并力争超越顾客期望让顾客满意。

三、有关管理的术语

（一）质量方针

质量方针是指由最高管理者正式发布的与质量有关的组织总的意图和方向。

注1：质量方针应与组织的总方针相一致并提供制定质量目标的框架。

注2：本标准的质量管理原则可以作为制定质量方针的基础。

上述定义可以从以下几个方面来理解。

(1) 质量方针是组织的最高管理者正式发布的与质量有关的组织总的意图和方向。最高管理者是指组织的最高领导层中具有指导和控制组织的权限的一个人或一组人。正式发布的质量方针是本组织全体成员开展各项质量活动的准则。

(2) 由于质量方针是组织的总方针的一个重要组成部分，所以，质量方针必须与本组织的宗旨相适应，并与组织的总方针相一致。组织在制定质量方针时应以八项质量管理原则为基础，结合本组织的质量方向，特别是针对如何全面满足顾客和其他相关方的需要与期望以及努力开展持续改进作出承诺。这种承诺表明该组织正在努力实施质量方针所规定的事情。因此，质量方针的内容不能用几句空洞的口号或豪言壮语来表述。它必须为本组织全体员工指明质量方向及具有实质性的内容，并且质量方针还应为制定质量目标提供框架，以确保围绕质量方针提出的要求确定组织的质量目标，通过全体成员努力实施质量目标，保证质量方针的实现。

(3) 组织的质量方针一般是中长期方针，应保持其内容的相对稳定性，但必须注意随着组织产品结构、市场环境和组织结构的变化，质量方针应考虑适应外部和内部环境变化的需要而进行不定期的调整和修订。

(4) 为了确保组织的质量方针得到切实贯彻实施，高层领导务必采取各种必要的措施，加强同组织各层次沟通，保证组织的全体员工都能理解和实施。

(5) 质量方针是组织质量活动的纲领，经过最高管理者签署批准并正式发布后应公开告示全体成员、顾客和其他相关方，以便取得各个方面对质量方针的理解和信任。质量方针应形成文件，并按规定要求对质量方针实施有效的控制。

(二) 质量目标

质量目标是指与质量有关的、所追求的或作为目的的事物。

注1：质量目标应建立在组织的质量方针的基础上。

注2：在组织内的不同层次规定质量目标。在作业层次，质量目标应是定量的。

注3：质量目标有时可用不同的术语，诸如"quality targets"，"quality aims"或"quality goals"。

上述定义可以从以下几个方面来理解。

(1) 质量目标是组织为了实现质量方针所规定追求的事物，组织在建立质量方针的基础上应针对质量方针规定的方向和作出的承诺，确立组织的质量目标，提出组织全体员工共同努力应达到的具体要求。所以，组织的质量目标必须以质量方针为依据，建立在质量方针的基础上，并且始终与质量方针保持一致。

(2) 组织的质量目标应是可以测量的，以便在实现质量目标和检查、评价是否达到目标时便于对比。组织在建立质量目标时应注意，既要具有现实性，又必须富有挑战性，以激发全体成员的积极性和共同努力之下能予以实现为宜，应防止质量目标过于保守或脱离现实盲目追求先进的倾向。

(3) 质量目标的内容应符合质量方针所规定的框架，还应包括组织对持续开展质量改进的承诺所提出的质量目标，以及满足产品质量要求的内容，例如产品、项目或合同的质量目标，配置实现目标的资源和设施等。

(4) 为了有效地实现组织的质量方针和质量目标，在组织内部相关的职能部门和各个层次上建立质量目标也是最高管理者的重要职责之一。所以，在建立组织质量目标的基础上,应将组织质量目标分解和展开到组织各个相关职能部门和层次,按照组织结构建立各部门的质量目标。对各层次的质量目标应予以定量化,制定具体的目标值。只有运用系统的管理方法将组织质量目标自上而下分解落实到各个部门和层次,才能有效地自下而上地保持组织质量目标的如期实现。

(三) 质量管理体系

质量管理体系是指建立质量方针和质量目标并实现这些目标的体系。

上述定义可以从以下几个方面来理解。

(1) 体系是指相互关联或相互作用的一组要素。根据定义替代的原则,质量管理体系可定义为"建立质量方针和质量目标并实现这些目标的一组相互关联或相互作用的要素"。在这一组要素中,每个要素是组成质量管理体系的基本单元,既有相对的独立性,又有各个要素之间的相关性,相互之间存在着影响、联系和作用的关系。用过程方法模式表示质量管理体系的组成,质量管理体系包含四大过程,即"管理职责"、"资源管理"、"产品实现"和"测量、分析和改进",而每一大过程又包含着许多子过程。例如,产品实现的过程由"实现过程的策划"、"与顾客有关的过程"、"设计和(或)开发"、"采购"、"生产和服务的运作"和"测量和监控装置的控制"组成。每一子过程又由下一层次的子过程组成,从而形成一个有机的整体。过程是使用资源将输入转化为输出的活动的相互关联或相互作用的一组要素,所以,构成质量管理体系的各个过程以及每一过程所必须开展的活动都可看成组成质量管理体系的要素。

(2) 建立质量管理体系是有效地实现组织规定的质量方针和质量目标。所以,组织应根据生产和提供产品的特点,识别构成质量管理体系的各个过程,识别和及时提供实现质量目标所需的资源,对质量管理体系运行的过程和结果进行测量、分析和改进,确保顾客和其他相关方满意。为了评价顾客和其他相关方的满意程度,质量管理体系还应确定测量与监控各个方面的满意和不满意的信息,采取改进措施,努力消除不满意因素,提高质量管理体系的有效性和效率。

(3) 组织建立质量管理体系不仅要满足在经营中顾客对组织质量管理体系的要求,预防不合格品发生和提供使顾客与其他相关方满意的产品,而且还应该站在更高层次上追求组织优秀的业绩来保持和不断改进、完善质量管理体系。所以,组织除了应定期评价质量管理体系,开展内部质量管理体系审核和管理评审之外,还应按照质量管理体系或者优秀的管理模式的要求进行自我评定,以评价组织的业绩,识别需要改进的领域,努力实施持续改进,使质量管理体系提高到一个新的水平。

(四) 质量管理

质量管理是指导和控制组织的与质量有关的相互协调的活动。

注1:指导和控制组织的与质量有关的活动,通常包括质量方针和质量目标的建立、质量策划、质量控制、质量保证和质量改进。

注2:全面质量管理(TQM)是基于组织全员参与的一种质量管理形式。

上述定义可以从以下几个方面来理解。

(1) 从定义可知,组织的质量管理是指导和控制组织与质量有关的相互协调的活动。它是以质量管理体系为载体,通过建立质量方针和质量目标,并为实施规定的质量目标进行质量策划,实施质量控制和质量保证,开展质量改进等活动予以实现的。

(2) 组织在整个生产和经营过程中,需要对诸如质量、计划、劳动、人事、设备、财务和环境等各个方面进行有序的管理。由于组织的基本任务是向市场提供能符合顾客和其他相关方要求的产品,围绕着产品质量形成的全过程实施质量管理是组织的各项管理的主线,所以,质量管理是组织各项管理的重要内容,深入开展质量管理能推动组织其他的专业管理。

(3) 质量管理涉及组织的各个方面,是否有效地实施质量管理关系到组织的兴衰。组织的最高管理者正式发布本组织的总的质量宗旨和质量方向,在确立组织质量目标的基础上,认真贯彻八项质量管理原则,运用管理的系统方法来建立质量管理体系,为实现质量方针和质量目标配备必要的人力和物力资源,开展各项相关的质量活动。所以,组织应采取激励措施激发全体员工积极参与,提高他们充分发挥才干的工作热情,造就人人作出应有贡献的工作环境,确保质量策划、质量控制、质量保证和质量改进活动顺利地进行。

(五) 质量策划

质量策划是质量管理的一部分,致力于设定质量目标并规定必要的作业过程和相关资源以实现其目标。

注:编制质量计划可以是质量策划的一部分。

上述定义可以从以下几个方面来理解。

(1) 质量策划是质量管理的一个组成部分。它是指组织在建立质量方针的基础上,确定质量目标,并为实现该目标采取措施,包括识别和确定必要的作业过程,配置必要的人力和物力资源,以确保达到预期的质量目标所进行周密考虑和统筹安排的过程。在组织内部有众多方面的质量策划,例如,建立质量管理体系策划;产品实现过程策划;产品设计和(或)开发策划;持续改进质量管理体系、产品及过程的策划;为确保符合性和实现改进所需的测量和监视活动的策划;适应外部环境变化的策划等。组织通过质量策划作出正确的决策,对组织的质量管理体系与产品质量满足顾客及其他相关方的需要和期望起着十分关键的作用。

(2) 为了实现组织的质量目标,组织的相关职能部门和各层次都应建立与实现相应的质量目标。因此,质量策划是组织各级管理者的重要职责。特别是最高管理者为实现组织质量目标,对质量管理体系的过程、所需的资源和持续改进加以正确的识别和策划尤为重要。必须指出,在质量策划中各级管理者都必须遵守八项质量管理原则之一——基于事实的决策方法,进行识别、分析和作出正确的抉择,通过实施确保组织质量目标的实现。

(3) 质量策划不能看成一次性的过程,随着顾客及其他相关方的需要和期望的变化,组织需对质量管理体系的过程或产品实现过程进行改进时,都应开展质量策划,并确保质量策划在受控状态下进行。例如,通过策划需对相关过程予以更改时,必须注意实施更改前后的衔接关系,确保质量管理体系的完整性。

(4) 质量策划的结果应形成文件,可以是质量计划,也可以是组织运作需要的其他管理文件。

(六) 质量控制

质量控制是质量管理的一部分,致力于达到质量要求。

上述定义可以从以下几个方面来理解。

(1) 质量控制是质量管理的一个组成部分,其目的是使产品、体系或过程的固有特性达到规定的要求。这些特性是在一组相互关联和相互作用的过程中形成的。所以,质量控制是通过采取一系列作业技术和活动对各个过程实施控制的。例如质量方针控制、文件和质量记录控制、设计和(或)开发控制、采购控制、生产和服务运作控制、测量和监视装置控制、不合格控制等。

（2）质量控制是为了达到规定的质量要求，预防不合格品发生的重要手段和措施。组织应对影响产品、体系或过程质量的因素予以识别，通常影响质量的因素包括人员、技术和管理三个方面的因素，在实施质量控制时，首先应进行过程因素分析，找出起主导作用的因素，实施因素控制，才能取得预期效果。

（3）质量控制应贯穿产品形成和体系运行的全过程。每一过程都有输入、转换和输出三个环节。只有对每一过程三个环节实施有效控制，对产品质量有影响的各个过程才能处于受控状态，持续提供符合规定要求的产品才能得到保障。

必须指出，对于对质量起着重要作用的关键过程或环节，应根据过程的特征采取适宜的控制方法，当生产和服务过程的输出是不能由后续的测量或监控加以验证的特殊过程时，则应切实做好过程、设备能力、人员资格和胜任能力等方面的鉴定工作，实施过程参数控制，才能有效地保证过程的输出质量。

（七）质量保证

质量保证是质量管理的一部分，致力于对达到质量要求提供信任。

上述定义可以从以下几个方面来理解。

（1）质量保证是质量管理的一个组成部分，其目的是对产品、体系或过程的固有特性已经达到规定要求提供信任。所以，质量保证的核心是向人们提供足够的信任，使顾客和其他相关方确信组织的产品、体系或过程达到规定的质量要求。为了能提供信任，组织必须开展一系列质量保证活动，包括围绕规定的质量要求有效地开展质量控制，并提供证实已达到质量要求的客观证据，以使顾客和其他相关方相信组织的质量管理体系得到有效运行，具备提供满足规定要求的产品和服务的能力。

（2）质量保证可分为内部质量保证和外部质量保证。内部质量保证是向组织的管理者提供信任，通过开展质量管理体系审核和评审以及自我评定，提供证实质量要求已经达到的见证材料，使管理者对本组织的产品、体系或过程的质量满足规定要求充满信心。外部质量保证是向顾客和第三方等方面提供信任，使他们确信产品、体系或过程的质量已能满足规定要求，具备持续提供满足顾客要求并使其满意的产品的质量保证能力。

组织为了取信于顾客，应建立质量管理体系并确保其有效运行和保持。在外部质量保证活动中，有两种形式取信于顾客：一种是组织接受顾客或以顾客的名义的第二方质量管理体系审核；另一种是组织向独立的公正的第三方审核机构申请质量管理体系认证和注册，以证实组织符合质量管理体系的要求，保证产品质量得到系统的控制。

（3）在质量保证中，顾客对产品质量的要求不尽相同，对组织的质量保证活动的要求也是不一样的，所以，组织规定的产品要求和质量管理体系的要求都应充分、完整地反映顾客及其他相关方的需要和期望，质量保证才能提供足够的信任。

（4）从质量控制和质量保证的定义可知，两者都是质量管理的组成部分。应该看到，质量控制和质量保证既有区别又有一定的关联性。质量控制是为了达到规定的质量要求而开展的一系列的活动；而质量保证是提供客观证据证实已经达到规定的质量要求的各项活动，并取得顾客和其他相关方的信任。所以，组织必须有效地实施质量控制，在此基础上才能提供质量保证，取得信任。离开了质量控制也谈不上质量保证。

（八）质量改进

质量改进是质量管理的一部分，致力于提高有效性和效率。

注：当质量改进是渐进的并且组织积极寻求改进机会时,使用术语"持续质量改进"。

上述定义可以从以下几个方面来理解。

(1) 质量改进是质量管理的一个组成部分,其目的是提高组织的有效性和效率。组织应建立质量管理体系,开展质量改进,这是组织各级管理者的重要职责。按照有效性和效率的定义可知,有效性是指完成策划活动并达到策划结果的程度度量;效率是指得到的结果与使用资源的关系。组织建立质量管理体系时应对产品实现和质量管理体系运行的诸多过程进行识别和策划,如最高管理者应对实现组织质量目标所需的资源予以识别和策划,通过产品实现过程的策划确定产品质量目标、使用的资源和一系列的控制活动,其有效性就是依据各项策划的要求开展相关的质量活动,而这些质量活动的结果符合策划的预期要求的程度予以表征。效率则是表明过程实施中所投入的资源和产出的实际效果的关系。所以,组织应积极开展质量改进,努力使实施策划的结果能全面符合策划的目标要求,并且力求更经济合理地使用必要的资源,获得理想的经济效果,从提高过程的有效性和效率入手,确保组织的有效性和效率不断地提高。

(2) 为了使产品质量在竞争中具有优势,组织必须在满足顾客对产品和质量管理体系的要求的基础上持续改进产品质量和完善质量管理体系,这对组织降低质量波动,预防不合格和缺陷的发生,减少质量损失,提高生产率,持续提供使顾客和其他相关方满意的产品,取得良好的技术经济效果起着重要的作用。

质量改进是通过产品实现和质量管理体系运行的各个过程改进来实施的,它会涉及组织的各个方面,生产经营全过程中各个阶段、环节、职能、层次都会需要改进,所以,组织管理者应着眼于积极主动地寻求改进的机会,发动全体成员并鼓励他们参与改进活动。在开展质量改进中只有形成一个激励机制,克服固有的传统观念造成的故步自封和满足于现状的思想阻力,增强质量意识、问题意识和改进意识,才能发现薄弱环节,锐意进取。

(3) 质量改进是组织长期的任务,应对质量改进过程进行策划,识别和确立需要改进的项目,有计划、有步骤地一个项目接着一个项目着手改进,切实做到急缓有序,循序渐进。同时还应注意,质量改进不能局限于纠正措施和预防措施,还必须发动全体员工分析现状,例如通过自我评价和追求优秀的业绩去识别存在的薄弱环节,在稳定质量、降低成本和提高生产率等方面实施改进,必要时改进和开发产品以满足顾客需要和期望。

第三节 质量管理的原则

2000版ISO 9000系列标准提出的八项质量管理原则是组织成功地实施质量管理、达到预期效果的指南。贯彻八项质量管理原则的要求,对组织、顾客、所有者、员工、供方和社会等所有的相关方都会产生积极的影响,并且对组织内部在制定方针和策略、建立质量目标、运作管理和人力资源管理等方面将会带来良好的效果。

2000版ISO 9000系列标准描述供应链时,所使用的术语由以前使用的"分承包方—供方—顾客"改变为"供方—组织—顾客",主要是从实施ISO 9000系列标准的组织角度出发加以命名,这符合国际上各行业、各领域习惯上使用的术语。

首先,ISO 9000系列标准阐明了组织必须依赖于顾客,通过聚焦于顾客的需要和期望,全面准确掌握顾客的各项要求,包括产品固有的质量特性、安全性、交付过程、环境保护等,生产和提供满足顾客要求的产品,并使顾客满意。这是组织能立足于市场、社会,并不断地发展的基本条件,也是质量管理中最基本的一项原则。如果脱离了顾客的要求,质量管理就会迷失方向,也不可能建立促进组织不断发展的质量方针和质量目标。

其次,组织在生产和提供产品时所需的原材料、辅助材料、配套产品和服务是产品的重要组成部分,它不可能全部由组织自己生产,形成大而全、小而全的全能型组织。这样不符合生产社会化的要求,既不经济,又不现实。因此,组织为了能生产和提供使顾客满意的产品,必然需要从供方那里采购所需的各种外购外协产品,这些外购外协产品直接影响着产品质量。所以,组织与供方之间不仅仅是买卖的关系,应该是在互惠互利的基础上建立紧密的合作伙伴的关系,双方共同为生产和提供符合质量要求的产品作出努力。

最后,对一个组织内部来说,质量管理原则应用了决策管理理论、权变理论、过程和系统管理理论、改进理论等现代管理理论,强调领导的关键作用,全体员工参与的重要性,并且必须运用过程的方法、系统管理的方法和正确决策的方法实施质量管理,而持续改进又必须贯穿质量管理的全过程。质量管理原则是一个组织能否有效地开展质量管理的十分重要的思想基础。

下面将分别简要介绍组织在遵循八项质量管理原则,实施质量管理中应采取的措施和产生的效果。

一、以顾客为中心

组织依存于顾客,因此,组织应理解顾客当前和未来的需求,满足顾客要求并争取超越顾客的期望。

一个组织在经营上取得成功的关键是生产和提供的产品能够持续地符合顾客的要求,并得到顾客的满意和信赖。这就需要通过满足顾客的需要和期望来实现。因此,一个组织应始终密切地关注顾客的需要和期望,通过各种途径准确了解和掌握顾客一般的和特定的要求,包括顾客当前的和未来的、发展的需要和期望。这样才能瞄准顾客的全部要求,准确、完整地转化为产品规范和产品实施规范,确保产品的适用性质量和符合性质量。另外,必须注意顾客的要求并非是一成不变的,随着时间的推移,特别是技术的发展,顾客的要求也会发生相应的变化。因此,组织必须动态地聚焦于顾客,及时掌握变化着的顾客要求,开展质量改进,力求同步地满足顾客要求并使顾客满意。

(一) 组织贯彻"以顾客为中心"的原则应采取的措施

(1) 通过市场调查研究和访问顾客等途径,切实了解和全面掌握顾客当前及未来的需要和期望,包括产品、交付、价格和可信性等要求。在理解顾客要求的基础上掌握其他相关方的要求,将这些要求融合在一起,作为设计和开发、质量改进的依据。

(2) 将顾客及其他相关方的需要和期望的信息按照规定的渠道和方法,在组织内部完整而准确地传递和沟通。

(3) 组织在设计开发、生产经营的过程中,按规定的方法测量顾客的满意程度,以便针对顾客的不满意因素采取相应的措施。

(4) 建立一个连续监控的顾客信息反馈系统,规定和实施有关顾客要求、顾客满意程度的信息收集、分析和反馈,加强与顾客的沟通和联络,并管理好与顾客的关系。

(二) 贯彻本原则所产生的效果

(1) 促进整个组织全面和准确地理解顾客及其他相关方的需要和期望。

（2）确保组织能直接根据顾客的需要和期望建立相关的质量目标。

（3）以满足顾客的需求为前提，改进组织的业绩，改善与顾客的关系和提高顾客的忠诚度，有助于扩大组织的业务。

（4）关注顾客的动态变化的要求，并迅速作出反应，有利于提高市场占有率和增加收益。

二、领导作用

领导者应将本组织的宗旨、方向和内部环境统一起来，并创造使员工能够充分参与实现组织目标的环境。

组织最高管理层的高度重视和强有力的领导是组织质量管理取得成功的关键，由于最高管理层是组织的决策层，决定和控制着组织发展的前程，对组织能否在激烈的市场竞争中处于领先地位起着至关重要的作用。在这个前提下，还必须注意各级管理者在组织的质量方针的指引下应保持认识上的一致和工作上的协调。在此基础上，最高管理层还应该创造一个良好的组织内部环境，鼓励和促进组织内部所有人员共同为实现质量方针和质量目标作出应有的贡献。

（一）组织贯彻"领导作用"的原则应采取的措施

（1）充分了解外部环境，例如，市场条件、技术发展、产品需求和销售趋势等，通过评审组织的质量方针和质量目标，对外部环境变化迅速作出正确决策，包括对质量方针和质量目标进行适当的调整，改进质量管理体系，适应外部环境变化的需要。

（2）考虑所有相关方的需要和期望，包括顾客、组织所有者、员工、供方和社会的需求。

（3）明确提出组织发展的前景和宏伟蓝图，并在组织的各个层次中树立和保持共同价值观和道德标准。

（4）对组织内部各层次及各类人员建立具有挑战性的目标，激发他们为实现设定的目标作出不懈的努力。

（5）造就一个能充分发挥所有员工才能的环境，提供各项质量活动所需的资源，采取有效的激励措施，激励和充分肯定员工的贡献和成绩，并使员工对组织充满信心，发挥每个人的积极性和责任心。

（6）加强员工教育和培训，使各类人员掌握必要的专业知识、管理知识和操作技能，确保各个岗位的人员均能具备胜任本职工作的能力。

（二）贯彻本原则所产生的效果

（1）使员工理解组织的目标，以此激发所有人员的工作热情。

（2）在组织内部形成一股既被授予职权又具备良好素养、积极和稳定的工作力量。

（3）采用规定的统一方法实施和评价各项质量活动。

（4）促进全体员工积极作出贡献，并为开展持续改进创造条件。

三、全员参与

各级人员是组织之本，只有他们充分参与才能使他们的才干为组织带来最大的收益。

组织的质量管理是通过组织内部各级各类人员参与生产经营的各项质量活动来加以实施的。因此，人员在质量管理中始终处于主导地位，也是最活跃的因素。

质量管理实践证明，组织能否深入开展质量管理，确保产品、体系和过程的质量满足顾客及其他相关方的需要和期望,取决于各级各类人员的质量意识、思想和业务素质、事业心、责任心、职业道德,以及适应本岗位的工作能力等因素。这就要求组织在推行质量管理中务必十分重视人的作用,为他们创造一个积极投入、奋发进取、充分发挥才智的工作环境,为顾客创造价值,为组织增加效益作出更大的贡献。

(一)组织贯彻"全员参与"的原则应采取的措施

(1)在完善组织结构、分配和落实质量职能的基础上,具体规定各层次的职责范围和各个工作岗位的质量责任与权限,使各级各类人员都能明确自己应该做些什么,承担哪些责任,以及有哪些权限,以利于在协调地开展各项质量活动中做到各司其职,各负其责。

(2)为增强员工的工作能力、掌握和运用必要的知识及工作经验创造机会,包括识别培训要求、制定和实施员工培训计划、评价培训的实际效果,切实做到各类人员具备适应所在岗位所需的工作能力和取得必要的资格。

(3)组织内部在设计开发、生产经营中所掌握的专业、管理知识和积累的实践经验是一个组织的宝贵财富,组织应有计划、有针对性地进行总结,并从组织内部各层次能共享这些知识和经验出发,采取相应的措施,以利于提高质量活动的效率和有效性。

(4)组织的全体人员应牢固树立为顾客创造价值的观念,努力提高工作质量,确保组织提供的产品、体系和过程符合顾客的要求,并使顾客感到满意。

(5)识别和排除对员工业绩的约束,为员工创造一个团结合作、能充分发挥创造性和积极性的工作环境,使员工对任职的工作感到满意,并且将员工切身的利益和组织的利益紧密地联系在一起,使他们为是组织的一员而感到自豪,从而激发他们积极参与并持续改进。

(二)贯彻本原则所产生的效果

(1)使所有人员受到鼓励,积极承诺和努力完成为实现组织目标所分派的任务。

(2)促进所有人员对本职工作增强责任心和成就感。

(3)使所有人员能自觉、积极地参与持续改进并作出自己的贡献。

四、过程方法

将相关的资源和活动作为过程进行管理,可以更高效地达到期望的结果。任何一项活动都可以作为一个过程来实施管理。所谓过程是指将输入转化为输出所使用资源的各项活动的系统。过程的目的是提高价值。因此,在开展质量管理各项活动中应该采用过程的方法实施控制,确保每个过程的质量,并高效率达到预期的效果。

(一)组织贯彻"过程方法"的原则应采取的措施

(1)根据组织的产品、体系的特点具体研究和确定有哪些过程,包括与顾客有关的过程、识别顾客需求的过程、产品实现的过程、使顾客满意的过程等,并规定为取得预期效果所必需的关键活动。

(2)制定明确的职责和权限,对关键活动实施重点管理,并具备理解和测量关键活动效果的能力。

(3)识别每个过程与相关职能部门之间的关系,将实施过程的职能分配和落实到相关的部门和岗位,清晰地规定实施过程的职责和权限,并对接口进行必要的控制。

(4)识别每个过程的内部和外部顾客、供方及其他相关方。通过分析每个过程的重要度和风险,以及对所有相关方的影响,确定过程控制的方法和力度。

(5)组织内部在开展过程设计中应对下述因素予以充分考虑,这些因素包括按确定的工作步骤和活动顺序建立工作流程,人员培训需要,所需的设备、材料,测量和控制实施过程的方法,以及所需的信息和其他资源。

(二) 贯彻本原则所产生的效果

(1) 利用组织所规定的各个过程,取得更多的预期效果,并且能合理地使用资源,周期短和成本低。

(2) 理解各个过程的能力,能够建立富有挑战性的目标。

(3) 采用过程的方法能重视和优先考虑改进机会,可以使所有的过程在运行中能够降低成本,预防差错,控制变异,取得周期短和更多地符合预期输出要求的结果。

(4) 促进重视改进机会,实施过程的持续改进。

五、管理的系统方法

针对设定的目标,识别、理解并管理一个由相互关联的过程所组成的体系,有助于提高组织的有效性和效率。产品的质量是掌握顾客的需要,确定技术规范,以及产品实现等众多过程结果的综合反映,并且这些过程又是相互关联和相互作用的,每个过程又都会在不同的程度上影响着产品质量。对各个过程系统地实施控制,确保组织的预定目标的实现,就需要建立质量管理体系,运用体系管理的方法,这样才能有效、高效率地使产品质量满足顾客的需要和期望。

(一) 组织贯彻"管理的系统方法"的原则应采取的措施

(1) 按照本组织产品和生产的特点,识别和开发产品质量形成的各个过程,研究各个过程的关联性来确定体系。

(2) 建立组织的质量管理体系,对各个过程形成的网络实施系统的控制,包括确定组织结构、明确各职能部门及其相互关系、规定职责和权限、加强内部各层次的沟通,以最有效的途径实现组织的目标。

(3) 定期对质量管理体系进行测量,针对质量管理体系是否有效运行和达到组织预定的目标作出客观的评价,寻找改进的机会,不断地改进组织的体系。

(4) 配置实施和改进体系的各个过程所必需的资源,包括提供为确保产品质量符合规定要求的有关设施和适宜的工作环境,委派具备胜任本岗位的工作能力的与质量有关的各类人员。

(二) 贯彻本原则所产生的效果

(1) 通过合理安排过程,确保实现预期的质量目标。

(2) 对关键和重要的过程能集中力量进行重点管理。

(3) 质量管理体系的建立和有效运行能使顾客和其他相关方对组织的有效性和效率充满信心。

六、持续改进

持续改进是组织的一个永恒的目标。

持续改进是一个组织积极寻找改进的机会,努力提高有效性和效率,确保不断增强组织的竞争力,使顾客满意。为了能有效地开展持续改进,首先,必须加强各层次人员,特别是管理层的质量意识、问题意识和改进意识,以追求更高的过程效率和有效性为目标,主动寻求改进的机会,确定改进项目,而不是等到出了问题再提出改进的需要。其次,还应贯彻分清轻重缓急、实施循序渐进的原则,对持续改进实施有序的管理,包括质量改进的组织、计划、实施、评价和确认。在取得改进成果的基础上,通过 PDCA 循环,应再选择和实施新的质量改进项目,根据新的改进目标持续进行质量改进。

（一）组织贯彻"持续改进"的原则应采取的措施

（1）组织的最高管理者应负责和领导持续改进工作,在组织内部创造一个持续改进的工作环境。各级管理者必须以身作则,加强质量改进的领导,围绕组织的质量目标制定本部门及个人持续改进的目标。领导是决定组织能否持续开展质量改进的关键的要素,只有各级领导的亲历亲为,才能促进每个员工努力投身于改进之中。

（2）组织的最高管理者应将持续改进作为企业文化的重要内容,加强宣传持续改进的重要性和必要性,建立激励机制,鼓励全体员工积极参与质量改进,努力改变人们因循守旧、故步自封的传统观念,树立起不满足于现状、积极进取的理念,使人人参与质量改进,蔚然成风。

（3）定期评价和分析质量管理体系各个过程所存在的问题和薄弱环节,识别潜在的改进领域,确定质量改进项目,以便有计划、有针对性地开展质量改进。

（4）组织的持续改进应与预防措施和纠正措施结合起来。预防措施和纠正措施都是为消除产生问题的原因而采取的措施,以防止问题的发生或类似问题重复发生,起着改善组织的过程的作用。在持续改进中要特别预防各种不合格或不希望的情况发生。有些组织把零缺陷作为持续改进的目标,按照 PDCA 循环,分阶段有步骤地制定计划、组织实施、加强检查、采取措施,取得改进的成果后予以承认和推广,并在新的水平上实施有效的控制,然后建立新的改进目标。也有的组织提出以现有的质量损失减少 50% 作为每年的质量目标,以此作为各部门制定部门目标的依据,相应确定质量改进项目和落实措施。虽然各个组织建立持续改进的目标和实施方法有所不同,但始终遵循持续改进的原则,坚持 PDCA 循环,不断改进过程质量,提高组织的效率和有效性是值得提倡的。

（5）组织的各级管理者应为各层次人员掌握改进的方法提供必要的培训,特别是改进的工具和技术的应用,如数据收集和分析、因果图、流程图、控制图、排列图、直方图等统计技术,有助于确定质量改进项目和取得质量改进的预期效果。

（6）组织应建立质量改进测量和评价系统,以便对改进机会进行识别、诊断和对质量改进效果进行评定。质量改进的测量系统应适合本组织的产品、生产经营的特点,一般可包括与顾客满意、过程效率和社会损失有关的质量损失测量。通过测量和评价,控制和改善质量改进过程。

（二）贯彻本原则所产生的效果

（1）促进组织的各级人员积极参与持续改进。
（2）对改进的机会能灵活地作出快速的反应。
（3）有效地改善组织的能力来增强市场竞争的优势。

七、基于事实的决策方法

对数据和信息进行逻辑分析或直觉判断是有效决策的基础。

决策是通过调查研究和分析,确定质量目标并提出实现目标的方案,对可供选择的几个方案进行优选后作出抉择的过程。一个组织在生产经营的各项管理过程中都需要作出决策,例如,经营决策、产品设计和(或)开发的决策、产品结构决策、资源配置决策等。能否对各个过程作出正确的决策,将直接影响组织和过程的有效性和效率,特别是最高管理者对重大问题的决策正确与否,将会影响到组织的兴衰。例如,某组织在产品开发中由于缺乏对市场进行充分的调查研究和可行性分析,既没有对顾客的需要和期望进行全面、准确地识别,也没有对组织本身的产品开发的技术能力和生产能力进行充分的论证,只是看到其产品在市场上销售形势好的表面现象,凭一股"热情"作出了产品开发的决策,最后由于对开发产品的关键技术没有掌握,在开发过程中花去了大量的人力、物力和财力,勉强开发出来的产品又不能全面满足顾客的要求,最终被市场淘汰。从这一事例来看,单靠主观臆断的决策是不能奏效的。用"一着之差,满盘皆输"来形容因决策的错误而导致组织在经营中失败的现象是很恰当的。所以,有效的决策必须以充分的数据和真实的信息为基础,以客观事实为依据,往往还需要运用统计技术分析各种数据和信息之间的逻辑关系,寻找其内在规律性,然后对实现预期质量目标的多个方案进行比较和分析,才能作出正确的抉择。

(一)组织贯彻"基于事实的决策方法"的原则应采取的措施

(1)组织在决策的过程中应根据设定的质量目标收集与实现目标有关的信息和数据等资料,这是作出决策的基础。

(2)对收集到的信息和数据等资料综合起来进行评价,通过去粗取精、去伪存真的筛选,确保数据和信息准确、充分和可靠。

(3)掌握和应用适宜的统计技术,以逻辑分析为基础,在兼顾经验与直觉的基础上进行决策,并采取相应的措施。

(二)贯彻本原则所产生的效果

(1)根据相关的数据和信息作出正确的有把握的决策并确保决策的有效性。

(2)确保有能力进行评审,正确提出提高和变更意见,以及进行有效的决策。

八、互利的供方关系

通过互利的关系,增强组织及其供方创造价值的能力。

组织在产品实现过程中向供方采购的产品具有相当的数量,而且采购的产品质量必然会直接或间接地影响组织的最终产品的质量。所以,为了使供方能够持续稳定地提供符合本组织要求的产品,组织需要采用合适的方法选择、评定合格的供方,并且与供方建立互惠互利的合作伙伴关系,使得双方都能受益,以利于组织与供方通力合作,共同为提供使顾客满意的产品作出努力。

(一)组织贯彻"互利的供方关系"的原则应采取的措施

(1)识别和选择关键的供方。组织应按照采购产品的类别和对组织最终产品质量的影响程度来确定控制的方式和程度。尤其是对组织的产品质量起着关键和重要作用的供方应采用合适的方法予以识别、选择和评定。

(2)对组织长期需要采购的关键产品,应在选择和评定的基础上,建立长期的供方关系。

(3)与供方进行清晰和开放式的沟通,除了保持组织的采购与供方的销售部门之间单一渠道的沟通外,还应在双方的技术和计划职能部门之间进行沟通。

(4)必要时,组织应与供方对产品和过程进行联合开发和改进,例如,供方提供的产品使用的新材料、新技术有待开发或改进,组织与供方应通力合作,作出共同的努力。

(5)组织会同供方充分理解顾客的需要和期望,并鼓励供方进行质量改进和取得成果,提高增值的能力。

（6）组织在与供方沟通中应做到信息共享,使供方确立改进质量的长远规划。

（二）贯彻本原则所产生的效果

（1）与供方结成联盟或保持合作伙伴的关系,以及共同开展质量改进活动,使双方提高增值的能力。

（2）确保供方准时提供符合规定要求的产品,包括服务。

（3）对顾客和市场需求的变化能够共同作出灵活和迅速的反应。

（4）合理使用资源和优化成本。

第四节 质量管理体系

ISO 9000:2000 系列标准阐明了质量管理体系的基本原理,它将八项质量管理原则应用于质量管理体系,着眼于指导组织如何以正确的思想和方法来建立、实施和持续改进质量管理体系,确保质量管理体系运行的有效性和效率。

一、质量管理体系说明

一个组织在经营中取得成功的关键是提供符合顾客需要和期望的产品,并使顾客满意。这就要求组织充分了解顾客的需求,使顾客的需求准确、完整地在产品规范中得到体现,通过产品实施过程和控制,提供顾客满意的产品。

各个组织提供产品的类别有所不同,可能是硬件、软件、服务,或者是它们的组合。但在确定产品规范时一般有两种途径:一种是通用性强、适用面宽的产品,需要组织通过市场调查研究,识别顾客的需要和期望,综合各个使用领域的顾客要求来确定产品规范。另一种是专门为某一领域的顾客而设计和(或)开发的产品,这必须按照合同或订单的特定质量要求转化成产品规范。不论是通过哪一种途径来确定产品规范,都必须满足顾客的要求。同时必须指出,顾客的要求随着时间的推移会发生变化。因此,组织务必关注顾客要求的变更,不断地改进产品质量和过程质量。2000 版 ISO 9000 系列标准贯穿这个基本理论,帮助和鼓励组织以顾客的要求为出发点,了解和掌握顾客的需要和期望,并对产品实现的全过程系统地实施控制,持续地开展质量改进,使组织能持续地提供使顾客满意的产品。

二、质量管理体系要求与产品要求的区别

2000 版 ISO 9000 系列标准提出了将质量管理体系要求和产品要求区分的概念。

2000 版 ISO 9001 规定了组织所需的质量管理体系要求。它是通用性极强的标准,适用于所有的行业和经济领域,包括提供不同类别的产品和不同规模的组织。标准本身并不规定产品的具体要求,而是要求组织运用过程的方法和质量管理体系管理的方法对产品实现和提供的全过程实施有效控制,预防质量形成过程的异常波动而引起的不合格,并且要求不断开展质量改进。符合质量管理体系要求,可以证实组织具备持续提供满足顾客要求和法律法规要求的产品的能力。

产品要求则是顾客规定的,或者由法律法规规定,或者由组织根据顾客具体的需要和期望、法律法规及其他相关方的要求作出规定。对于通用性产品应由组织对顾客要求进行调

研和预测,按照法律法规要求,相应制定产品规范、过程规范,或作为产品标准予以规定。顾客特定要求的专用性产品是通过合同或订单或协议给予明确规定的。不同类别、品种和规格的产品的要求随着顾客和法律法规要求不同而存在较大的差异。

综上所述,产品要求是制定产品和过程规范、验证和改进产品过程的技术质量依据。ISO 9001质量管理体系要求并不规定产品要求,而是根据产品要求的目标,明确管理职责,加强资源管理,对产品实现过程进行控制,通过测量、分析和改进,确保持续稳定地提供符合规定要求的产品。而组织为确定和实施产品规范与过程规范所需的专业技术和方法应由组织管理者依照产品的特点和实际情况予以选择。

所以,产品要求和质量管理体系要求是两种不同的概念,质量管理体系要求是对产品要求的补充,对组织来说两者缺一不可。

三、质量管理体系和其他管理体系所关注的目标

管理体系是指建立组织的方针与目标并实现这些目标的相互关联和相互作用的一组要素。一个组织的管理体系可包含若干不同的管理体系,如质量管理体系、环境管理体系、财务管理体系等。

建立质量管理体系的目的是为了使建立和实现的质量目标能满足顾客和其他相关方的需要、期望和要求,而质量目标与其他的目标,例如经济目标(生产成本、资金利用、利润增长等目标)、环境和安全目标(安全生产、职业健康、环境保护等目标)构成了组织的目标,这就要求组织通过建立若干个管理体系分别去实现组织的各项互为补充的目标。

应该指出,组织应对管理体系的建立进行总体策划,力求将其他管理体系与质量管理体系所共有的要素融合在一起,这样有利于组织合理配置资源,确定相互补充的目标,并评定组织总体的有效性。例如,ISO/TC176质量管理和质量保证技术委员会与ISO/TC207环境管理技术委员会成立了专门的协调和合作工作组,致力于将ISO 9001《质量管理体系——要求》和ISO 14001《环境管理体系——规范使用指南》这两个标准协调和兼容,为组织的环境管理体系的有关部分与质量管理体系整合为一个使用共有要素的管理体系创造条件。

复习思考题

1. 为什么在世界范围内有越来越多的企业推行质量管理,并通过ISO 9000系列标准的认证?
2. 试述2000版ISO 9000核心标准的构成及特点。
3. 什么是产品?什么是质量?
4. 什么是质量方针?什么是质量管理体系?
5. 什么是质量控制?什么是质量保证?
6. 质量管理的原则有哪些?
7. 质量管理体系要求和产品要求有何不同?

第三章　现代质量控制工具

学习目标

【知识目标】
- ◆ 熟悉质量分析所必备的基础知识
- ◆ 了解统计分析表的作用及用法
- ◆ 掌握排列图的作用及作图方法
- ◆ 掌握因果图的作用及作图方法
- ◆ 理解分层法使用的意义
- ◆ 掌握直方图的原理、绘制及分析
- ◆ 理解相关分析的原理及其在质量管理中的用途

【能力目标】
- ◆ 能够根据实际需要制作并看懂统计分析表
- ◆ 能够收集必要的数据绘制排列图并进行有效分析
- ◆ 能够根据要解决的实际问题绘制出因果图
- ◆ 能够看懂并根据数据绘制出直方图并进行分析

现代质量管理需要利用大量的数据资料,数据资料是企业对质量状况进行科学分析的信息来源。在对这些数据资料的收集、整理和对有关质量管理工作进行定量分析的过程中,需要运用各种统计方法和统计工具,其中最常用的方法有七种,习惯上称之为质量管理的老七种工具,即统计分析表、排列图、因果图、分层法、直方图、控制图、相关分析。这些方法将在下面一一介绍。

第一节　基础知识

概率论、数理统计理论是质量管理学的基础。工业企业在质量管理中采用的方法和工具,有很多要用到概率论的基础知识。所以,在这里将有关的内容归纳到一起加以介绍,为学习以后的章节作准备。需要说明的是,本节只是根据质量控制的实际需要,介绍质量管理所依据的原理,并不要求数学上的严谨。

一、概率与随机变量

(一) 概率

所谓概率,通俗地说是表示某一事件是以多大的可能性发生的。一般用0~1之间的数值来表示。关于概率,在数学上有多种定义方式,下面介绍其统计定义。

1. 概率的统计定义

在条件相同的 N 次试验中,其事件 A 发生了 r 次,则比值 $\frac{r}{N}$ 称为这 N 次试验中事件 A 出现的频率。如果随着试验次数 N 的增加,事件 A 发生的频率 $\frac{r}{N}$ 在某个常数 p 附近波动 ($p \in [0,1]$),那么定义事件 A 发生的概率 $P(A)$ 为 p,记为 $P(A)=p$。

例如抛硬币,可以定义数字一面朝上为事件 A。当试验次数 N 比较小时,事件 A 发生的次数 r 与 N 的比值 $\frac{r}{N}$ 是一个不确定的数。随着试验次数 N 的不断增大,$\frac{r}{N}$ 将会稳定在常数 $\frac{1}{2}$ 附近,即数字一面朝上的可能性是 $\frac{1}{2}$,记为 $P(A)=1/2$。

2. 概率的几个性质

(1) 概率作为频率 $\frac{r}{N}$ 的稳定值,可知任何事件 A 的概率总是介于 0~1 之间,即 $0 \leqslant \frac{r}{N} \leqslant 1$,记为 $0 \leqslant P(A) \leqslant 1$。

(2) 相对于一个试验,如果事件 A 必然发生,则 A 称为必然事件,其概率为 1,记为 $P(A)=1$。

(3) 相对于一个试验,如果事件 A 不可能发生,则 A 称为不可能事件,其概率为 0,记为 $P(A)=0$。

这里还要指出,如果其事件 A 发生的概率很小,接近于零,在大量的试验中出现的频率很小,这样的事件称为小概率事件。小概率事件虽然不是不可能发生的事件,但是在一次试验中,或试验次数很少时,几乎不会发生。

(二) 随机变量

1. 随机变量

在抛硬币的试验中,如果令

事件 A＝"数字朝上"对应数 0
事件 $\overline{A}$＝"图案朝上"对应数 1

那么这个"数"将随着实验结果的不同而变化,所以,称其为随机变量,一般用 ξ、X 等来表示。随机变量又分为离散型和连续型两种,下面给出它们各自的定义。

(1) 离散型随机变量

所有取值能一一列出的随机变量称为离散型随机变量。一般可用列表的形式表示其概率分布列。

如掷骰子,分别用数值 $1,2,\cdots,6$ 来对应出现的点数,则有:

随机变量(ξ)	1	2	3	4	5	6
概率	1/6	1/6	1/6	1/6	1/6	1/6

此分布列常可用一函数式表示,即

$$P(\xi = x_n) = p_n \quad (n=1,2,\cdots,6)$$

上式称为随机变量 ξ 的概率函数或概率分布,简称分布。

(2) 连续型随机变量

还有一类很重要的随机变量,例如,一个人的体重在称量之前是不能断言的,并且只要量具足够精确,它就可以在 0~550 kg 这一区间的任何一点取值。这是一个不能将可能的结果一一列出的随机变量,称这类随机变量为连续型随机变量。

连续型随机变量的表达方式为:对于随机变量 ξ,如果存在可积的函数 $p(x) \geqslant 0$, $x \in (-\infty, +\infty)$,使得 ξ 取值于任意两实数 a、$b(a \leqslant b)$ 间的概率为

$$P(a < \xi \leqslant b) = \int_a^b p(x) \mathrm{d}x$$

则称 ξ 为连续型随机变量,$p(x)$ 为 ξ 的概率密度函数。

2. 质量特性数据

全面质量管理的基本观点之一就是一切用数据说话。在企业管理与生产的各项工作中,人们经常要接触许多数据。质量管理的目的是要保证和提高产品质量与工作质量。每一种产品或每一个零部件,都有其本身的质量情况。比如,对于零件有材料的热处理、形状、尺寸和光洁度等方面的质量特性;对于邮电通信有邮件内部处理时长、通信线路阻断时长等方面的质量特性。而这些特性又需要用量化的结果加以表示,这种表示被称为**质量特性数据**,如表示零件形状特性的有长、宽、高、直径的大小(mm)等;表示光洁度的质量特性有光洁度标准($\nabla 1 \sim \nabla 6$)等。这些以数值表示的数量化的质量特性就是**质量特性值**。

质量特性数据可以分为计量值与计数值两种。

计量值是指可以用量具、仪表进行测量而得出的连续型数值,如长度、直径、寿命、强度、速度等。只要使用的测量仪器有足够的精度,就可以达到小数点后的若干位。

计数值指不是用量具、仪表来度量的,它一般是用计数的方法得到的非连续性的正整数值,如废品数、次品数、合格品数、破损数、气孔数、疵点数都属于计数值。

计数值还可以分为计件值和计点值。例如,一批产品从表面光洁度看有多少件合格,这是计件值,一台机架上有多少砂眼则是计点值。

计件值又有两种表示方法,一种是直接写出的计件值,以 pn 表示;另一种是写出其百分率,以 p 表示。例如 100 件产品,其中有两件不合格,则这时计件值 $pn=2$,百分率 $p=2\%$,后者虽然不是整数,但仍应将它看成计数值。

计点值是在某一件产品上或单位产品上发生的具有某种质量上的特点的数据,但从统计学的观点看来,其数据性质与计件值类似。

质量特性数据具有波动性,在没有进行观察或测量时,一般是未知的。但其又具有规律性,它是在一定的范围内波动的,所以它是随机变量。

质量特性值是客观事实的反映,但由于测量手段和精度的影响,这些特性值与真实情况尚有一定误差,应将这种误差控制到不影响研究其内在规律的程度。

二、离散型随机变量的常见分布与数字特征

(一) 超几何分布

下面先来看一个质量检验中常见的例子:有一批产品共有 N 件,假定已知其中有 D 件不合格品,现在从这批产品中任取 n 件,在其中发现不合格品为 d 件的概率是多少呢?

在学习古典概型时,常利用组合的公式计算概率。

组合是指从 N 个事件中任取 m 个构成一组,其不同的组合数记为 C_N^m,其计算公式是:

$$C_N^m = \frac{p_N^m}{m!} = \frac{N!}{m!(N-m)!}$$

在计算古典概率时,$P(A) = \frac{r}{N}$。其中,r 为事件 A 所含的基本事件个数;N 为基本事件的总数。

有时,概率就是某事件 A 可能出现的组合数与全部事件可能出现的组合数之比。

本例中,基本事件总数为组合数 C_N^n,即从 N 件中抽取 n 件进行检验,不管其中合格品有多少,它可能的组合方式有 C_N^n 种。

事件 A 抽到 d 件不合格品可能出现的组合数为 $C_{N-D}^{n-d} \cdot C_D^d$。即在抽取的 n 件产品中,有 d 件不合格品,它是从 D 件中抽出的,它的组合数为 C_D^d,其余抽到的是合格品 $n-d$ 件,它是从 $N-D$ 件中抽出的,它的组合数为 C_{N-D}^{n-d}。故其概率为

$$p_d = \frac{C_{N-D}^{n-d} \cdot C_D^d}{C_N^n}$$

这种概率函数是可以用组合公式直接计算出来的随机变量,它服从超几何分布。

当批量值 N 很大时,显然上式的求解很麻烦,故一般只用于批量值 N 较小、计算精度要求较高或试验费用较大的情况。例如,属于贵重物品的产品需要作破坏性检查时,抽样量不能很大,为了能够以较高的精度判断产品中所含不合格品的概率,常用超几何分布表达式求解。

由于高效电子计算机的出现,计算方法麻烦已不是工作中的主要障碍。

超几何分布有两个数字特征值:

平均值 $$E(\xi) = n\frac{D}{N} = np$$

标准偏差 $$\sigma(\xi) = \sqrt{np(1-p)\frac{N-n}{N-1}}$$

其中,$p = \frac{D}{N}$ 是不合格品率。

(二) 二项分布

二项分布在质量控制中有重要作用。例如,有一批产品共有 N 件,已知其中有 D 件不合格品,现每次抽一件检验,重复抽样,如果连抽 n 次,问不合格品出现几次,各次出现的概率是多少?

从学过的概率论的知识可以知道,不合格品出现 d 次的概率为

$$p_d = C_n^d p^d q^{n-d}$$

其中,$q = 1-p$。

由于 $C_n^d p^d q^{n-d}$ 恰为二项式 $(p+q)^n$ 的展开式中各项,所以称具有这种概率函数的随机变量服从二项分布。

从前面的内容可以看出,超几何分布对应于不重复抽样,而二项分布对应于重复抽样。但在超几何分布中,当总体的不合格品率 p 低于 10%,而且批量 N 远大于样本量 $n(\frac{N}{n} > 10$

时),则计算超几何分布时可用二项分布作近似计算。因为超几何分布在 $N\to\infty$ 时,是以二项分布为极限的,即

$$\lim_{N\to\infty}\frac{C_D^d C_{N-D}^{n-d}}{C_N^n}=C_n^d p^d q^{n-d}$$

在上面的例子中,不合格品数是服从二项分布的,而不合格品率是不合格品数与样本量的比值,所以它也是服从二项分布的。后面在计数值控制图中的 pn 控制图,p 控制图都是基于二项分布的原理进行研究的。

二项分布有两个数字特征值。

对应于不合格品数:

平均值 $\qquad E(\xi)=np$

标准偏差 $\qquad \sigma(\xi)=\sqrt{pn(1-p)}$

对应于不合格品率:

平均值 $\qquad E(\xi)=p$

标准偏差 $\qquad \sigma(\xi)=\sqrt{\dfrac{p(1-p)}{n}}$

这些公式对于以后将要介绍的计数值控制图的轮廓线计算有着重要的作用。

(三) 泊松分布

对在一定期间内发生的各种事故的次数,或在一定时间内电话的通话次数等现象,常采用泊松分布来描述。

泊松分布的概率函数为:

$$p_d=\frac{\lambda^d}{d!}e^{-\lambda}$$

其中,$\lambda=np$。

在二项分布中,当 n 很大,p 很小且 $np=\lambda$ 为一有限值时,计算二项分布可用泊松分布的计算公式来代替。因为二项分布在 $n\to\infty$ 时,是以泊松分布为极限的。即

$$\lim_{n\to\infty}C_n^d p^d q^{n-d}=\frac{\lambda^d}{d!}e^{-\lambda}$$

泊松分布的数字特征值为:

平均值 $\qquad E(\xi)=\lambda$

标准偏差 $\qquad \sigma(\xi)=\sqrt{\lambda}$

三、连续型随机变量的常见分布与数字特征

(一) 正态分布

如果随机变量 ξ 受大量的独立的偶然因素影响,而每一种因素的作用又均匀而微小,即没有一项因素起特别突出的影响,则随机变量 ξ 将服从正态分布。

正态分布是连续型随机变量最常见的一种分布。它是由高斯从误差研究中得出的一种分布,所以也称高斯分布。随机变量服从正态分布的例子很多。一般来说,在生产条件不变的前提下,产品的许多量度,如零件的尺寸、材料的抗拉强度、疲劳强度、邮件的内部处理时长、随机测量误差等都是如此。

定义：若随机变量 ξ 的概率密度函数为：

$$p(x) = \frac{1}{\sqrt{2\pi}\sigma} e^{\frac{(x-\mu)^2}{2\sigma^2}} \qquad (\mu, \sigma > 0)$$

则称 ξ 服从正态分布，记为 $\xi \sim N(\mu, \sigma^2)$。

正态分布的概率密度函数如图 3-1-1 所示。

从图中可以看出正态分布有如下性质：

(1) 曲线是对称的，对称轴是 $x = \mu$；
(2) 曲线是单峰函数，当 $x = \mu$ 时取得最大值；
(3) 当 $x \to \pm\infty$ 时，曲线以 Ox 轴为渐近线；
(4) 在 $x = \mu \pm \sigma$ 处，为正态分布曲线的拐点；
(5) 曲线与 Ox 轴围成的面积为 1。

另外，正态分布的数字特征值为：

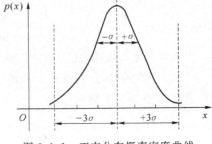

图 3-1-1　正态分布概率密度曲线

平均值　　　　　　　　$E(\xi) = \mu$

标准偏差　　　　　　　$\sigma(\xi) = \sigma$

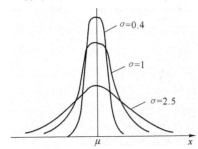

图 3-1-2　σ 大小不同的正态分布

数字特征值的意义：平均值 μ 规定了图形所在的位置。根据正态分布的性质，在 $x = \mu$ 处，曲线左右对称且为其峰值点。

标准偏差 σ 规定了图形的形状。图 3-1-2 给出了 3 个不同的 σ 值时正态分布密度曲线。当 σ 值小时，各数据较多地集中于 μ 值附近，曲线就较"高"和"瘦"；当 σ 值大时，数据向 μ 值附近集中的程度就差，曲线的形状就比较"矮"和"胖"。所以正态分布的形状由 σ 值的大小来决定。在质量管理中，σ 反映了质量的好坏，σ 值越小，质量的一致性越好。

当平均值 $\mu = 0$，标准偏差 $\sigma = 1$ 时，称 ξ 服从标准正态分布，记为 $\xi \sim N(0, 1)$。

对于标准正态分布，如果要计算 ξ 落在某区间 $[x_1, x_2]$ 内的概率，可通过查标准正态分布表直接求得。

例如，要计算 $P(-1 \leq \xi \leq 1)$，查标准正态分布表，$u = 1$ 时，$\Phi(u) = 0.8413$；$u = -1$ 时，$\Phi(u) = 0.1587$，则 $P(-1 \leq \xi \leq 1) = 0.8413 - 0.1587 = 0.6826$。

若 ξ 服从非标准正态分布时，可按如下过程进行标准化：x 减去平均值，再除以均方差，即

$$u = \frac{x - \mu}{\sigma}$$

则

$$x = u\sigma + \mu$$
$$dx = \sigma du$$

所以

$$P(x_1 \leq \xi \leq x_2) = \frac{1}{\sqrt{2\pi}\sigma} \int_{x_1}^{x_2} e^{\frac{(x-\mu)^2}{2\sigma^2}} dx$$

$$= \frac{1}{\sqrt{2\pi}} \int_{u_1}^{u_2} e^{\frac{u^2}{2}} du$$

这样就把非标准正态分布 $N(\mu,\sigma^2)$ 变成了标准正态分布 $N(0,1)$。

对于正态分布，下列数值在质量管理中经常碰到，即不论 μ 和 σ 的数值如何，均有：

$$P(\mu-\sigma\leqslant\xi\leqslant\mu+\sigma)=0.6826$$
$$P(\mu-2\sigma\leqslant\xi\leqslant\mu+2\sigma)=0.9545$$
$$P(\mu-3\sigma\leqslant\xi\leqslant\mu+3\sigma)=0.9973$$
$$P(\mu-4\sigma\leqslant\xi\leqslant\mu+4\sigma)=0.9999$$

上面4个公式说明，在正态分布概率密度函数曲线下，介于坐标$[\mu\pm\sigma]$、$[\mu\pm2\sigma]$、$[\mu\pm3\sigma]$ 和$[\mu\pm4\sigma]$间的面积，分别占总面积的 68.26%，95.45%，99.73% 和 99.99%。它们相应的几何意义如图 3-1-3 所示。

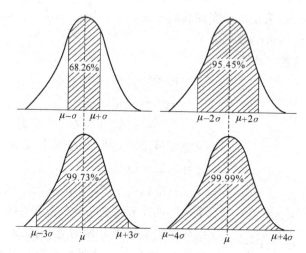

图 3-1-3　正态分布几个特殊值的几何意义

（二）正态分布与其他分布的关系

1. 正态分布与二项分布

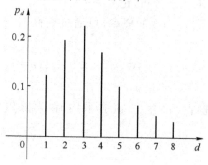

图 3-1-4　二项分布的图形

二项分布是一种离散型分布，适用于某些计数值。二项分布由参数 n 与 p 确定。其图形如图 3-1-4 所示。

p 一定时，随着 n 值的增大，pn 值也就随着增大，二项分布的图形也跟着变化。当 $p=0.1$ 时，n 分别为 10、30、50、100 时，二项分布的图形用曲线表示出来，如图3-1-5所示。

当 n 一定时，p 在变化，pn 也在随着变化。当 $n=50$ 时，p 值分别为 0.04、0.08、0.10、0.20 时，随着 pn 的增大，二项分布的图形也在变化，其曲线如图 3-1-6 所示。

从图 3-1-5 和图 3-1-6 可知：当 n 或 p 增大时，pn 也在增大，二项分布的图形逐渐趋于左右对称，近似于正态分布。当然，二项分布是离散分布，正态分布是连续分布，两者有所不同。但是当 $np\geqslant 5$ 时（生产实际中只要求 $np\geqslant 3$ 即可），可将二项分布近似看成正态分布。

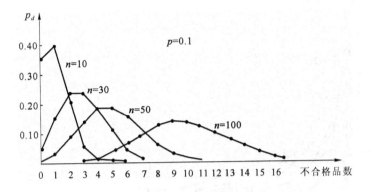

图 3-1-5　p 一定、n 变化时,用曲线示意的二项分布

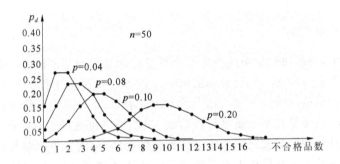

图 3-1-6　n 一定、p 变化时,用曲线示意的二项分布

2. 正态分布与泊松分布

泊松分布也是一种离散分布,适用于某些计数值。该分布由参数 λ 确定,其图形如图 3-1-7 所示。

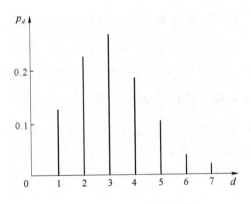

图 3-1-7　泊松分布的图形

泊松分布随着 λ 数值的变化,其分布图形也在变化。当 λ 逐渐增大时,泊松分布逐渐变成接近正态。当 $\lambda \geqslant 5$ 时(实际生产中只要求 $\lambda \geqslant 3$ 即可),可将泊松分布近似看成正态分布。其图形如图 3-1-8 所示。

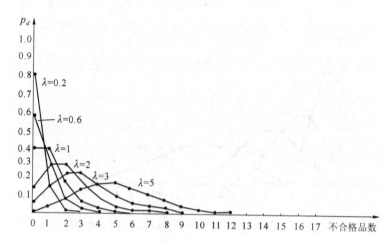

图 3-1-8 λ 变化时，用曲线示意的泊松分布

四、总体与样本

在实际工作中，将所研究对象的全体称为总体。如某车间生产的电阻器的寿命、某地区所有邮电所每天的营业额等。组成总体的每一个基本单位称为个体。如每件产品的寿命、每个邮电所每天的营业额等。总体所包含的个体的数目，可以是有限的也可以是无限的，对于无限多的个体——考察其某个质量特性数据，显然是不可能的。有时即使是有限多个个体，但由于某些原因，如数量较大或考察方法是破坏性的，也就不可能全数都进行考察，而只能通过抽取总体中的一小部分样本来了解和分析总体的情况，称为抽样检验。

对于来自总体的容量为 n 的样本观察值 $x_1, x_2, \cdots, x_n$，在数理统计中定义样本的数字特征值如下：

- 称 $\overline{x} = \dfrac{1}{n}\sum x_i$ 为样本平均值，描述样本的位置特征；

- 称 $\sigma_x = \sqrt{\dfrac{\sum (x_i - \overline{x})^2}{n}}$ 为样本标准差，样本方差或样本标准差描述样本的离散特征。

在数理统计中已经证明了：对样本平均值再求平均可近似等于总体的平均值，即 $\mu = \overline{\overline{x}} = \dfrac{1}{k}\sum \overline{x}$；样本方差是总体方差的 $\dfrac{1}{n}$，即 $\sigma_x = \dfrac{\sigma}{\sqrt{n}}$。

如前所述，正态分布是质量管理中连续型质量特性数据经常遇到的一种分布状态。但是，在生产中还存在许多非正态分布的质量特性数据。这样的问题，可以通过对样本平均数分布状态特点的研究加以解决。

根据概率论的中心极限定理，任意总体，不论其分布状态如何，若总体的平均数和标准偏差存在，则随机变量的样本平均数 $\overline{x}$ 的分布状态，随着样本量 n 的增大而逐渐接近于正态分布（参见图 3-1-9）。简而言之，不论总体分布状态如何，当 n 足够大时，它的样本平均数总是趋于正态分布。这就是样本平均数分布状态的特点。利用这个特点，可以把非正态分布的总体变成正态分布，从而运用正态分布的规律对生产过程进行控制。

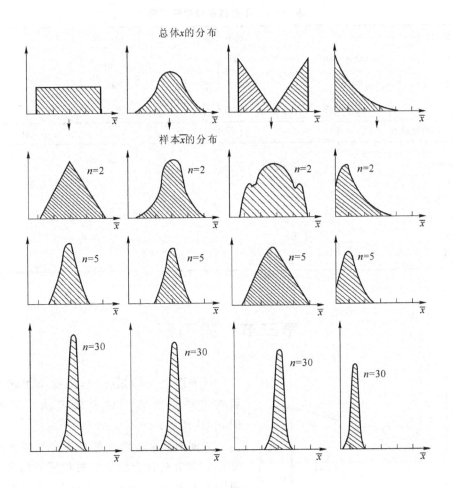

图 3-1-9 任意分布变成趋近于正态分布

第二节 统计分析表

统计分析表又叫检查表或调查表,是利用统计图表进行数据整理和粗略的原因分析的一种工具,在应用时,可根据调查项目和质量特性采用不同格式。

常用的检查表有缺陷位置检查表、不合格品分项检查表、成品质量调查表等。其特点是把产品可能出现的情况加以分类,并预先列成表格,检验产品时只需要在相应的分类中进行统计,即可对质量数据进行粗略的整理和简单的原因分析。统计分析表反映质量问题简单明了,便于使用,也是使用其他统计分析方法对质量问题进行进一步深入分析的基础。

如不合格品分项检查表是将不合格品按其种类、原因、工序、部位或内容等情况进行分类记录,能简便、直观地反映出不合格品的分布情况,如表 3-2-1 所示。

表 3-2-1 不合格品分项检查表

零件名称(代号)	A-05	检查日期	1999年4月3日
工　　序	最终检查	加工单位	1车间1工段
检查总数	1 585	生产批号	99-3-1
检查方式	全数检查	检查者	张三

不合格种类	检 查 记 录	小　计
表面缺陷	正正正正正正正一	36
裂　纹	正正正正正正	30
加工不良	正一	6
形状不良	正正正	15
其　他	正正一	11
总　计		98

第三节　排列图

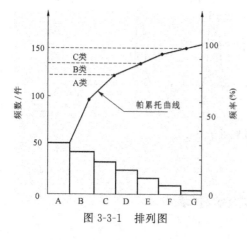

图 3-3-1　排列图

排列图也叫帕累托图,是找出影响产品质量的主要问题的一种有效方法。其形式如图 3-3-1 所示。

排列图最早由意大利经济学家帕累托(Pareto)用来分析社会财富分布状况而得名。他发现少数人占有大量财富,即所谓"关键的少数和次要的多数"的关系。后来,美国质量管理学家朱兰(J. M. Juran)把它的原理应用于质量管理,作为改善质量活动中寻找影响质量的主要因素的一种工具,它可以使质量管理者明确从哪里入手解决质量问题才能取得最好的效果。

一、排列图的概念和结构

(一)概念

排列图是根据"关键的少数,次要的多数"的原理,将数据分项目排列作图,以直观的方法来表明质量问题的主次及关键所在的一种方法,是针对各种问题按原因或状况分类,把数据从大到小排列而作出的累计柱状图。

(二)结构

排列图的结构是由两个纵坐标,一个横坐标,n 个柱形条和一条曲线组成,左边的纵坐标表示频数(件数、金额、时间等),右边的纵坐标表示频率(以百分比表示)。有时,为了方便,也可把两个纵坐标都画在左边。横坐标表示影响质量的各个因素,按影响程度的大小从左至右排列,柱形条的高度表示某个因素影响的大小,曲线表示各影响因素大小的累计百分数,这条曲线称帕累托曲线(排列线)。

排列图在质量管理中的作用主要是用来抓质量的关键性问题。

现场质量管理往往有各种各样的问题,应从何下手、如何抓住关键呢? 一般说来,任何事物都遵循"少数关键,多数次要"的客观规律。例如,大多数废品由少数人员造成,大部分设备故障停顿时间由少数故障造成,大部分销售额由少数用户占有等。排列图正是能反映出这种规律的质量管理工具。

二、排列图的作图步骤

(一)确定评价问题的尺度(纵坐标)

排列图主要是用来比较各问题(或一个问题的各原因)的重要程度。评价各问题的重要性,必须有一个客观尺度。确定评价问题的尺度,即决定作图时的纵坐标的标度内容。

一般的纵坐标可取:(1)金额(包括把不合格品换算成损失金额);(2)不合格品件数;(3)不合格品率;(4)时间(包括工时);(5)其他。

(二)确定分类项目(横坐标)

一个大的问题包括哪些小问题,或是一个问题与哪些因素有关,在作图时必须明确。分类项目表示在横坐标上,项目的多少决定横轴的长短。

一般可按不合格品项目、缺陷项目、作业班组、车间、设备、不同产品、不同工序、工作人员和作业时间等进行分类。

(三)按分类项目搜集数据

笼统的数据是无法作图的。作图时必须按分类项目搜集数据。

搜集数据的期间无原则性的规定,应随所要分析的问题而异,例如,可按日、周、旬、月、季、年等。划分作图期间的目的是便于比较效果。

(四)统计某个项目在该期间的记录数据,并按频数大小顺序排列

首先统计每个项目的发生频数,它决定直方图的高低。然后根据需要统计各项频数所占的百分比(频率)。最后,可按频数(频率)的大小顺序排列,并计算累计百分比,画成排列图用表。

(五)画排列图中的直方图

一般画图最好用坐标纸,纵横坐标轴的标度要适当,纵轴表示评价尺度,横轴表示分类项目。

在横轴上,按给出的频数大小顺序,把分类项目从左到右排列。"其他"一项不论其数值大小,务必排在最后一项。

在纵轴上,以各项之频数为直方图高,以横轴项目为底宽,一一画出对应的直方图。图宽应相同,每个直方之间不留间隙,如果需要分开,它们之间的间隔也要相同。

(六)画排列线

为了观察各项累计占总体的百分比,可按右边纵坐标轴的标度画出排列线(又称帕累托线)。排列线的起点,可画在直方柱的中间、顶端中间或顶端右边的线上,其他各折点可按比例标注,并在折点处标上累计百分比。

(七)在排列图上标注有关事项和标题

搜集数据的期间(何时至何时)、条件(检查方法、检查员等)、检查个数、不合格总数等,必须详细记载,在质量管理中这些情报都非常重要。

三、绘制排列图的注意事项

绘制排列图时应注意以下事项。

(1)一般来说,主要原因是一两个,至多不超过三个,就是说它们所占的频率必须高于50%(如果分类项目少时,则应高于70%或高于80%);否则就失去找主要问题的意义,要考虑重新进行分类。

(2)纵坐标可以用"件数"或"金额"、"时间"等来表示,原则是以更好地找到"主要原因"为准。

(3)不重要的项目很多时,为了避免横坐标过长,通常合并列入"其他"栏内,并置于最末一项。对于一些较小的问题,如果不容易分类,也可将其归为"其他"项里。如"其他"项的频数太多时,需要考虑重新分类。

(4)为作排列图而取数据时,应考虑采用不同的原因、状况和条件对数据进行分类,如按时间、设备、工序、人员等分类,以取得更有效的信息。

四、排列图的观察分析

利用ABC分析确定重点项目,一般地讲,取图中前面的1~3项作为改善的重点就行了。若再精确些可采用ABC分析法确定重点项目。ABC分析法是把问题项目按其重要程度分为三级。

具体做法是把构成排列曲线的累计百分数分为三个等级。0~80%为A类,是累计百分数在80%以上的因素,它是影响质量的主要因素,作为解决的重点。累计百分数在80%~90%的为B类,是次要因素。累计百分数在90%~100%的为C类,在这一区间的因素是一般因素。

除了对排列图作ABC分析外,还可以通过排列图的变化对生产、管理情况进行分析。

(1)在不同时间绘制的排列图,项目的顺序有了改变,但总的不合格品数仍没有改变时,可认为生产过程是不稳定的。

(2)排列图的各分类项目都同样减小时,则认为管理效果是好的。

(3)如果改善后的排列图,其最高项和次高项一同减少,但顺序没变,说明这两个项目是相关的。

五、排列图举例

【例3-3-1】 对某企业铸造车间某日生产的320件产品的缺陷情况进行统计,并按缺陷项目作出统计表(如表3-3-1所示),作出排列图并进行分析。

表3-3-1 某铸造车间某日产品缺陷情况统计

缺陷项目	气孔	裂纹	掉砂	壁薄	壁厚	溅铁水	其他
缺陷数/件	42	7	69	10	23	5	4

作图步骤：
(1) 按排列图的作图要求将缺陷项目进行重新排列(见表 3-3-2)；

表 3-3-2 排列图数据表

缺陷项目	掉砂	气孔	壁厚	壁薄	裂纹	溅铁水	其他	总计
缺陷数/件	69	42	23	10	7	5	4	160
频率(%)	43.1	26.2	14.4	6.3	4.4	3.1	2.5	100
累计频率(%)	43.1	69.3	83.7	90.0	94.4	97.5	100	

(2) 计算各排列项目所占百分比(频率)；
(3) 计算各排列项目所占累计百分比(累计频率)；
(4) 根据各缺陷项目的统计数(频数)画出排列图中的直方图(见图 3-3-2)；
(5) 根据各排列项目所占累计百分比画出排列图中的排列线。

分析：从图中可以看出，掉砂、气孔、壁厚三项缺陷累计百分比占 83.7%，为 A 类因素，是要解决的主要问题。

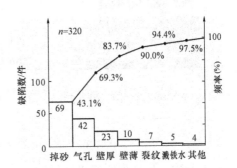

图 3-3-2 产品缺陷数排列图

【例 3-3-2】 某企业的客服热线质量监控人员从 20××年 4～6 月客户与热线客服人员的通话录音中，随机抽取了 1 000 条进行监听及统计，归结出各月热线人员存在令客户不满意的问题数量，统计表见表 3-3-3。

表 3-3-3 客户不满意的问题统计表

序号	项目	频数
1	热线人员在线解决问题能力不足	726
2	客户把对其他不满的意见反映到热线人员上	201
3	业务流程设计不合理	58
4	其他	15
5	合计	1 000

(1) 根据统计表中数据编制排列图数据表，见表 3-3-4。

表 3-3-4 排列图数据表

序号	项目	频数	累计频数	比例	累计比例
1	热线人员在线解决问题能力不足	726	726	72.60%	72.60%
2	客户把对其他不满的意见反映到热线人员上	201	927	20.10%	92.70%
3	业务流程设计不合理	58	985	5.80%	98.50%
4	其他	15	1 000	1.50%	100.00%
5	合计	1 000	—	100.00%	—

(2) 根据排列图数据表绘制出排列图,如图 3-3-3 所示。

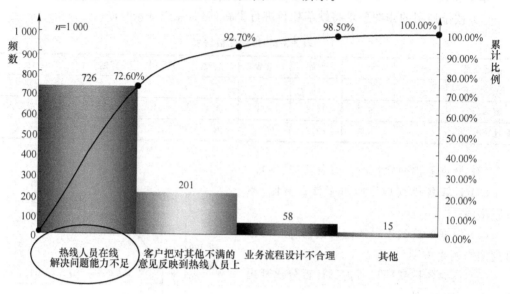

图 3-3-3 客户对热线人员不满意的存在问题排列图

(3) 分析。从排列图中可以发现,"热线人员在线解决问题能力不足"在人员不满意项目中占72.60%,是导致客户对热线人员不满意率高的主要问题,解决这一问题将会有效提高客户的满意率。

第四节 因果图

一、因果图的概念和结构

任何一项质量问题的发生或存在都是有原因的,而且经常是多种复杂因素平行或交错地共同作用所致。要有效地解决质量问题,首先要从不遗漏地找出这些原因入手,而且要从粗到细地追究到最原始的因素,因果图正是解决这一问题的有效工具。

因果图又叫特性因素图,因其形状颇像树枝和鱼刺,也被称为树枝图或鱼刺图,它是把对某项质量特性具有影响的各种主要因素加以归类和分解,并在图上用箭头表示其间关系的一种工具。由于它使用起来简便有效,在质量管理活动中应用广泛。

因果图是由以下几部分组成的(见图 3-4-1)。

(1) 特性,即生产过程或工作过程中出现的结果,一般指尺寸、重量、强度等与质量有关的特性,以及工时、产量、机器的开动率、不合格率、缺陷数、事故件数、成本等与工作质量有关的特性。因果图中所提出的特性,是指要通过管理工作和技术措施予以解决并能够解决的问题。

(2) 原因,即对质量特性产生影响的主要因素,一般是导致质量特性发生分散的几个主要来源。原因通常又分为大原因、中原因、小原因等。

(3) 枝干,是表示特性(结果)与原因间关系或原因与原因间关系的各种箭头。其中,把全部原因同质量特性联系起来的是主干;把个别原因同主干联系起来的是大枝;把逐层细分的因素(一直细分到可以采取具体措施的程度为止)同各个原因联系起来的是中枝、小枝和细枝。

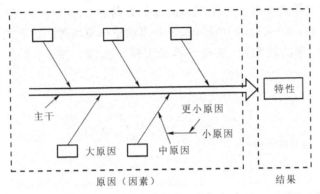

图 3-4-1　因果图的形式

二、因果图的作图步骤

因果图的作图步骤如下。

(1) 确认质量特性(结果)。质量特性是准备改善和控制的对象。应当通过有效的调查研究加以确认,也可以通过画排列图确认。

(2) 画出特性(结果)与主干。

(3) 选取影响特性的大原因。先找出影响质量特性的大原因,再进一步找出影响质量特性的中原因、小原因,在图上画出中枝、小枝和细枝等。注意所分析的各层次原因之间的关系必须是因果关系,分析原因直到能采取措施为止。

(4) 检查各项主要因素和细分因素是否有遗漏。

(5) 对特别重要的原因要附以标记,用明显的记号将其框起来。特别重要的原因,即对质量特性影响较大的因素,可通过排列图来确定。

(6) 记载必要的有关事项,如因果图的标题、制图者、时间及其他备查事项。

三、绘制因果图的注意事项

绘制因果图时,应注意以下事项。

(1) 主干线箭头指向的结果(要解决的问题)只能是一个,即分析的问题只能是一个。

(2) 因果图中的原因是可以归类的,类与类之间的原因不发生联系,要注意避免归类不当和因果倒置的错误。

(3) 在分析原因时,要设法找到主要原因,注意大原因不一定都是主要原因。为了找出主要原因,可作进一步调查、验证。

(4) 要广泛而充分地汇集各方面的意见,包括技术人员、生产人员、检验人员,以至辅助人员等。因为各种问题的涉及面很广,各种可能因素不是少数人能考虑周全的。另外要特别重视有实际经验的现场人员的意见。

四、因果图的种类

因果图大体上有三种类型,即问题分解型、原因罗列型和工序分类型。这三种类型的因果图各有利弊,应根据具体情况适当地选择应用。

(一)问题分解型

该类图的作法是沿着为什么会出现该问题的思路层层细追下去,依次作出大枝、中枝、小枝、细枝,并标上相应的大原因、中原因、小原因和更小原因等。这种图的优点是便于用箭头把原因联系起来,作图较简便;缺点是容易漏掉小原因。图3-4-2就是问题分解型的因果图。

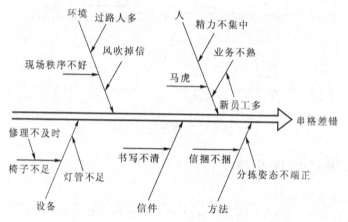

图3-4-2　串格差错的问题分解型因果图

(二)原因罗列型

该类图的作法是用卡片或黑板将想到的所有原因都罗列出来,然后再通过整理逐级分类,确定出大枝、中枝、小枝和细枝间的关系。优点是不至于漏掉主要原因;缺点是原因间难于用箭头正确连接,作图较麻烦。

(三)工序分类型

该类图的作法是按工序流程画大枝,然后把对质量有影响的原因填写在相应的工序(大枝)上。优点是作图简便,易于理解;缺点是相同原因有时会出现多次,难于表现多个因素联系在一起同时影响质量的情况。图3-4-3是钢管擦伤的工序分类型因果图。

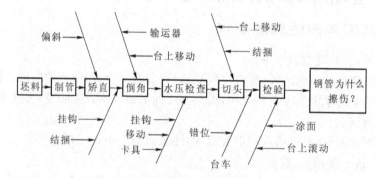

图3-4-3　钢管擦伤的工序分类型因果图

由图3-4-3可见,从下料开始到最终检验为止共七道工序,除前两道工序外,其他五道工序均有擦伤出现,直到最后使钢管擦伤成为不合格品,其擦伤原因分别用大枝干、中枝干、小枝干、细枝干画于各工序和运转线上(两工序空档处)。

由图中可以清楚地看出哪道工序或运转过程是什么原因造成的擦伤,便于采取措施。

排列图、因果图、措施表被称为"两图一表",在质量管理活动中,以其使用的简便性和有效性成为使用最为普遍的质量管理方法(措施表将在第五章中专门介绍)。

五、因果图举例

【例3-4-1】 某呼叫中心2010年上半年客户满意度的现状调查取得的相关数据,如图3-4-4所示。

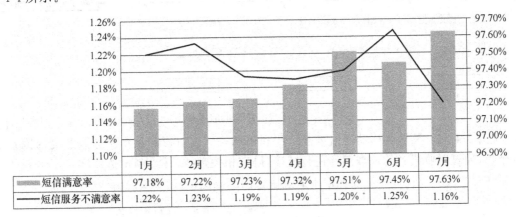

图 3-4-4 客户满意度现状调查

调查数据显示短信满意度比率波动较大。客户满意度的高低受多种因素影响,需要管理人员从多方面考虑来提高满意度。

管理人员根据调查数据进行分析讨论,经讨论得出所有影响客户满意度的因素,列表并画出因果图。

讨论得出影响客户满意度的原因,见末端原因表(表3-4-1)。

表 3-4-1 末端原因素

类别	序号	末端原因分析
人	1	说话方式欠婉转
	2	语速过快
	3	服务不热情、态度冷淡
	4	服务用语不规范(说话随意)
机	5	突发问题
	6	电脑/系统死机,反应慢
料	7	CRM系统资源、功能不完善
	8	知识库不完善
法	9	管理者的关注方法及侧重点
	10	业务规则不合理
环	11	周围的工作环境
	12	氛围造势
	13	绩效指标的牵引

绘制出客户满意度低的因果图,如图 3-4-5 所示。

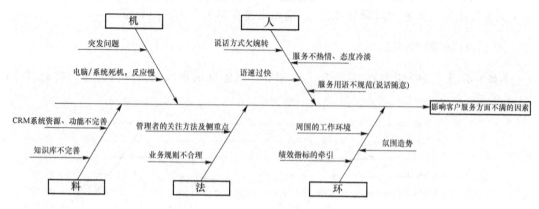

图 3-4-5　客户满意度低的因果图

【例 3-4-2】　某地区移动通信运营企业利用调查问卷对影响移动服务满意度的因素进行分析,通过对收集到的调查问卷进行统计,得到相关数据,并绘制出造成客户不满意的排列图(帕累托图,见图 3-4-6)及客户不满意因素的因果图(见图 3-4-7)。

序号	因素	问卷调查数据	因素占总体比重	累计比重	类别
				0%	
1	投诉处理不及时	273	27.30%	27.30%	A
2	GPRS网络质量差	238	23.80%	51.10%	A
3	不能给出满意的答复	147	14.70%	65.80%	A
4	通话时常掉线	102	10.20%	76.00%	A
5	功能不够实用	80	8.00%	84.00%	B
6	优惠政策少	52	5.20%	89.20%	B
7	排队等候时间长	40	4.00%	93.20%	C
8	话费明细度不足	36	3.60%	96.80%	C
9	创新能力不足	20	2.00%	98.80%	C
10	营业厅方面的投诉处理不到位	7	0.70%	99.50%	C
11	服务人员态度差	3	0.30%	99.80%	C
12	欠费停机没及时通知	2	0.20%	100.00%	C
	总计	1 000			

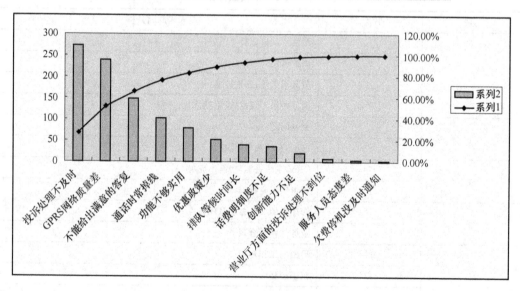

图 3-4-6　帕累托图

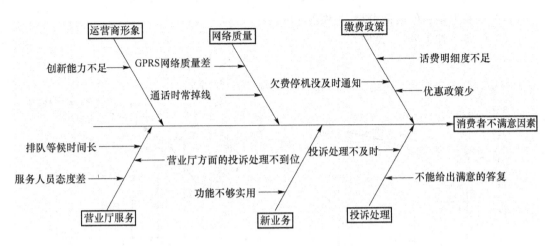

图 3-4-7 客户不满意因素的因果图

第五节 分层法

分层法也叫分类法或分组法,是分析影响质量(或其他问题)原因的一种方法。它把所搜集到的质量数据依照使用目的,按其性质、来源和影响因素等进行分类,把性质相同、在同一生产条件下收集到的质量特性数据归在一组,把划分的组叫做"层",通过数据分层,把错综复杂的影响质量的因素分析清楚,以便采取措施加以解决。

数据分层与收集数据的目的性紧密相联,目的不同,分层的方法和粗细程度也不同。另外,还与人们对生产情况掌握的程度有关,如果对生产过程的了解甚少,分层就比较困难。所以,分层要结合生产实际情况进行。分层法经常同质量管理中的其他方法一起使用,可将数据分层之后再进行加工,整理成分层排列图、分层直方图、分层控制图和分层散布图等。

在实际工作中,能够收集到许多反映质量特性的数据,如果只是简单地把这些数据放在一起,是很难从中看出问题的;而通过分层,把收集来的数据按照不同的目的和要求加以分类,把性质相同、在同一生产条件下收集的数据归在一起,就可以使杂乱无章的数据和错综复杂的因素系统化和条理化,使数据所反映的问题明显、突出,便于抓住主要问题并找出对策。

常用的分层法有:

(1) 按不同的时间分,如按不同的班次、不同的日期进行分类;

(2) 按操作人员分,如按新老工人、男工、女工,不同工龄,不同技术等级分类;

(3) 按使用设备分,如按设备型号、新旧设备分类;

(4) 按操作方法分,如按切削用量、温度、压力等分类;

(5) 按原材料分,如按供料单位、进料时间、批次等分类;

(6) 按不同检验手段、测量者、测量位置、仪器、取样方式等分类;

(7) 其他分类,按不同的工艺、使用条件、气候条件等进行分类。

【例 3-5-1】 某区局投递班某年上半年投递挂据邮件发生差错 50 件。为了找出原因,明确责任,进行改进,可以对数据进行如下分类:

(1) 按发生差错的时间分层,见图3-5-1;
(2) 按差错种类分层,见图3-5-2;

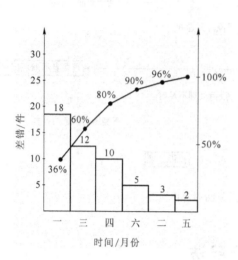

图 3-5-1 按发生差错的时间分层

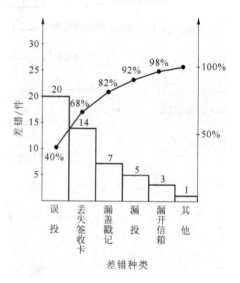

图 3-5-2 按差错种类分层

(3) 按操作人员分层,见图3-5-3。

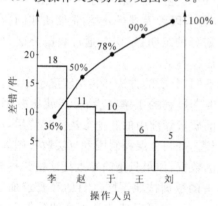

图 3-5-3 按操作人员分层

通过这三种分层可以看出:分层时标志的选择十分重要。标志选择不当就不能达到"把不同质的问题划分清楚"的目的。所以分层标志的选择应使层内数据尽可能均匀,层与层之间数据差异明显。

按发生差错的时间分层时,各月差异不明显,而一月份差错稍多,可能是受业务量的影响;按差错种类分层时,误投及丢失签收卡的差错严重,应作为重点问题来解决;从按操作人员分层的情况来看,李某和赵某的差错所占比重较大。经过分层就可以有针对性地分析原因,找出解决问题的办法。

分层法必须根据所研究问题的目的加以灵活运用。事实上,分层法被广泛应用于工业企业和商业、事业单位和服务行业等。实践证明,分层法是分析处理质量问题成败的关键,使用时必须具有一定的经验和技巧才能分好层。

第六节 直方图

一、直方图的概念及作图方法

(一) 直方图的概念

直方图又称频数分布图,是整理数据、描写质量特性数据分布状态的常用工具。以通信为例,反映通信质量特性的数据总是有波动的,对于一种通信产品来说,无论怎样严格控制,质量特性数据都绝不可能是同一数值。随着各种条件的变化,质量特性数值也在波动,造成波动的原因也就是通常所说的人、材料、设备(工具)、操作方法、操作环境和检验方法六大因素(5M1E)。由于 5M1E 不可能不变,即保持这六个方面绝对一样是办不到的,所以产品质量存在差异是绝对的。由于产品质量受一系列客观因素的影响而在生产过程中不停地变化着,所以生产出一批产品中总是有的偏差大一些,有的偏差小一些,不可能完全一样,这就叫做产品质量的散差。这些条件误差,从数理统计的观点加以分类,可以分为系统误差和随机误差两大类。

随机误差是由一些经常起作用的、微小的、在一定条件下又是不可避免的因素所引起的误差。造成这种误差的因素就是 5M1E 的微小变化。尽管具体原因很多,但它们的共同特点是误差本身的数值不大,而且误差是围绕目标值两侧,可能是正值,也可能是负值;而且误差的项目虽多,但累加起来,往往互相抵消或数值不大,一般不会由此而出现超差现象。把产生随机误差的有关影响因素称为偶然因素。系统误差则是 5M1E 产生的大变化,如机床的调整误差、刀具的过度磨损、材料的型号错误、生产人员违反操作规程、环境的巨大变化等原因引起的误差。引起系统误差的原因称为系统因素。

在生产过程中,偶然因素是不可避免的,所以偶然因素带来的产品质量的随机误差也是不可避免的。而系统因素由于对产品质量影响较大,同时容易鉴别,容易除去,人们在生产中都力求排除,从而消除它所带来的产品质量的系统误差。而为了控制产品质量的波动,把质量差异控制在一定范围内是做得到的。为了掌握产品质量的分布规律,可以作出产品质量特性频数分布图,以显示产品质量特性分布状况。

(二) 直方图的作图方法

画直方图需要收集大量准确的质量特性数据,怎样取得这些数据,需要收集多少个数据都是需要明确的。

怎样取样才能使得到的数据能更有效、更准确地反映客观事物的本质呢?由于目的不同,取样方法也不同。取样方法主要有如下两种。

(1) 随机取样。为使由样本对总体所作的推断有效,样本必须是随机的选取。即在一批产品里(或半成品里),所有的每一个产品都能以相等的机会被抽取。方法主要有:①抽签法,即把产品混合均匀后任意抽取;②按数理统计中的"乱数表"取样;③其他方法。

(2) 按工艺过程,每隔一定的时间,连续抽取若干产品作为样本。如研究某一工序时,可在一天中每隔两小时抽取相等数量的产品。

两种方法中,第一种方法抽取的样本是有代表性的;第二种方法严格讲只能反映抽样当时的工艺过程状况,不能代表整批产品的状况。因此,前一种方法多用于产品的验收检查,后一种方法多用于生产过程中的工序质量控制。

那么,作直方图采用多大的样本为宜呢?在工业生产实际中,决定样本的大小,需要考虑两方面的因素。一方面是经济因素,即收集某一数据需要多少成本;另一方面是所需的统计准确度因素,即所得到的分散程度与集中趋势的数据,许可有多少误差。这两个因素对样本大小的影响完全相反,从经济上要求,采用可能允许的最小样本;而统计准确度则要求较大的样本,以使准确度得到最大保障。某一频数分布所应采取的样本大小,在工业上往往不是由固定的统计公式来决定的,而是根据统计准确度及经济情况的相互平衡而设计的。有时,以往的经验以及个人的判断都对此有很大影响。

因为收集数据的成本和所需的统计准确度在不同工业部门、不同企业之间的变化很大,所以决定样本大小的任何原则都因个别情况而异。一般来说,应取30~250个样本。在实际应用中,工厂多采用50个,这对大多数工业频数分布的分析是足够可靠的。在个别情况下,当收集数据的成本很低或需作准确分析时,可采用100个或者更多个。

画直方图时,首先要整理收集的质量特性数据,把相近的值分在同一组里,再统计各组各有几个数据数,这称为频数;然后在横坐标上标出分组点,纵坐标对应为频数,以组距为底边,画出高度为频数的矩形,便得到一张直方图。

【例 3-6-1】 某邮局1986年随机地抽取 100 天邮件分拣处理时长。每天的分拣处理时长如表 3-6-1 所示。

表 3-6-1　某邮局 100 天的邮件处理时长数据　（分钟）

61	55	63	39	49	55	50	55	55	53
44	38	50	48	53	50	50	50	50	52
48	52	52	52	48	55	45	49	50	54
45	50	55	51	48	54	53	55	60	55
56	43	47	50	50	50	63	44	40	43
54	53	45	43	48	43	45	43	53	53
49	47	48	40	45	47	52	48	50	50
47	48	54	50	47	49	50	55	51	43
45	54	55	55	47	60	50	49	55	60
45	52	47	55	55	62	50	46	45	47

结合该实例绘制直方图。

1. 直方图的作图步骤

(1) 收集数据。针对某一产品质量特性,随机地抽取 50 个以上质量特性数据,并按先后顺序排列。其数据数用 N 表示,本例中 $N=100$。

(2) 找出数据中的最大值、最小值和极差。数据中的最大值用 $x_{\max}$ 表示,最小值用 $x_{\min}$ 表示,极差用 R 表示:

$$R = x_{\max} - x_{\min}$$

本例中,$x_{\max}=63$ 分钟,$x_{\min}=38$ 分钟,$R=63-38=25$ 分钟。区间 $[x_{\min}, x_{\max}]$ 称为数据的散布范围,全体数据在此范围内变动。

(3) 确定组数。组数常用符号 K 表示。K 与数据的多少有关系。数据多,分组多;数据少,分组少。常用这样一个经验公式计算组数:

$$K = 1 + 3.31 \lg N$$

本例中,$N=100$,$K = 1+3.31\lg 100 = 7.62 \approx 8$。一般由于正态分布为对称形,故常取 K 为奇数,所以本例中取 $K=9$。

(4) 求出组距(h)。组距即组与组之间的间隔,等于极差除以组数,即

$$h = \frac{x_{\max} - x_{\min}}{K} = \frac{R}{K}$$

本例中,组距 $h = \dfrac{63-38}{9} = 2.78 \approx 3$。

(5) 确定组界。为了确定组界,通常从最小值开始。先把最小值放在第一组的中间位置上。组界为

$$(x_{\min} - h/2) \sim (x_{\min} + h/2)$$

本例中数据最小值 $x_{\min} = 38$ 分钟,组距 $h = 3$,故第一组的组界为 $36.5 \sim 39.5$。同理可以求出其他各组的组界为:$39.5 \sim 42.5$;$42.5 \sim 45.5$;$45.5 \sim 48.5$;$48.5 \sim 51.5$;$51.5 \sim 54.5$;$54.5 \sim 57.5$;$57.5 \sim 60.5$;$60.5 \sim 63.5$。

(6) 统计各组频数。统计频数的方法如表 3-6-2 所示。

表 3-6-2 各组频数统计

组号	组界	频数(f)	组号	组界	频数(f)
1	36.5~39.5	2	6	51.5~54.5	17
2	39.5~42.5	2	7	54.5~57.5	15
3	42.5~45.5	16	8	57.5~60.5	3
4	45.5~48.5	18	9	60.5~63.5	4
5	48.5~51.5	23			

(7) 画直方图。以分组号为横坐标,以频数为纵坐标,作成直方图,如图 3-6-1 所示。

2. 直方图的作用(用途)

频数直方图在生产中是经常使用、简便易行且能发挥很大效果的统计方法,其主要作用如下。

(1) 比较直观地反映出质量特性分布状态,便于及时掌握质量分布状况,判断一批已加工完毕的产品的质量;

(2) 验证产品质量的稳定性;

(3) 考察工序能力,估算生产过程不合格品率,了解工序能力对产品质量的保证情况;

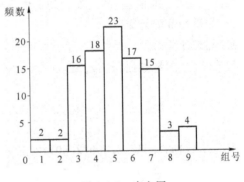

图 3-6-1 直方图

(4) 从统计角度鉴定产品质量特性分布类型,以便针对不同分布进行管理。

3. 绘制直方图应注意以下事项

绘制直方图应注意以下事项。

(1) 确定组数要恰当。画直方图确定的组数可以不同,即对一批数据来说,组数可以不是同一个值,如在上面的例题中,确定的组数是 9 组,如果分成 10 组也是可以的,但组数虽然不是唯一确定的,也是有一定标准的。除了可按确定组数的公式推算组数外,还可根据经验判断法来确定组数。一般样本数与分组数有表 3-6-3 所示的对应关系。分组是否恰当,直接影响到直方图的观察分析。当分组数太少时,会掩盖各组内数据的变动情况;当分组数太多时,会使各组数据量的多少差别悬殊,有时还可能使其中一组无数据,因而看不出分布的规律。

表 3-6-3　样本数与分组数对应关系

样本数	分组数	常用组数
50～100	6～10	
100～250	7～12	10
250 以上	10～20	

（2）确定组界时，注意要比数据值精确一个小数点，必要时可在算出的组界上加上或减去 0.5，这样做的目的是使每个数据都能准确归组。

（3）直方图的比例尺寸一般是：频数最多的组的高度与尺寸范围，即横坐标宽的比例为 1∶1（或 0.6∶1）为好；否则画出的频数直方图会出现太"胖"或太"瘦"的现象，在对直方图分析时容易发生误解。

（4）完整的直方图不可缺少必要的标注。在直方图的左上方或右上方要标上样本数 N、平均值 $\bar{x}$ 和标准偏差 s。

二、直方图特征值的计算

为了描述一批数据的分布特征，在数理统计中定义了许多"特征数字"，其特征值大体上分成两大类：一类是表示数据集中位置的特征值，如平均值、中位数等；另一类是表示数据的离散程度的，如标准偏差、极差等。其中最主要的两个数字特征值是平均值和标准偏差。

（一）平均值的计算

1. 定义计算法

设有 N 个测量数据：$x_1, x_2, x_3, \cdots, x_n$，则平均值定义为

$$\bar{x} = \frac{x_1 + x_2 + x_3 + \cdots + x_n}{N} = \frac{\sum_{i=1}^{N} x_i}{N}$$

例如有 5 个数据：2.515、2.509、2.507、2.529、2.521，求其平均值

$$\bar{x} = \frac{\sum_{i=1}^{N} x_i}{N} = \frac{2.515 + 2.509 + 2.507 + 2.529 + 2.521}{5} = 2.516\ 2$$

显然，用这种方法计算平均值，当数据量很大时，计算麻烦。

2. 利用频数表求平均值

这种方法适用于数据多的情况，常与作直方图结合在一起进行计算。

设 N 个观察值：$x_1, x_2, x_3, \cdots, x_n$，按其大小分为 K 组，每组的组距为 h，第 i 组频数为 f_i。频数 f_i 最大的一组的中心值为 x_0，u_i 为与中心值 x_0 的那一组相差的组数，上为负，下为正，则 $x_1, x_2, x_3, \cdots, x_n$ 的平均值为

$$\bar{x} = x_0 + h \cdot \frac{f_1 u_1 + f_2 u_2 + f_3 u_3 + \cdots + f_k u_k}{N}$$

$$= x_0 + h \cdot \frac{\sum_{i=0}^{K} f_i u_i}{N}$$

其中，$N = f_1 + f_2 + f_3 + \cdots + f_K = \sum\limits_{i=1}^{K} f_i$。

公式证明如下：

证明 设第 i 组中心值为 W_i，则

$$u_i = \frac{W_i - x_0}{h}$$

$$\overline{x} \approx \frac{\sum\limits_{i=1}^{K} f_i W_i}{N} = \frac{\sum\limits_{i=1}^{K} f_i x_0 + \sum\limits_{i=1}^{K} f_i (W_i - x_0)}{N}$$

$$= x_0 + h \frac{\sum\limits_{i=1}^{K} f_i \left(\frac{W_i - x_0}{h}\right)}{N} = x_0 + h \frac{\sum\limits_{i=1}^{K} f_i u_i}{N}$$

例如，例 3-6-1 直方图给出的 100 个数据，利用频数表先求出 $\sum f_i u_i$，再利用公式，求出平均值。频数表如表 3-6-4 所示。频数最大组是第 5 组，其中心值

$$x_0 = \frac{\text{本组上限} + \text{本组下限}}{2} = \frac{48.5 + 51.5}{2} = 50$$

表 3-6-4 频数表

组号	分组	组中值 W_i	频数 f_i	u_i	$f_i u_i$	u_i^2	$f_i u_i^2$
1	36.5～39.5	38	2	−4	−8	16	32
2	39.5～42.5	41	2	−3	−6	9	18
3	42.5～45.5	44	16	−2	−32	4	64
4	45.5～48.5	47	18	−1	−18	1	18
5	48.5～51.5	50	23	0	0	0	0
6	51.5～54.5	53	17	1	17	1	17
7	54.5～57.5	56	15	2	30	4	60
8	57.5～60.5	59	3	3	9	9	27
9	60.5～63.5	62	4	4	16	16	64
∑					8		300

则

$$\overline{x} = x_0 + h \cdot \frac{\sum\limits_{i=1}^{K} f_i u_i}{N} = 50 + 3 \times \frac{8}{100} = 50.24$$

显然采用这种方法求平均值，当数据量很大时，计算很方便。

(二) 标准偏差的计算

样本标准偏差常用 s 表示。其计算方法也有两种：一种是定义计算法；另一种是频数表计算法。

1. 定义计算法

设有 N 个数据 $x_1, x_2, x_3, \cdots, x_n$，从数理统计学中已知，无偏标准偏差定义为

$$s = \sqrt{\frac{(x_1-\bar{x})^2+(x_2-\bar{x})^2+(x_3-\bar{x})^2+\cdots+(x_n-\bar{x})^2}{N-1}} = \sqrt{\frac{\sum_{i=1}^{N}(x_i-\bar{x})^2}{N-1}}$$

当 N 较大时，则

$$s = \sqrt{\frac{\sum_{i=1}^{N}(x_i-\bar{x})^2}{N}}$$

例如有 5 个数据：2.515、2.509、2.507、2.529、2.521，平均值为 2.516 2，求其标准偏差

$$s = \{[(2.515-2.516\ 2)^2+(2.509-2.516\ 2)^2+(2.507-2.516\ 2)^2+$$
$$(2.529-2.516\ 2)^2+(2.521-2.516\ 2)^2]/(5-1)\}^{1/2}$$
$$=0.009$$

用这种方法计算标准偏差，当数据量很大时，计算过于繁琐。

2. 利用频数表求标准偏差

利用频数表计算标准偏差的公式是：

$$s = h \cdot \sqrt{\frac{\sum_{i=1}^{K}f_i u_i^2}{N} - \left(\frac{\sum_{i=1}^{K}f_i u_i}{N}\right)^2}$$

公式的推导如下。

由标准偏差的定义可知，

$$s^2 = \frac{\sum_{i=1}^{N}(x_i-\bar{x})^2}{N} = \frac{\sum_{i=1}^{N}[(x_i-x_0)-(\bar{x}-x_0)]^2}{N}$$

因为
$$\bar{x}-x_0 = \overline{x_i-x_0}$$

所以
$$s^2 = \frac{\sum_{i=1}^{K}[(x_i-x_0)-(\overline{x_i-x_0})]^2}{N}$$

又因 $s^2 = \dfrac{\sum_{i=1}^{N}(x_i-\bar{x})^2}{N} = \dfrac{\sum_{i=1}^{N}(x_i^2-2x_i\bar{x}+\bar{x}^2)}{N} = \dfrac{\sum_{i=1}^{N}(x_i^2-2\bar{x}\sum_{i=1}^{N}x_i+\sum_{i=1}^{N}\bar{x}^2)}{N}$

$$= \overline{x^2} - 2\,\overline{x}\,\overline{x} + \overline{x}^2 = \overline{x^2} - \overline{x}^2$$

所以 $s^2 = \dfrac{\sum_{i=1}^{K}[(x_i-x_0)-(\overline{x_i-x_0})]^2}{N} = \overline{(x_i-x_0)^2} - \overline{(x_i-x_0)}^2$

$$= \frac{\sum_{i=1}^{K}f_i(W_i-x_0)^2}{N} - \left[\frac{\sum_{i=1}^{K}f_i(W_i-x_0)}{N}\right]^2 = h^2 \cdot \left[\frac{\sum_{i=1}^{K}f_i u_i^2}{N} - \left(\frac{\sum_{i=1}^{K}f_i u_i}{N}\right)^2\right]$$

所以
$$s = h \cdot \sqrt{\frac{\sum_{i=1}^{K}f_i u_i^2}{N} - \left(\frac{\sum_{i=1}^{K}f_i u_i}{N}\right)^2}$$

例如，上例直方图给出的 100 个数据，利用频数表先求出 $\sum f_i u_i$ 和 $\sum f_i u_i^2$，再利用公

式,求出标准偏差。频数表如表 3-6-4 所示。

$$s = 3 \times \sqrt{\frac{300}{100} - \left(\frac{8}{100}\right)^2} = 5.19$$

用频数表法计算平均值和标准偏差,方法简便,特别是在画直方图时,可以直接利用画图过程中的一些统计数字进行计算。

三、直方图的观察分析

直方图反映一个数列的各个数值出现的频数演变情况,以便形象地表示被观察数值的特征和分布状态,它是质量管理的统计控制方法之一。这种方法比较简单直观,图像化地帮助人们分析判断总体的变化。一个有经验的质量管理人员,往往可以凭经验,通过对直方图的直接观察来判断质量变化状况和生产过程是否稳定,并预测生产过程的不合格品率。

对直方图的观察分析,主要有两方面内容:首先是看图形本身的形状;然后用公差(标准)要求来比较,这样分析得出的结论才不会片面。

(一) 直方图的形状分析

对直方图形状的分析,是为了考察分布状态,看分布状态是否正常,如不正常,则判别其不正常的类型原因。

1. 正常型

正常型直方图只有一个高峰,高峰的两边,基本上对称且快而单调地下降,如图 3-6-2 所示。

2. 锯齿型

这种图形的形成,大都由于分组不当或者是因为测量方法或读数有问题引起的,如图 3-6-3 所示。

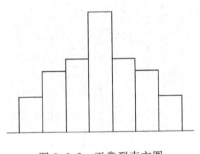

图 3-6-2 正常型直方图

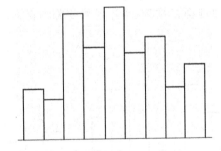

图 3-6-3 锯齿型直方图

3. 偏向型

直方图的高峰偏向一端分布,如图 3-6-4 所示。此时有两种情况:一种是数据本身就遵从这种分布,如百分率数据就是如此;另一种是由于加工习惯造成的。由于加工者心理上想留有余量,便于返修,所以,往往加工孔时,尺寸偏小,造成高峰偏左,而加工轴时,尺寸偏大,高峰偏右。通信企业的长话通话等待时长也是偏向型的分布。

4. 双峰型

在分布中心附近频数少,左右形成峰状,如图 3-6-5 所示。

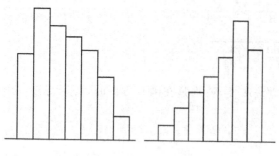
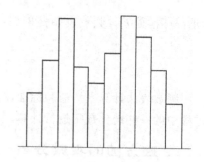

图 3-6-4 偏向型直方图　　　　　图 3-6-5 双峰型直方图

这是平均值不同的两个分布混在一起时出现的情况。在工业生产中往往是两种不同条件下(两台设备、两个工人或两次调整设备等)加工生产的产品混在一起造成的。邮电企业也存在这种情况,如两个班组对某一车次邮件的处理,由于平均处理时长不同,这两组处理时长数据混在一起就容易出现双峰型。再如两个长话接续操作者由于操作水平不同,两者处理接续时长数据是两个不同的分布,当两组数据混在一起时,也易造成双峰型。

5. 孤岛型

在直方图旁边有孤立的小直方图出现,如图 3-6-6 所示。

这说明出现了某种检验错误,或生产过程有某种异常。如刀具的严重磨损、对刀错误、测量仪器出现系统误差,或在短时间内由不熟练的工人替班加工等。在通信生产中,假如某投递道段的投递员由于某种原因不能上班,暂由不熟悉业务的人员顶替,造成投递时间加长,而数据分布就会部分地向右偏移,形成孤岛。

6. 平顶型

直方图没有突出的顶峰,呈平顶型,如图 3-6-7 所示。

此时有三种情况:一是多个总体混在一起;二是由于生产过程中某种缓慢的倾向在起作用,如工具的磨损、操作者的疲劳等影响;三是质量指标在某个区间中均匀分布。

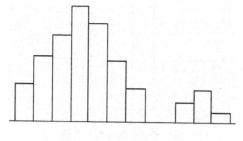
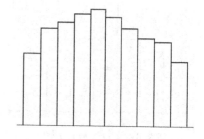

图 3-6-6 孤岛型直方图　　　　　图 3-6-7 平顶型直方图

(二)直方图与质量标准比较

以上各种类型的直方图,除了正常型之外,其余的都属于异常型直方图。对于异常型直方图,应当进一步利用其他质量管理的方法分析异常的原因。对于正常型直方图,则应标上质量标准的规格界限,进一步比较分析,看看质量是否满足标准要求。

设质量标准规格上限为 T_U,下限为 T_L,规格范围为 $T=[T_L,T_U]$,规格中心为

$$T_M=(T_U+T_L)/2$$

质量特性观测值 x_i 的最大值为 L,最小值为 S,数据范围为 $B=[S,L]$,数据中心为

$$x_m = (L+S)/2$$

直方图与质量标准比较,其结果分为以下几种情形。

1. 理想情形

B 位于 T 内,$T_M \approx x_m$,两侧略有余量(0.5~1个标准偏差),见图 3-6-8。此时产品全部合格,工序处于稳定管理状态。

2. 余量过剩的情形

B 位于 T 内,$T_M \approx x_m$,两侧余量均大于 1 个标准偏差,见图 3-6-9。此时可加严标准,缩小规格范围,提高产品质量,或者适当放宽对原料、工艺、工具、设备精度的要求,降低成本。

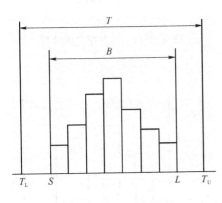

图 3-6-8 理想情形

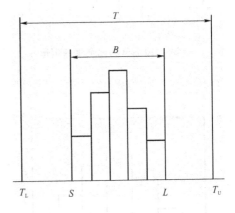

图 3-6-9 余量过剩的情形

3. 单侧无余量的情形

B 位于 T 内,由于 $T_M \neq x_m$,致使单侧余量太小,见图 3-6-10。此时,如果工序状态稍有变化,产品就可能超差,出现不合格品。

4. 单侧超差的情形

由于 $T_M \neq x_m$,B 的一侧超出 T 外,产生不合格品,见图 3-6-11。此时,必须采取措施,使数据中心与规格中心重合。

5. 双侧无余量的情形

B 大致位于 T 内,$T_M \approx x_m$,由于数据的分布较分散,已出现少量废品,见图 3-6-12。此时如果工序状态稍有变化,就会出现大量不合格品。

6. 双侧超差的情形

$B > T$,$T_M \approx x_m$ 或 $T_M \neq x_m$,由于数据过于分散,双侧超出公差界限,出现大量不合格品,见图 3-6-13。此时,必须采取有力措施,缩小质量波动。

事实上,在对直方图进行分析时,对于非正常型的图形多少有些参差不齐不必太注意,而应着眼于整个图形的形状。例如,在标准规格界限以内的锯齿型分布可能算做一种"良好"的分布;反之,越出界限的正态分布可能是一种坏的分布。这是因为一个平顶型、锯齿型或偏向型分布的实际效用,不一定低于一个光滑的正态分布。因为分布图形大部分属于纯理论研究方面的问题。

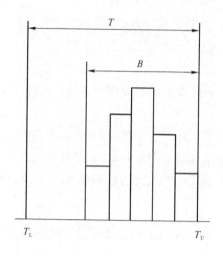

图 3-6-10　单侧无余量的情形

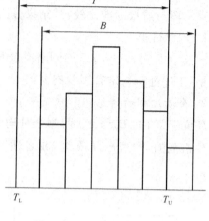

图 3-6-11　单侧超差的情形

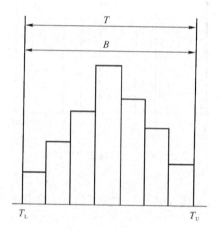

图 3-6-12　双侧无余量的情形

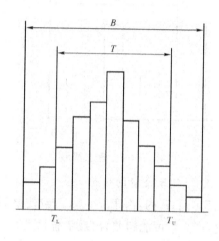

图 3-6-13　双侧超差的情形

这种非正常分布图形在实际中之所以适用,其理由如下。

(1) 所有分布形状的图形都可用平均数和标准偏差来量度。重要的是实际分布与正态分布的近似程度。

(2) 很多分布在工业上的应用并不特别强调数理统计分析,分布本身只作简单的图形分析之用。

(3) 如果有些地方需要进行数理统计分析,经验证明,大量的实际分布和正态分布非常近似。

(4) 当一个分布偏向得很厉害或呈其他形状时,该分布可在改进措施方面提供线索。

(5) 许多工业实际情况的分析并不十分精确,因此,实际中分布的正态性并无重大关系。

(6) 有些地方根本不需要用正态曲线进行分析。一个有经验的人只要看一下图形的形状,就可以采取各种改正方法。

在工业上应用统计方法,重要的是所用的数据是否精确。即使所用数据是正确的,它所代表的情况也会随着时间的推移而有所改变。因此,质量分布的数学分析大部分是作为工业生产的指导,而绝非精确的、最终的计算。如果一项分析作得不恰当,很快就会在生产中发现。而且这些方法经过一段时间的使用后,就可逐渐接近具体情况,所用公式将可适合于非正态形状的特殊分布。在这种情况下,正态分析只是作为应用数学分析的初期指引。

第七节　质量因素相关分析

在自然界和社会现象中,任何现象都不是孤立的,而是普遍联系和相互制约的。现象间的普遍联系、相互制约往往表现为相互依存的关系,这种依存关系通常有两种类型,即函数关系和相关关系。

一、相关与回归的概念

函数关系是指现象间存在的一种十分严格的数量依存关系。在这种关系中,某个现象的数值发生变化,另一个现象都有确定的值与它相对应,这种关系可以用数学函数式反映出来。例如,在电路分析中,对于给定的电路,电压与电流呈反比变化;圆的面积随半径的变化而变化。

相关关系是指现象间存在的非严格的依存关系,这种关系的特征是:一种现象发生变化,会引起另一种现象的变化,但这种变动关系不是唯一确定的,它可以有多种不同的数量表现。如子女的身高和父母的身高之间存在着一定的依存关系,即随着父母身高的增加,子女的身高一般也会相应地增加,但子女身高的变化同时还受营养、疾病、体育锻炼、睡眠、日照等因素的影响,不是唯一确定的,这种关系就是相关关系。在许多社会经济现象中都存在着这种相关关系。如提高劳动生产率会使成本降低、利润增加等。

函数关系与相关关系虽然有明显的区别,但两者之间并无严格的界限。由于存在测算误差等原因,函数关系在实际中往往通过相关关系表现出来。而在研究相关关系时,为了找出现象间数量关系的内在联系和表现形式,又常需要借助于函数关系的形式加以描述。从这个角度可以说,相关关系是相关分析的研究对象,函数关系是相关分析的工具。相关分析就是要通过对大量数字资料的观察,消除偶然因素的影响,探求现象之间相关关系的密切程度和表现形式。因此将研究现象之间相关关系的理论和方法称为相关分析法。

相关分析与回归分析的区别在于:相关分析所研究的两个变量是对等关系;回归分析所研究的两个变量不是对等关系,必须根据研究目的,先确定其中一个是自变量,另一个是因变量。

相关分析在质量管理中有如下用途。

(1) 掌握代用质量特性与真正质量特性之间的相关程度,可以通过控制代用特性间接地控制真正质量特性。

(2) 明确质量指标与某些因素间的相关关系,这对作因果图、关联图等列举原因和找出主因是非常有用的。

(3) 了解因素之间的相关关系,即当两因素同时作用于某质量特性时,两因素之间是否还有相关关系,必须予以考虑。

(4) 弄清用简单方法测定的观测值与用精密方法测定的观测值之间的关系,以便确定是否能用简单方法代替精确方法来测量质量特性。

(5) 利用所求得的相关关系配置回归直线,对质量进行预测和控制。

二、相关图及回归方程

(一) 相关图 (散布图)

下面先考察两个变量。如果其中某个变量的值在某种程度上是随另一个变量值的变化而变化的,则称两个变量之间存在着相关关系。对于一组从生产实际中获得的两个变量的测量数据,要判断它们之间是否存在相关关系,简单而直观的办法是作图。

在相关分析中,若相关现象之间存在着一定的因果关系,通常把起决定作用的变量作为自变量,一般用 x 表示,把受自变量影响而相应变化的变量作为因变量,一般用 y 表示。例如,研究劳动生产率与利润之间的关系时,劳动生产率为自变量,利润为因变量。若现象间只存在相关关系并不存在明显的因果关系,如每万元产值耗电量与产值之间的关系,在这种情况下,究竟以哪种现象为自变量,哪种现象为因变量,则要根据研究的目的来决定。

【例 3-7-1】 有两个相关随机变量 x、y 的数值如表 3-7-1 所示。试分析两个变量之间是否存在着相关关系。

表 3-7-1 相关图数据表

样本号	1	2	3	4	5	6	7	8	9	10
x	3	3	5	6	6	7	8	9	9	10
y	15	17	25	28	30	36	37	40	42	45

为了分析 x 变量与 y 变量之间的关系,可将 x 变量与 y 变量在 x-y 平面上作图,每组 (x_i, y_i) 数据在图中以一个点表示。如图 3-7-1 所示,这种图就叫相关图,也叫散点图。从图中可以看出两个变量间的关系:随 x 的增大,y 有增大的倾向,因此 x 与 y 之间有相关关系。

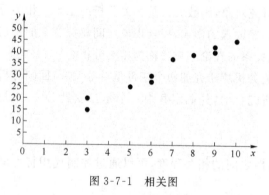

图 3-7-1 相关图

一般在分析两个变量之间的相关关系时,作出的相关图可以有图 3-7-2 所示的几种情况。其中,(a) 表示 x 变量增大时,y 变量明显地增大,叫做强线性正相关;(b) 表示 y 变量随 x 变量增大有增大的趋势,但不很明显,称为弱线性正相关;(c) 表示 x 变量与 y 变量之间没有相关关系;(d) 的情况与 (a) 相反,称为强线性负相关;(e) 称为弱线性负相关;(f) 表示变量 y 随变量 x 的变化没有单一的增大或减小的趋向,但两变量的量值变化呈曲线式的对应关系,即存在着非线性的相关关系。

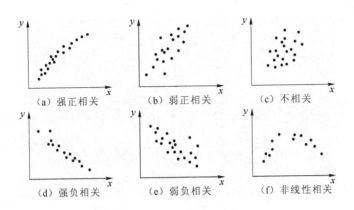

图 3-7-2 相关图的几种情况

(二) 直线回归方程的配置

对于任意一对被考察的变量,可以根据积累的试验数据作它们的相关图。从相关图可以判断两变量之间是否存在着相关关系。

如果两变量之间大致是线性关系,则可以考虑用一条直线来拟合两者之间的关系,即

$$\hat{y}=a+bx$$

这条直线叫做 y 变量对 x 变量的回归直线;这个方程式称为变量 y 对变量 x 的回归方程。回归直线的斜率 b 称为回归系数,它表示 x 变量增加一个单位时,y 的平均变化量。式中 a 为常数项,等于回归直线在 y 轴上的截距,如图 3-7-3 所示。

设所考察的两个变量 x、y 有 N 组观测数据 (x_i, y_i) $(i=1,2,3,\cdots,N)$,标在相关图上就是 N 个观测点,如何配置回归直线呢?在平面上

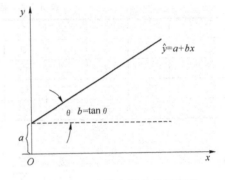

图 3-7-3 直线方程的几何意义

可以作任意多条直线,回归直线应该是所有线中最接近所有观测点的直线。也就是说,回归直线与所有观测点的误差应比任何其他直线都小。

设回归方程为 $\hat{y}=a+bx$,则对某个 x_i 可用 y_i 来代表实际观测值。于是误差为

$$\delta = y_i - \hat{y}_i = y_i - a - bx_i$$

显然总误差不能用 δ 的代数和表示。因为 δ 有正有负,其代数和将互相抵消,不能代表总误差,所以常用误差的平方和。设总误差

$$Q = \sum_{i=1}^{N} \delta_i^2 = \sum_{i=1}^{N} (y_i - a - bx_i)^2$$

可以通过使误差平方和达到最小的办法来确定系数 a、b,这种方法叫做最小二乘法。利用数学中的求极值的方法可以推得系数 a、b 的计算公式。

将总误差 Q 分别对 a、b 求偏导,并令偏导数等于 0。

$$\frac{\partial Q}{\partial a} = \frac{\partial}{\partial a} \sum_{i=1}^{N} (y_i - a - bx_i)^2 = -2 \sum_{i=1}^{N} (y_i - a - bx_i)$$
$$= \sum_{i=1}^{N} y_i - Na - b \sum_{i=1}^{N} x_i = 0$$

所以
$$Na = \sum_{i=1}^{N} y_i - b \sum_{i=1}^{N} x_i$$

$$a = \frac{1}{N}\sum_{i=1}^{N} y_i - \frac{b}{N}\sum_{i=1}^{N} x_i = \bar{y} - b\bar{x}$$

又
$$\frac{\partial Q}{\partial b} = \frac{\partial}{\partial b}\sum_{i=1}^{N}(y_i - a - bx_i)^2 = -2\sum_{i=1}^{N}(y_i - a - bx_i)x_i = 0$$

解得
$$\sum_{i=1}^{N} x_i y_i = a\sum_{i=1}^{N} x_i - b\sum_{i=1}^{N} x_i^2$$

将 $a = \bar{y} - b\bar{x}$ 代入上式，求出

$$b = \frac{L_{xy}}{L_{xx}} = \frac{\sum xy - \frac{1}{N}\sum x \sum y}{\sum x^2 - \frac{1}{N}(\sum x)^2}$$

【例 3-7-2】 仍用表3-7-1中的数据，求回归方程。

经计算得到表 3-7-2。

表 3-7-2 相关图数据计算结果表

N	1	2	3	4	5	6	7	8	9	10	$\sum$
x	3	3	5	6	6	7	8	9	9	10	66
y	15	17	25	28	30	36	37	40	42	45	315
x^2	9	9	25	36	36	49	64	81	81	100	490
xy	45	51	125	168	180	252	296	360	378	450	2 305

解得
$$b = \frac{L_{xy}}{L_{xx}} = \frac{\sum xy - \frac{1}{N}\sum x \sum y}{\sum x^2 - \frac{1}{N}(\sum x)^2} = 4.154$$

$$a = \bar{y} - b\bar{x} = 4.08$$

则回归方程为 $\hat{y} = 4.08 + 4.154x$。

（三）相关系数和相关性检验

在回归方程的具体计算中，并不要求事先判断两变量之间是否有相关关系，即如图 3-7-2(c)所示的两变量，尽管不存在相关关系，也可以配置回归直线，只是这种回归直线毫无实际意义，只有当所考察的变量之间大体上相关时，才有意义。

1. 相关系数

判断相关与否主要依据物理分析及有关人员的经验。数学上有一种辅助办法：引进一个称为相关系数的量。相关系数说明两个变量之间相关关系密切程度的统计分析指标，通常用 r 表示。它比相关表和相关图更能概括表现相关的形式和程度。

相关系数的计算公式为

$$r = \frac{L_{xy}}{\sqrt{L_{xx}L_{yy}}} = \frac{\sum xy - \frac{1}{N}\sum x \sum y}{\sqrt{\sum x^2 - \frac{1}{N}(\sum x)^2} \cdot \sqrt{\sum y^2 - \frac{1}{N}(\sum y)^2}}$$

r 的值域为 $-1 \leqslant r \leqslant 1$。从理论上讲,当 $|r| \leqslant 0.3$ 时,两变量不存在相关关系,如图 3-7-2(c)所示。当 $|r|$ 接近于 1 时,x,y 两变量近似线性关系,如图 3-7-2(a)、(d)所示。当 $|r|=1$ 时,x,y 间为精确的线性关系或称为完全线性相关,如图 3-7-4 所示。

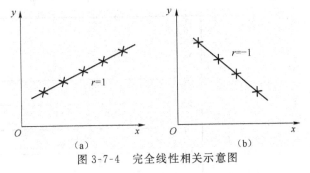

图 3-7-4 完全线性相关示意图

2. 相关性检验表

值得注意的是,当观察点组数 N 较少时,为了判断两变量之间是否相关,需要利用相关系数检验表(见本书附表 2)。表中给出了在两种不同的显著水平 $\alpha=0.05$ 和 $\alpha=0.01$ 情况下,对不同的样本容量 N(注意表中给的第一列数字为 $N-2$)判断相关性的临界值 r_0,当根据实际数据算得的 $|r| \geqslant r_0$ 时,则认为在显著性水平 α 下,两变量相关。

就例 3-7-2 中的数据而言,可计算出

$$r = \frac{L_{xy}}{\sqrt{L_{xx}L_{yy}}} = \frac{\sum xy - \frac{1}{N}\sum x \sum y}{\sqrt{\sum x^2 - \frac{1}{N}(\sum x)^2} \cdot \sqrt{\sum y^2 - \frac{1}{N}(\sum y)^2}} = 0.99$$

因为 $N=10$,所以 $N-2=8$,查得当显著水平 $\alpha=0.05$ 时,$r_0=0.632$;显著水平 $\alpha=0.01$ 时,$r_0=0.765$。因为 $|r| \geqslant r_0$,所以可认为两变量相关可信,所配置直线方程有意义。

(四)曲线回归方程的配置

1. 回归方程的配置

在实际问题中,有时两个变量之间并不一定是线性关系,而可能是某种曲线的关系。如变量 x,y 呈幂函数的关系:$y=Ax^B$;或呈指数关系:$y=AB^x$。

这时,一般先将曲线方程转化为直线方程,其方法是进行变量代换。

现举例说明。有一组数据,见表 3-7-3。

表 3-7-3 变量 x,y 数据表

N	1	2	3	4	5
x	10	20	30	40	50
y	3	7	14	26	56

由相关图 3-7-5 可看出,两变量间呈非线性相关关系,设其呈幂函数的关系:$y=Ax^B$。对 $y=Ax^B$ 方程式两边同时取自然对数得

$$\ln y = \ln A + B \ln x$$

设 $y'=\ln y$,$x'=\ln x$,$A'=\ln A$,代入原方程,则得到直线方程

$$y' = A' + Bx'$$

求解参数:$A'=\overline{y'}-B\overline{x'}$,$B=\dfrac{L_{x'y'}}{L_{x'x'}}$。其中,$L_{x'y'}=\sum x'y'-\dfrac{\sum x' \sum y'}{N}$,$L_{x'x'}=\sum x'^2 - \dfrac{(\sum x')^2}{N}$。

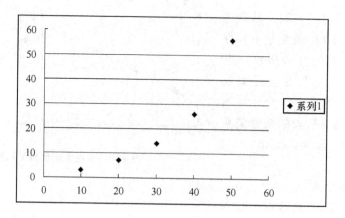

图 3-7-5 非线性相关

列表计算,见表 3-7-4。

表 3-7-4 数据计算结果表

N	x	y	$\ln x$	$\ln y$	$(\ln x)^2$	$(\ln y)^2$	$\ln x \cdot \ln y$
1	10	3	2.303	1.099	5.302	1.207	2.530
2	20	7	2.996	1.946	8.974	3.787	5.829
3	30	14	3.401	2.639	11.568	6.965	8.976
4	40	26	3.689	3.258	13.608	10.615	12.019
5	50	56	3.912	4.025	15.304	16.203	15.747
$\sum$	150	106	16.300	12.967	54.756	38.777	45.101

计算出

$$L_{x'y'} = 45.101 - \frac{16.3 \times 12.967}{5} = 2.829$$

$$L_{x'x'} = 54.756 - \frac{16.3^2}{5} = 1.618$$

所以

$$B = \frac{L_{x'y'}}{L_{x'x'}} = \frac{2.829}{1.618} = 1.748$$

$$A' = \overline{y'} - B\overline{x'} = \frac{12.967}{5} - 1.748 \times \frac{16.3}{5} = -3.105$$

因为 $A' = \ln A$,所以 $A = e^{A'}$,即 $A = e^{-3.105} = 0.045$。

得到回归方程

$$\hat{y} = 0.045\, x_i^{1.748}$$

2. 相关性检验

由于 $y' = A' + Bx'$ 是线性方程,所以可用相关系数 r 来进行检验。这时

$$r = \frac{L_{x'y'}}{\sqrt{L_{x'x'} L_{y'y'}}} = \frac{\sum x'y' - \frac{1}{N}\sum x' \sum y'}{\sqrt{\sum x'^2 - \frac{1}{N}(\sum x')^2} \cdot \sqrt{\sum y'^2 - \frac{1}{N}(\sum y')^2}}$$

在上例中,可计算出

$$r = \frac{2.829}{\sqrt{1.618} \times \sqrt{5.148}} = 0.98$$

因为 $N-2=3$,查得当显著水平 $\alpha=0.05$ 时,$r_0=0.878$;当显著水平 $\alpha=0.01$ 时,$r_0=0.959$;$|r| \geqslant r_0$,所以可认为两变量相关可信,所配置回归方程有意义。

现在,办公自动化的软件已能配置回归方程,人们只需输入相关的数据,计算机可自动返回线性、非线性回归方程的参数及相关系数。

复习思考题

1. 什么样的质量特性数据服从二项分布?什么样的质量特性数据服从泊松分布?
2. 二项分布、泊松分布与正态分布之间有何关系?
3. 什么是中心极限定理?
4. 分层法的主要作用是什么?

练习题

1. 实验喷漆新工艺,得到如下表的观察数据,试求 Y 与 X 之间的回归方程(保留 2 位小数)。

转速 X	4	6	8	10	12
涂层厚 Y	3.8	3.2	2.7	2.2	1.9

2. 已知 X、Y 呈幂函数相关,得到如下数据,试求其回归方程(保留 4 位有效数字)。

N	1	2	3	4
X	123	120	154	77
Y	17	13	24	4

3. 某同学在其论文中写到:已知 1999 年我国西部农民人均收入(元)与农话数(万户)的资料如下:

	内蒙古	广西	重庆	四川	贵州	云南	西藏	陕西	甘肃	青海	宁夏	新疆
收入/元	2 003	2 049	1 737	1 843	1 363	1 438	1 309	1 456	1 357	1 467	1 754	1 474
农话数/万户	27.5	45.1	49.6	89.5	15.5	55.5	0.1	49.8	17.9	1.4	7.4	40.7

经计算,农民人均收入与农话数之间存在相关关系:$y=-30.8+0.04x$(农话数为因变量)。

(1) 根据上式指出农民人均收入每增加 100 元时,农话数的变化量。
(2) 分析此回归方程的相关可信程度。

第四章　工序质量控制工具——控制图

学习目标

【知识目标】
◆ 熟悉控制图的基本原理
◆ 掌握计量值控制图的作图方法及用法
◆ 掌握计数值控制图的作图方法及用法
◆ 了解通用控制图与选控图的基本原理
◆ 掌握控制图的观察分析方法
◆ 了解控制图诊断的原理

【能力目标】
◆ 能够看懂各种控制图
◆ 能够根据要解决的实际问题选择适当的控制图
◆ 能够根据实际问题绘制相应的控制图
◆ 能够对各种控制图进行观察分析

在前几章所讲的对质量的控制方法中(如排列图、直方图等),所控制的都是质量在某一段时间内的静止状态。但是,在生产或工作过程中,用静态的方法不能随时发现质量问题以调整生产或工作。因此,还需要了解质量特性数据随时间变化的动态情况,并以此为依据来判断生产或工序是否处于正常状态。本章介绍的控制图(又称管理图)就是一种对生产过程进行动态控制的质量管理工具。

第一节　控制图的基本原理

控制图是 1924 年由美国贝尔电话研究所的休哈特(W. A. Shewhart)博士首先提出的。控制图可以对工序进行动态监控,达到预防不合格品产生的目的。这在质量管理学科中是一项重大突破。

控制图的理论基础是数理统计中的统计假设检验理论,下面将对其作通俗的说明。

一、控制图的理论基础

(一)控制图的轮廓线

控制图是画有控制界限的一种图表,如图 4-1-1 所示。通过它可以看出质量变动的情况及趋势,以便找出影响质量变动的原因,然后予以解决。

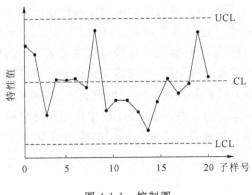

图 4-1-1　控制图

由正态分布的基本性质可知,质量特性数据落在$[\mu \pm 3\sigma]$范围内的概率为99.73%,落在界外的概率只有0.27%,超过一侧的概率只有0.135%,这是一个小概率事件。这个结论非常重要,控制图正是基于这个结论而产生出来的。

现在把带有$\mu \pm 3\sigma$线的正态分布曲线旋转一定的位置(即正态分布曲线向右旋转90°,再翻转180°),即得到了控制图的基本形式。再去掉正态分布的概率密度曲线,就得到了控制图的轮廓线。其演变过程如图4-1-2所示。

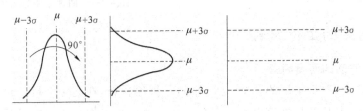

图 4-1-2　控制图轮廓线的演变过程

通常把上临界线(图中的$\mu+3\sigma$线)称为控制上界,记为 UCL(Upper Control Limit),平均数(图中的μ线)称为中心线,记为 CL(Central Line),下临界线(图中$\mu-3\sigma$线)称为控制下界,记为 LCL(Lower Control Limit)。控制上界与控制下界统称为控制界限。按规定抽取的样本值用点子按时间或批号顺序标在控制图中称为描点或打点。各个点子之间用实线段连接起来。以便看出生产过程的变化趋势。若点子超出控制界限,便认为生产过程有变化,就要告警。

(二) 两种错误和3σ方式

从前面的论述中已知,如果产品质量波动服从正态分布,那么产品质量特性值落在$\mu \pm 3\sigma$控制界限外的可能性是0.27%,而落在一侧界限外的概率仅为0.135%。根据小概率事件在一次实验中不会发生的原理,若点子出界就可以判断生产有异常。可是0.27%这个概率数值虽然很小,但这类事件总还不是绝对不可能发生的。当生产过程正常时,在纯粹出于偶然原因使点子出界的场合,便据此而判断生产过程异常,就犯了错发警报的错误,或称第一种错误。这种错误将造成虚惊一场、停机检查劳而无功、延误生产等损失。

为了减少第一种错误,可以把控制图的界限扩大。如果把控制界限扩大到$\mu \pm 4\sigma$,则第一种错误发生的概率为0.006%,这就使由错发警报错误造成的损失减小。可是,由于把控制界限扩大,会增大另一种错误发生的可能性。即生产过程已经有了异常,产品质量分布偏离了原有的典型分布,但是总还有一部分产品的质量特性值在上下控制界限之内,如图4-1-3所示,如果抽取到这样的产品进行检查,那么这时由于点子未出界而判断生产过程正常,就犯了漏发警报的错误,或称第二种错误。这种错误将造成不良品增加等损失。

要完全避免这两种错误是不可能的,一种错误减小,另一种错误就要增大。但是可以设法把两种错误造成的总损失降低到最低限度。也就是说,将两项损失之和是最小的地方取为控制界限之所在。以 $\mu \pm 3\sigma$ 为控制界限,在实际生产中广泛应用时,两类错误造成的总损失为最小,如图4-1-4所示。这就是大多数控制图的控制界限都采用 $\mu \pm 3\sigma$ 方式的理由[①]。

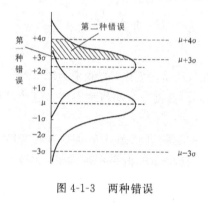

图 4-1-3　两种错误

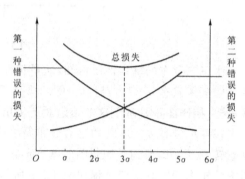

图 4-1-4　两种错误总损失最小点

二、控制图的工作过程

(一) 质量波动的两类因素

在现实生产中,一个工厂的某个工人,用同一批原材料,在同一台机器设备上所生产出来的同一种零件,其质量特性值也不会完全一样。这就是人们常说的产品质量特性值有差异(或叫做散差)的现象。这种现象反映了产品质量具有"波动性"这个特点。这些质量特性值虽然不同,但在一定的生产条件下,它们都服从一定的分布规律,这就反映出产品质量的分布具有"规律性",这是产品质量的另一个特点。

产品质量为什么会有波动呢?其原因主要来自五个方面:(1)人——操作者对质量的认识、技术熟练程度、身体及情绪状况等;(2)设备——机器设备、工具、量具的精度和维护保养状况等;(3)材料——材料的成分,物理、化学性能等;(4)方法——加工工艺、工艺装备选择、操作规程、测量方法等;(5)环境——工作场地的温度、湿度、照明、清洁和噪声条件等。

这五个因素都对产品质量有影响,故称它们为质量因素。但从它们对产品质量影响的大小以及作用的性质来看,可以将这些质量因素分为两大类。

1. 偶然因素

偶然因素具有四个特点:(1)经常存在,就是说只要生产,这些因素就始终在起作用;(2)影响微小,即对产品质量的影响微小;(3)各件不同,由于偶然因素是随机变化的,所以每件产品受到这些因素的影响是不同的;(4)难以排除,在一定的技术条件下,硬要消除这类

---

① 美国、日本和我国等世界大多数国家都采用 $\mu \pm 3\sigma$ 方式;而英国和北欧等少数国家则采用所谓概率界限方式(即将控制界限定为 0.1%,0.25%,0.5% 等整齐的数值)。实际上,这两种方式的实际结果相差无几。

因素,不但技术上难以办到,而且经济上也很不合算。

偶然因素是对产品质量经常起作用的因素。如原材料性能、成分的微小差异,机床的微小振动,刀具的正常磨损,夹具的微小松动,人员思想集中程度的差异,情绪的小波动,操作中的微小差异,测试手段的微小变化,环境的微小变化等。

2. 系统因素

与上述偶然因素相对应,系统因素也有四个特点:(1)有时存在。就是说,它是由于某种原因所产生的,不是在生产过程中始终存在的。(2)影响较大,即对产品质量的影响大。(3)一系列产品受影响,即如果对它不加处理,则许多产品都将受到同样的影响,表现出各件相同的特点。(4)不难排除,对这类因素在技术上不难识别和消除,而经济条件往往也是允许的。

系统因素是可以避免的因素。如人的思想上的大波动,工作上违反操作规程或操作规程有重大缺陷,工人过度疲劳,原材料规格不符,机床振动过大,刀具过度磨损或损坏,夹具严重松动,刀具的安装和调整不当,使用未经过检定的测量工具,测试错误,测量读值带一种偏向以及环境的巨大变化等。

由偶然因素造成的质量特性值的波动叫做正常波动,当质量特性值正常波动时的生产过程处于统计的控制状态(或称稳定状态)。显然对这种偶然因素也就不必加以控制和管理了。

由系统因素造成的质量特性值的波动叫做异常波动,当质量特性值异常波动时的生产过程处于非控制状态(或称非稳定状态)。生产过程质量管理的重要任务就是要查明和消除这类异常因素,不断提高整个生产过程的质量,保证和提高产品质量。

休哈特控制图的实质是区分偶然因素和系统因素这两类因素所造成的产品质量波动,即正常波动与异常波动,而区分这两类波动的科学界限就是控制图中的控制界限。

(二) 控制图在生产中起作用的过程

控制图的控制界限为什么能起到区分两类波动的作用呢?理由很简单,因为表示质量特征数据的正态分布是用平均值 μ 和标准偏差 σ 来描述的,取 $\mu \pm 3\sigma$ 为控制图的控制界限,在生产过程中,几乎所有质量特性数据都包括在这个界限之中,占所有数据的99.73%。因此如果工艺、生产过程没有大变化,数据就必然都落在这个范围之内,如果数据超出控制界限之外,就可看做生产过程发生了变异。

1. 控制图在生产过程中的实际运用

当生产过程情况正常时,在生产过程中起作用的因素,只有偶然因素,质量特性数据形成的分布是某种典型的分布,例如正态分布。这时有99.73%的数据是落在 $\mu \pm 3\sigma$ 范围之内,当抽样检查后在控制图上打点时,这些点子都会落在控制界限范围内,而且点子在 $\mu \pm 3\sigma$ 范围内的分布,符合越接近控制图的中心线,点数越多,越远离中心线,点数越少,分布上也无异常,说明生产过程正常,可继续生产。

当生产过程不正常时,在生产过程中起作用的因素既有偶然因素又有系统因素。产品质量特性数据形成的分布是某种偏离了的分布。质量特性数据落在 $\mu \pm 3\sigma$ 范围内的概率已不是99.73%,而是远远小于这个百分率。落在界外的概率也远远大于0.27%,所以这时进行抽样检查时,就有可能发生打点出界的情况,表明生产过程不正常,应该找出不正常的原因。

如果应用控制图对生产过程不断地进行监控,就能够对系统因素的出现及时告警。在许多情况下,甚至样本中还没有出现不合格品,在控制图上已经能够发现生产过程变坏的趋势。即只要产品质量出现不正常的苗头,控制图上就会反映出来。而在告警之后,可设法找出存在的系统因素,采取措施,加以消除,并设法使它不再出现,这样就起到了预防不合格品产生的作用。重复这样的过程,最终将达到在生产过程中只存在偶然因素而没有系统因素的理想状态。这时,不但可以对产品质量有充分的把握,确切掌握产品的合格率,而且也是十分经济的。控制图只通过抽取相当有限次数的样本就能保证和提高产品质量,因而具有显著的经济效果。

2. 控制图的作用

控制图主要有以下四方面的作用:

(1) 判断生产工序质量的稳定性;

(2) 评定生产过程的状态,发现以便及时消除生产过程的异常现象,预防废、次品的产生;

(3) 确定设备与工艺装备的实际精度,以便正确地作出技术上的决定;

(4) 为真正地制定工序目标和规格界限确立了可靠的基础,也为改变未能符合经济性的规格标准提供了依据。

三、常用的休哈特控制图的种类

常用的休哈特控制图大致可分为计量值和计数值两种类型。如表 4-1-1 所示,这些控制图各有各的用途。应根据所控制质量指标和数据性质分别加以选择。

表 4-1-1 常用的休哈特控制图的种类

质量数据类型		分 布	控制图种类	简 记
计量值		正态分布	x 单值-移差控制图 中位数-极差控制图	x-R_s 控制图 $\tilde{x}$-R 控制图
		任意分布	平均数-极差控制图	$\bar{x}$-R 控制图
计数值	计件值	二项分布	不合格品率控制图 不合格品数控制图	p 控制图 pn 控制图
	计点值	泊松分布	缺陷数控制图 单位缺陷数控制图	c 控制图 u 控制图

计量值控制图主要针对总体的质量特征值为连续型随机变量的情况,控制和分析质量特性的集中趋势和离散程度。故计量值控制图又分为两种:一种是利用质量特性数据的平均值来反映和控制产品质量数据集中趋势的变化,如 x 单值控制图、$\bar{x}$ 控制图和 $\tilde{x}$ 控制图;另一种是利用质量特性数据的离差来反映和控制产品质量特性的离散程度,如 R 控制图和 R_s 控制图。

计数值控制图主要针对总体的质量特征值为离散型随机变量的情况,其基本原理将在本章第三节介绍。

第二节　计量值控制图

　　计量值控制图主要是用来监控产品的质量特征值为连续型随机变量的情况。通常在生产过程中,通过平均数控制图和离差控制图的联合使用,能对产品的质量情况提供比较详细的资料。通过对它的分析,寻找质量变化的原因,既能克服不良因素,也能发现和总结先进经验,提高产品质量;还可以预示出质量变化的趋势。可以根据这个趋势改变和调整控制界限,进一步加强质量控制。

一、x 单值-移差控制图

（一）x 单值-移差控制图的特点

　　x 单值-移差控制图对于计量值而言是最基本的控制图。其数据不需分组,可直接使用。它经常应用于下列场合：

（1）从工序中只能获得一个测定值,如每日电力消耗;

（2）一批产品内质量特性数据是均一的,不需测取多个值,如酒精的浓度;

（3）因费用等关系,只允许测取少量数值,如需经破坏性试验才能获得的数据;

（4）数据的取得需要很长的时间间隔。

　　x 单值控制图是利用质量特性单个样品数值直接对生产进行控制,所以不必经过繁琐计算,使用方便,且具有尽快发现和判断生产异常的特点。对于获取数据不易的场合,多用 x 单值控制图。

　　x 单值控制图不够敏感,不易发现工序质量分布平均值的变化,所以不大适应大量快速生产的需要,应用较少。但对质量均一的产品也常用 X 单值控制图。

　　移差（R_S）控制图是利用质量特性数据的离差来反映和控制产品质量特性的离散程度的。移差是指相邻的两个观测数据相差的绝对值,$R_S = |x_{i+1} - x_i|$。因此,也可看成容量为 2 的样本的极差。

（二）控制界限的计算

1. X 单值控制图控制界限的计算

　　按照控制图的基本原理,X 控制图的控制界限应为：

$$CL = \mu$$
$$UCL = \mu + 3\sigma$$
$$LCL = \mu - 3\sigma$$

　　但是,在没有对总体作全面调查的情况下,总体的参数 μ, σ 是未知的。一般情况下,x 控制图的中心线和上下控制界限可用以下方法确定。

（1）如果生产条件与过去基本相同,而生产过程又相当稳定,可遵照以往的经验数据（即有一个比较可用的 μ, σ 值时）,可采用上式。

（2）在没有经验数据时,可对产品进行随机抽样,抽样时应注意需有一定的数量,一般取 $N \geqslant 30$。根据抽样得到的质量特征值,由下面的公式计算平均值。

　　首先根据"样本平均数是总体平均指标的无偏估计"这一数理统计的结论,用 $\bar{x}$ 代替 μ,

即 $\mu = \overline{x} = \frac{1}{N}\sum_{i=1}^{N} x_i$。

然后根据"样本修正方差是总体方差的无偏估计"这一数理统计的结论,用 S^* 代替 σ,即

$$\sigma = S^* = \sqrt{\frac{\sum_{i=1}^{N}(x_i - \overline{x})^2}{N-1}}$$

由于 S^* 的计算太过复杂,在工程计算中,通常采用查表的方法来简化计算。

引入系数 $d_2\left(d_2 = \dfrac{\overline{R}_S}{\sigma}\right)$,利用极差的平均值来计算控制界限,得到控制界限的计算公式:

$$CL = \overline{x} = \frac{1}{n}\sum_{i=1}^{n} x_i$$

$$UCL = \overline{x} + 3\frac{\overline{R}_S}{d_2}$$

$$LCL = \overline{x} - 3\frac{\overline{R}_S}{d_2}$$

其中,系数 d_2 的数值随样本容量 n 而变化。对于不同样本容量 n,d_2 的数值已计算成表(参见表 4-2-1)。

表 4-2-1 控制图用系数表

系数 \ n	2	3	4	5	6	7	8	9	10
d_2	1.128	1.693	2.059	2.326	2.534	2.704	2.847	2.970	3.078
A_2	1.880	1.023	0.729	0.577	0.483	0.419	0.373	0.337	0.308
D_3	0	0	0	0	0	0.076	0.136	0.184	0.223
D_4	3.267	2.575	2.282	2.115	2.004	1.924	1.864	1.816	1.777
E_2	2.660	1.772	1.457	1.290	1.184	1.109	1.054	1.010	0.975
$m_3 A_2$	1.880	1.187	0.796	0.691	0.549	0.509	0.432	0.412	0.363

又因为在计算移差时可视为样本容量为 2 的样本的极差。所以控制界限的计算公式可简化为

$$\overline{x} \pm 2.66\overline{R}_S$$

2. 移差(R_S)控制图控制界限的计算

同理,R_S 控制图控制界限应为

$$CL = \overline{R}_S$$

$$UCL = \overline{R}_S + 3\sigma_R$$

$$LCL = \overline{R}_S - 3\sigma_R$$

上式中,$\overline{R}_S = \dfrac{1}{N-1}\sum R_S$。

引入系数 D_4、D_3:

$$D_4 = 1 + \frac{3\sigma_R}{\overline{R}_S}$$

$$D_3 = 1 - \frac{3\sigma_R}{\overline{R}_S}$$

代入上式得出控制界限

$$\text{CL}_R = \overline{R}_S = \frac{1}{N-1}\sum R_S$$

$$\text{UCL}_R = D_4 \overline{R}_S$$

$$\text{LCL}_R = D_3 \overline{R}_S$$

同样,此时的样本容量为 2。利用表 4-2-1 查出 D_4、D_3 的值,即可计算出控制界限。

(三) 作图步骤

下面结合控制图的实例,介绍 x-R_S 控制图的作图步骤。

1. 收集数据

根据抽样得到的质量特征值的数据,一般 $n \geqslant 30$ 个(过少影响精度),选取数据应尽可能是近期数据,且能与今后生产中的工序状态相一致,如原材料、加工方法、取样方法、测量方法、所有设备等均应相同或接近,否则所确定的控制界限将是无效的。

【例 4-2-1】 某通信公司为了保证长途电话的通信质量,用 x-R_S 控制图对长途电话障碍历时(路分)进行管理。表 4-2-2 是某月(30 天)的长途电话障碍历时的统计数据。

表 4-2-2　某长途电话局长途电话障碍历时统计　　　　　（路分）

N	x	R_S	N	x	R_S
1	312	—	16	412	17
2	383	71	17	359	53
3	405	22	18	401	42
4	300	105	19	419	18
5	371	71	20	435	16
6	356	15	21	397	38
7	366	10	22	385	12
8	343	23	23	351	34
9	390	47	24	316	35
10	355	35	25	389	73
11	328	27	26	367	22
12	331	3	27	388	21
13	378	47	28	349	39
14	345	33	29	405	56
15	395	50	30	319	86

2. 计算控制界限

x 控制图控制界限：

$$CL = \overline{x} = \frac{1}{N}\sum x_i = \frac{11\ 050}{30} \approx 368.33$$

$$\overline{R}_S = \frac{1}{N-1}\sum R_S = \frac{1\ 121}{29} \approx 38.66$$

$$UCL = \overline{x} + 2.66\overline{R}_S \approx 471.16$$

$$LCL = \overline{x} - 2.66\overline{R}_S \approx 265.51$$

R_S 控制图控制界限：

$$CL_R = \overline{R}_S = 38.66$$

$$UCL_R = D_4\overline{R} = 3.267 \times 38.66 = 126.29$$

$$LCL_R = D_3\overline{R} = 0 \times 38.66 = 0$$

3. 绘制 x-R_S 控制图

在坐标纸或控制图用纸上画出中心线和上、下控制界限，横坐标以每个样本的序号标明，纵坐标以对应刻度标明。在 x 控制图上用实线表示 $\overline{x}$ 值，用虚线表示 UCL 和 LCL 值。在 R_S 控制图上用实线表示 $\overline{R}_S$ 值，用虚线表示 UCL_R 和 LCL_R 值。

再根据表 4-2-2 中的 x 值、R_S 值分别在 x 控制图及 R_S 控制图上打点，即可得 x-R_S 控制图，见图 4-2-1。打点时应注意 R_S 图的第一个点应与 x 控制图的第二个点对齐。越出控制界限的点，应圈以○，以便分析。

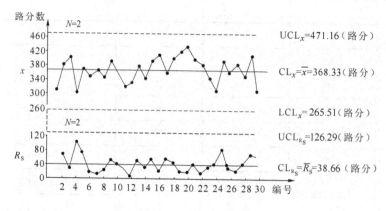

图 4-2-1 x-R_S 控制图

二、平均数-极差控制图

$\overline{x}$-R 控制图是控制连续型质量特性数据最常用的控制图，其中 $\overline{x}$ 指样本平均数，R 指极差。它可用于控制对象为长度、重量、强度、纯度、时间和生产量等计量值的场合。

（一）$\overline{x}$-R 控制图的特点

1. $\overline{x}$ 控制图的特点

$\overline{x}$ 控制图主要用于观察和判断总体平均值 μ 是否发生变化，即控制概率分布密度曲线的中心位置。$\overline{x}$ 控制图的优点有以下几个方面。

(1) 应用范围广。从控制图原理部分的介绍可知,控制图是由正态分布推演出来的,当某个质量特性数据的分布为非正态分布时,由中心极限定理得知,它的样本平均数服从正态分布,所以就能够利用样本平均数控制图(即 $\bar{x}$ 控制图)来分析和控制任意连续总体的质量特性数据的变化了。

(2) 它比 x 单值控制图的敏感性强,这是它最重要的特点。下面作一对比:假设某一总体为正态分布,平均值 $\mu=1\,000$,标准偏差 $\sigma=50$,在作 x 单值控制图时,按照 $\mu\pm3\sigma$ 计算控制界限,UCL=1 150;LCL=850。现假设总体发生了变化,平均值由 1 000 变成 1 100,σ 不变,整个分布向右移动(见图 4-2-2)。这时质量特性值仍有 84% 左右落在原定的控制界限之内,只有约 16% 左右超出控制界限,也就是说抽样时遇到质量特性数据超出控制界限的可能性只有 16% 左右,敏感性较差。$\bar{x}$ 控制图与 x 单值控制图不同,若 $\bar{x}$ 控制图每组的样本容量 $n=4$,由 $\sigma_x=\dfrac{\sigma}{\sqrt{n}}$ 可计算出 $\bar{x}$ 控制图的控制界限为 LCL=1 075,UCL=925,由于 $\sigma_x<\sigma$,所以 $\bar{x}$ 控制图的控制界限要小于 x 控制图的控制界限。当总体发生变化时,样本平均数的分布曲线也随总体的变化向右偏移。当平均值同样由 1 000 变为 1 100 时,样本平均数落在 $\bar{x}$ 控制图控制界限内的只有 16%,而有 84% 超出了控制界限以外。可见 $\bar{x}$ 控制图比 x 单值控制图更容易及时发现生产过程中的变异,敏感性强得多。

(3) 由于要计算样本平均数,$\bar{x}$ 控制图比 x 单值控制图需要的数据量大,在计算上也要复杂一些;而且,它也能避免 x 单值控制图中由于个别极端值的出现而犯第一类错误。

2. R 控制图的特点

极差 R 是指一组数据中的最大值与最小值之差:
$R=x_{\max}-x_{\min}$。

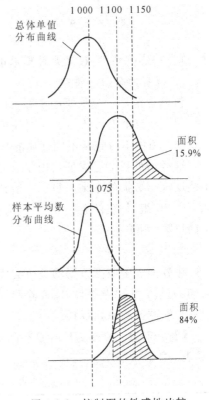

图 4-2-2 控制图的敏感性比较

极差 R 控制图是用样本的极差反映分析和控制总体的离散程度的。它常和 $\bar{x}$ 控制图配合使用,能够较全面地掌握产品质量和生产过程的变化,是产品质量控制方法中一种重要的控制图。

极差控制图随着生产过程的特点不同有其不同的作用。在自动化水平比较高的生产过程中,产品质量的一致性好,在这种情况下 R 控制图的作用是:当极差增大,意味着机器设备出现故障,需要进行修理或更换。在非自动化生产过程中,极差反映出操作者的技术水平和生产熟练程度。一般来说,熟练工人的产品质量特性数据的离散程度要小一些。所以,通过 R 控制图反映出操作者的操作状况,促使人们提高技术水平和生产熟练程度,注意改进操作方法,从而提高产品质量,并保持产品质量的稳定性。由于极差控制图反映操作者的操作状况,故又称为操作者控制图。

从极差的定义可以看出极差有以下两个特点。

(1) 极差不会出现负值。

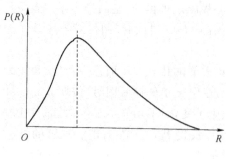

图 4-2-3 极差的分布

(2) 极差的众数会偏向于数值较小的一边,极差 R 很大的情况很少发生。所以极差的分布是非对称的,并有它自身的平均值和标准偏差,见图 4-2-3。

(二) $\bar{x}$-R 控制图的作图步骤

下面结合控制图的实例,介绍 $\bar{x}$-R 控制图的作图步骤。

1. 收集数据

选取一定量的数据,一般为 50～200 个,过少将影响精度,过多则计算繁琐。经常取为 100 个左右。

2. 数据的分组与排列

数据分组是十分重要的步骤,分组的方法是:

(1) 从技术上可认为是在大致相同的条件下所收集的数据应分在同一组内;

(2) 组中不应包括不同性质的数据。

这样做的目的是保证组内仅存在偶然因素的影响,否则,会使组与组之间的散差加大,不能反映出数据的本来面目。一般地无特殊技术依据时,应按时间顺序分组,数据的组数常取 20～30 组,每组的数据 3～6 个为宜。每组数据的个数叫做样本量的大小,用 n 表示;样本的组数,用 k 表示。

3. 填写数据表

在数据表中应把数据的来历交代清楚。可以记上产品名称、件号、标准规格要求、试样取法、测量方法以及操作者、检验者等。这对于分析研究控制图、寻找非偶然因素的异常原因是非常重要的原始资料。

【例 4-2-2】 某制药厂片剂车间对某种药品颗粒的水分进行控制,抽样得到 100 个数据(见表 4-2-3)。

表 4-2-3 某药品颗粒水分统计

组 号	观 测 值				$\bar{x}$	R
	x_1	x_2	x_3	x_4		
1	3.0	4.2	3.5	3.8	3.625	1.2
2	4.3	4.1	3.7	3.9	4.00	0.6
3	4.2	3.6	3.2	3.4	3.60	1.0
4	3.9	4.3	4.0	3.6	3.95	0.7
5	4.4	3.4	3.8	3.9	3.875	1.0
6	3.9	4.5	4.3	3.6	4.075	0.9
7	3.8	3.9	4.3	4.5	4.125	0.7
8	4.4	4.3	3.8	3.9	4.10	0.6
9	3.7	3.2	3.4	4.2	3.625	1.0
10	3.1	3.9	4.2	3.0	3.55	1.2

续表

组号	观测值				$\bar{x}$	R
	x_1	x_2	x_3	x_4		
11	3.2	3.8	3.8	3.7	3.625	0.6
12	3.1	4.4	4.5	4.2	4.05	1.4
13	3.4	3.7	3.8	3.9	3.70	0.5
14	4.4	4.2	4.1	3.5	4.05	0.9
15	3.4	3.5	3.8	4.4	3.775	1.0
16	3.9	3.7	3.2	4.0	3.70	0.8
17	4.4	4.3	4.0	3.7	4.10	0.7
18	3.6	3.2	3.6	4.4	3.70	1.2
19	3.2	4.4	4.2	4.5	4.075	1.3
20	4.7	4.6	3.8	3.2	4.075	1.5
21	4.8	4.2	4.0	3.0	4.00	1.8
22	4.5	3.5	3.0	4.8	3.95	1.8
23	3.8	3.2	3.2	3.0	3.55	1.2
24	4.2	4.0	3.8	3.5	3.875	0.7
25	3.0	3.6	4.2	4.4	3.80	1.4

计算出各组的平均值 $\bar{x} = \frac{1}{n}\sum_{i=1}^{n} x_i$ 和组内极差 $R = x_{\max} - x_{\min}$ 填在表中。

4. 计算控制界限

(1) $\bar{x}$ 控制图控制界限

从控制图的基本原理可知：控制图的控制界限应取 $\mu \pm 3\sigma$。对于 $\bar{x}$ 控制图，它的控制界限应该是：

$$CL = \mu = \bar{\bar{x}}$$
$$UCL = \bar{\bar{x}} + 3\sigma_X$$
$$LCL = \bar{\bar{x}} - 3\sigma_X$$

首先对组平均数再求平均得出总平均数

$$\bar{\bar{x}} = \frac{1}{k}\sum_{j=1}^{k} \bar{x}_j$$

计算出中心线

$$CL = \mu = \bar{\bar{x}} = \frac{1}{k}\sum_{j=1}^{k} \bar{x}_j = \frac{96.55}{25} = 3.862$$

再计算出平均极差

$$\bar{R} = \frac{1}{k}\sum_{j=1}^{k} R_j = \frac{25.7}{25} = 1.028$$

又由
$$\sigma=\frac{\overline{R}}{d_2}, \sigma_x=\frac{\sigma}{\sqrt{n}}$$

再令
$$A_2=\frac{3}{d_2\sqrt{n}}$$

则 $\overline{x}$ 控制图的控制界限为

$$UCL=\overline{\overline{x}}+A_2\overline{R}$$
$$LCL=\overline{\overline{x}}-A_2\overline{R}$$

上式中 A_2 是利用 $\overline{R}$ 计算 $\overline{x}$ 控制图控制界限的系数，随着 n 的不同，A_2 的数值也不同，其数值见表 4-2-1。

在本例中，$n=4$，所以，

$$A_2=0.729$$
$$UCL=\overline{\overline{x}}+A_2\overline{R}=3.862+0.729\times1.028=4.611$$
$$LCL=\overline{\overline{x}}-A_2\overline{R}=3.862-0.729\times1.028=3.113$$

（2）R 控制图控制界限

根据定义，R 控制图控制界限应为

$$CL_R=\overline{R}$$
$$UCL_R=D_4\overline{R}$$
$$LCL_R=D_3\overline{R}$$

式中，$\overline{R}=\frac{1}{k}\sum_{j=1}^{k}R_j=1.028$。

引入系数

$$D_4=1+\frac{3\sigma_R}{\overline{R}}$$
$$D_3=1-\frac{3\sigma_R}{\overline{R}}$$

D_4、D_3 是利用平均极差 $\overline{R}$ 计算 R 控制图控制界限的系数。当样本容量 n 不同时，D_4、D_3 的数值见表 4-2-1。

代入上式得出控制界限：

$$CL_R=1.028$$
$$UCL_R=D_4\overline{R}=2.282\times1.028=2.346$$
$$LCL_R=D_3\overline{R}=0\times1.028=0$$

5. 绘制 $\overline{x}$-R 控制图

先画出控制界限，然后根据各组的 $\overline{x}$ 值和 R 值在控制图上打点。越出控制界限的点，应圈以○，以便分析。

由表 4-2-3 的数据经以上步骤后所画出的控制图如图 4-2-4 所示。

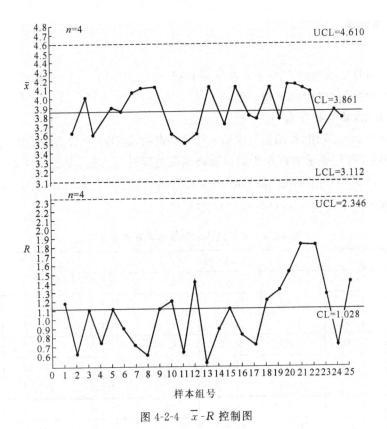

图 4-2-4 $\bar{x}$-R 控制图

三、$\tilde{x}$-R 控制图

(一) $\tilde{x}$-R 控制图的特点

反映质量特性总体集中趋势的特征值,除了平均数外还有中位数。中位数是将一批观察数据按其大小排列,居于中间位置的数。中位数控制图与平均数控制图的作用相同,只是用样本的中位数代替平均数反映总体的集中趋势。

用样本中位数表示总体的集中趋势,一般来说不如算术平均数那样准确。但是中位数控制图有两个优点:第一,计算简便,特别是样本量为奇数时,不必计算,直接取样本中位数的数值即可;第二,由于中位数的数值不受两端偶然发生脱离控制的过大或过小数值的影响,中位数控制图又比平均值控制图能更好地反映总体的集中趋势,但其检出功效较 $\bar{x}$ 控制图稍差。

(二) 控制界限的计算

$\tilde{x}$ 控制图的中心线、上下控制界限的计算公式如下:

$$CL = \bar{\bar{x}}$$
$$UCL = \bar{\tilde{x}} + m_3 A_2 \bar{R}$$
$$LCL = \bar{\tilde{x}} - m_3 A_2 \bar{R}$$

式中,系数 $m_3 A_2$ 与样本量 n 有关,相应的值列于表 4-2-1 中。

(三) 作图步骤

1. 收集数据

$\tilde{x}$ 控制图的收集数据的方法与 $\bar{x}$ 控制图相同,可收集 100~200 个数据,尽可能是最近的,要尽可能与今后的生产状态相一致。

2. 数据分组,填写数据表

把数据分成 20~25 组,每组数据个数 n 最好是奇数,这样易于求出中位数,通常取 $n=5$。

【例 4-2-3】 某厂要求对汽车引擎活塞环制造过程进行控制,现已取得 25 个样本,每个样本包含 5 个活塞环直径的观测值,如表 4-2-4 所示。

计算出各组的平均值 $\tilde{x}$ 和组内极差 R 填在表中。

表 4-2-4 某厂汽车引擎活塞环直径观测值

组号	观测值					$\tilde{x}$	R
	x_1	x_2	x_3	x_4	x_5		
1	74.030	74.002	74.019	73.992	74.008	74.008	0.038
2	73.995	73.992	74.001	74.001	74.011	74.001	0.019
3	73.988	74.024	74.021	74.005	74.002	74.005	0.036
4	74.002	73.996	73.993	74.015	74.009	74.002	0.022
5	73.992	74.007	74.015	73.989	74.014	74.007	0.026
6	74.009	73.994	73.997	73.985	73.993	73.994	0.024
7	73.995	74.006	73.994	74.000	74.005	74.000	0.012
8	73.985	74.003	73.993	74.015	73.988	73.993	0.030
9	74.008	73.995	74.009	74.005	74.004	74.005	0.014
10	73.998	74.000	73.990	74.007	73.995	73.998	0.017
11	73.994	73.998	73.994	73.995	73.990	73.994	0.008
12	74.004	74.000	74.007	74.000	73.996	74.000	0.011
13	73.983	74.002	73.998	73.997	74.012	73.998	0.029
14	74.006	73.967	73.994	74.000	73.984	73.994	0.039
15	74.012	74.014	73.998	73.999	74.007	74.007	0.016
16	74.000	73.984	74.005	73.998	73.996	73.998	0.021
17	73.994	74.012	73.986	74.005	74.007	74.005	0.026
18	74.006	74.010	74.018	74.003	74.000	74.006	0.018
19	73.984	74.002	74.003	74.005	73.997	74.002	0.021
20	74.000	74.010	74.013	74.020	74.003	74.010	0.020
21	73.998	74.001	74.009	74.005	73.966	74.001	0.033
22	74.004	73.999	73.990	74.006	74.009	74.004	0.019
23	74.010	73.989	73.990	74.009	74.014	74.009	0.025
24	74.015	74.008	73.993	74.000	74.010	74.008	0.022
25	73.982	73.984	73.995	74.017	74.013	73.995	0.035
∑						1850.044	0.581

3. 计算控制界限

首先计算平均值：$\bar{\tilde{x}} = \frac{1}{k}\sum_{j=1}^{k}\tilde{x}_j = \frac{1\,850.044}{25} = 74.002$

$$\bar{R} = \frac{1}{k}\sum_{j=1}^{k}R_j = \frac{0.581}{25} = 0.023$$

$\tilde{x}$ 控制图的控制界限：

$$\text{UCL} = \bar{\tilde{x}} + m_3 A_2 \bar{R} = 74.002 + 0.691 \times 0.023 = 74.018$$
$$\text{LCL} = \bar{\tilde{x}} - m_3 A_2 \bar{R} = 74.002 - 0.691 \times 0.023 = 73.986$$

($N=5$，查表 4-2-1 得 $m_3 A_2 = 0.691$)

R 控制图的控制界限：

$$\text{CL}_R = \bar{R} = \frac{1}{k}\sum_{j=1}^{k}R_j = 0.023$$
$$\text{UCL}_R = D_4 \bar{R} = 2.115 \times 0.023 = 0.049$$
$$\text{LCL}_R = D_3 \bar{R} = 0$$

4. 绘制控制图

$\tilde{x}$-R 控制图的作图方法与 $\bar{x}$-R 控制图类似。先画出控制界限，再按顺序以各组的 $\tilde{x}$、R 值分别在 $\tilde{x}$、R 图上打点，如图 4-2-5 所示。

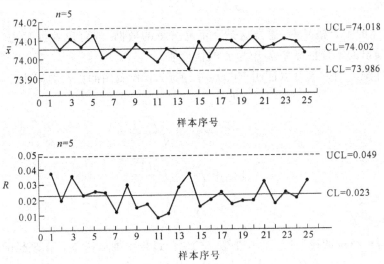

图 4-2-5 $\tilde{x}$-R 控制图

第三节 计数值控制图

一、不合格品率控制图与不合格品数控制图

不合格品率控制图以及不合格品数控制图均属于计数值中的计件值控制图。从前述的

概率分布理论可知：从一批稳定状态下生产的大量产品中，随机抽取样品数为 n 的样本，若以 p 代表出现不合格品的概率，以 d 代表样本中不合格品的个数，则 d 的分布服从二项分布。当 $np \geqslant 3$ 时，又可将二项分布近似看成正态分布。这就是不合格率控制图与不合格数控制图的理论基础。

（一）不合格品率 p 控制图

p 控制图一般是把不合格品率作为一种质量特性提出，它通过对产品的不合格品率的变化来控制产品的质量。一般 p 控制图是单独使用的，不需组合。

p 控制图常常用于检查零件外形尺寸或用目测检查零件外观从而确定不合格品率的场合，也用于对光学元件和电子元件不合格品率的控制。除了不合格品率外，合格品率、材料利用率、出勤率、缺勤率等也可应用 p 控制图进行控制。

为了能更好地灵活运用 p 控制图，在将产品通过检查而区分为合格品与不合格品的场合，应该将不合格品按不合格原因进行分类、统计并详细记录，以便将来 p 控制图打点出界时，作为查找原因和采取改进措施的重要参考资料。

1. 控制界限的计算

根据控制图的基本原理，应以 $\mu \pm 3\sigma$ 为控制界限。在二项分布的数字特征值中曾介绍过，对于不合格品率：

平均值 $\qquad E(\xi) = p$

标准偏差 $\qquad \sigma(\xi) = \sqrt{\dfrac{p(1-p)}{n}}$

式中，p 是总体的不合格品率，通常这是个不易获得的数据，但可以根据过去积累的资料或采用抽样检验出的不合格品率 $\bar{p}$ 作为 p 的估计值。

应用数理统计的方法可以证明 $E(\bar{p}) = p$，所以，p 控制图的控制界限为

$$CL = \bar{p}$$

$$UCL = \bar{p} + 3\sqrt{\dfrac{\bar{p}(1-\bar{p})}{n}}$$

$$LCL = \bar{p} - 3\sqrt{\dfrac{\bar{p}(1-\bar{p})}{n}}$$

2. 作图步骤

（1）收集数据

为了求得较精确的控制图，要求在稳定的生产过程中抽取样本。在理想的情况下，这些样本应顺序地从连续生产的多批产品中选取。这样，抽检的样本可以较真实而客观地反映出生产过程的实际水平，如果根据观察，这些样本反映的生产过程是稳定的，则根据样本算得的控制界限是最符合实际控制要求的。不过，这样做将使整个抽样周期过长。为了解决这一实际问题，常允许在生产条件基本相同的情况下，一次抽检全部需要的数据，然后进行随机性分组，每组的大小即样本容量 n。样本容量的大小主要根据平均每次抽样的样本中包含 1~5 个不合格品来确定。如果样本容量过小，那么尽管实际生产过程并非处于不合格品率为零的良好状态，但由于样本的不合格品率屡屡出现为零，就容易产生判断生产过程处于良好状态的倾向。

【例 4-3-1】 某半导体器件厂对某种产品质量进行检查。按照班组制定的质量标准衡

量不合格品,记录了 2 月 28 个工作日的抽样检查情况(如表 4-3-1 所示)。现以此记录为例,说明 p 控制图的作图步骤。

表 4-3-1　某厂产品抽样数据

组　号	样品数 n	不合格品件数 np	不合格品率 $p(\%)$	p 图的 UCL(%)
1	85	2	2.35	10.2
2	83	5	6.02	10.3
3	63	1	1.59	11.2
4	60	3	5	11.4
5	90	2	2.22	10
6	80	1	1.25	10.4
7	97	3	3.09	9.8
8	91	1	1.10	10
9	94	2	2.13	9.9
10	85	1	1.18	10.2
11	55	0	0	11.7
12	92	1	1.09	9.9
13	94	0	0	9.9
14	95	3	3.16	9.8
15	81	0	0	10.3
16	82	7	8.54	10.3
17	75	3	4	10.6
18	57	1	1.75	11.6
19	91	6	6.59	10
20	67	2	2.99	11
21	86	3	3.49	10.1
22	99	8	8.08	9.7
23	76	1	1.32	10.5
24	93	8	8.60	9.9
25	72	5	6.94	10.7
26	97	9	9.28	9.8
27	99	10	10.10	9.7
28	76	2	2.63	10.5

(2) 计算不合格品率

不合格品率的计算公式为: $\overline{p} = \dfrac{\sum pn}{\sum n} = \dfrac{90}{2\,315} = 3.89\%$ 。

平均不合格品率为 3.89%,平均抽样样本量为 83 件左右,符合二项分布与正态分布相近似的条件: $np \geqslant 3$,所以可以采用控制图对不合格品率来进行控制。

(3) 计算控制界限

$$\mathrm{CL}_p = \overline{p} = 3.89\%$$

$$UCL_p = \bar{p} + 3\sqrt{\frac{\bar{p}(1-\bar{p})}{n}}$$

$$LCL_p = \bar{p} - 3\sqrt{\frac{\bar{p}(1-\bar{p})}{n}}$$

从上面的公式可以看出,控制界限与 n 有关。代入各组不同的 n 值,可计算出控制上限的值如表 4-3-1 所示。

计算控制下限时有时会出现负值,这时应取 $LCL_p = 0$,因为负的不合格品率是不存在的。在实际工作中,有时常根据实际情况,直接将控制下限统一取为零,以简化计算。

(4) 绘制 p 控制图

根据表 4-3-1 的控制界限数据值画出上控制界限,将控制下限统一取为零,并按顺序以各组的不合格品率 p 值在图上打点,如图 4-3-1 所示。图中第 27 组超出控制界限,说明该日生产过程存在异常因素。

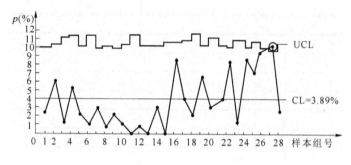

图 4-3-1 p 控制图

因为每个样本组的 n 都不相同,控制界限的宽度也就随着 n 的变化而变化,形成凹凸不平的控制界限,而不像前面所讲的控制图那样是一条直线,所以作图是相当繁琐的;而且 n 越大,则上下控制界限间的距离就越窄。

3. 控制界限的讨论

(1) 关于 n 值

从前面的计算已经看到,由于各组样本量 n 的大小不同,在计算控制界限时相当麻烦。为了简化计算,当每组的样本量 n 差别不大时,即当任意某组的 n_i 均满足 $\frac{\bar{n}}{2} \leq n_i \leq 2\bar{n}$ 时,可用 $\bar{n}$ 代替 n_i 来进行计算。这时的控制界限为一条直线。应用此法,如果打的点接近控制界限,需要将实际的 n_i 代入控制界限的计算公式,计算一下实际的控制界限,看点子是否在实际的控制界限内。

在表 4-3-1 的实例中,

$$\bar{n} = \frac{\sum_{i=1}^{k} n_i}{k} = \frac{2\,315}{28} \approx 82.7$$

用 $\frac{\bar{n}}{2} \leq n_i \leq 2\bar{n}$ 的条件来衡量

$$\frac{\bar{n}}{2} \approx 41$$

$$2\bar{n} \approx 165$$

表 4-3-1 中的数据共 28 组,最大的 $n=99$,最小的 $n=55$,均满足 $41 \leqslant n_i \leqslant 165$ 的条件。故以表 4-3-1 的数据作控制图时,控制上限可以写为

$$UCL_p = \bar{p} + 3\sqrt{\frac{\bar{p}(1-\bar{p})}{\bar{n}}} = 0.1027$$

$$LCL_p = 0$$

以此控制界限可作出另一个 p 控制图。

用平均的样本数 $\bar{n}$ 计算出的 p 控制图的控制界限,是平均控制界限。因此,当某组的样本数 $n_i > \bar{n}$ 时,该组的"实际控制界限"范围小于"平均控制界限"。这样,点子虽然在"平均控制界限"内,但有可能已超出"实际控制界限",有可能产生"漏发警报"的错误;而当某组的样本数 $n_i < \bar{n}$ 时,该组的"实际控制界限"范围大于"平均控制界限",这时点子虽然落在"平均控制界限"外,但有可能未超出"实际控制界限",有可能产生"错发警报"的错误。为了避免以上两种错误,保证对生产状态给予正确地判断,就要对在控制界限附近的点子进行检验。

一般来说,检验范围可规定为 $(2.5\sim3.5)\sigma$,即凡是落在此范围内的点子都应该进行检验。

从图 4-3-1 可以看出,第 26 组、第 27 组的点子是在 $(2.5\sim3.5)\sigma$ 范围内的,计算出实际控制界限:

$$UCL_{p26} = \bar{p} + 3\sqrt{\frac{\bar{p}(1-\bar{p})}{n_{26}}} = 9.28\%$$

$$UCL_{p27} = \bar{p} + 3\sqrt{\frac{\bar{p}(1-\bar{p})}{n_{27}}} = 10.1\%$$

检验说明,第 27 组的差错率虽然在"平均控制界限"内,但已超出该组的"实际控制界限",应判为生产过程中存在有异常原因。有时会发生点子虽然在"平均控制界限"外,却并未超出该组的"实际控制界限"的现象,应判为生产过程中没有异常原因。

(2) 控制界限计算公式的简化

当 $\bar{p}$ 较小时(10%以下),可以认为 $\sqrt{1-\bar{p}}$ 接近于 1,这时上控制界限可简化为

$$UCL_p = \bar{p} + 3\sqrt{\frac{\bar{p}}{n}}$$

(3) 中心线及上下控制界限的意义

应该指出,对于计数值控制图来说,实际起作用的是上控制界限,打点超出上控制界限则表明生产过程发生不良变化,应该采取措施解决。

中心线只表明不合格率的平均水平,而下控制界限只是表明生产过程是否发生变化,即使打点超过下控制界限也只表明生产中不合格品减少,生产精度进一步提高。这时应该注意总结不合格品率降低的好经验,以便巩固和推广或者检查数据是否真实。有时在绘制计数值控制图时,也可不画中心线及下控制界限。

对于不合格品率过高,生产过程处于不稳定状态的情况,应从技术和经济两方面来考虑采取最合理的技术措施加以解决。如果采取措施有困难,则应考虑更改产品的技术规格。

(二) 不合格品数 pn 控制图

1. 控制界限的计算

pn 控制图用于对产品不合格品数控制的场合,它是通过控制产品的不合格品数的变化

来控制质量的。pn 控制图样本量的大小必须为定值,也就是与 p 控制图在 n 一定时的情况相当。在样本 n 不变的场合,用不合格品数 pn 代替不合格品率 p 作控制图。由于 pn 是直接取自样本的不合格品数,对数据不必再进行整理和计算,因此应用 pn 控制图更为方便,更便于操作者理解和作业。pn 控制图和 p 控制图都是建立在二项分布的基础上的,所以两种控制图的原理完全相同,只是 pn 控制图的控制界限及有关数据是直接根据不合格品数计算的。其具体计算控制界限的公式为:

$$CL_{pn} = \overline{pn}$$

$$UCL_{pn} = \overline{pn} + 3\sqrt{\overline{pn}(1-\overline{p})}$$

$$LCL_{pn} = \overline{pn} - 3\sqrt{\overline{pn}(1-\overline{p})}$$

当平均不合格率较小时(10% 以下),可以认为 $\sqrt{1-\overline{p}}$ 接近于 1。当精度要求不高时,控制上限可定为

$$UCL_{pn} = \overline{pn} + 3\sqrt{\overline{pn}}$$

2. 作图步骤

现结合具体实例说明控制图的作图方法。

【例 4-3-2】 某手表厂为了控制产品的质量情况,每天抽查 200 个机芯进行检查,表 4-3-2 是某月内 25 个工作日的测试记录。试用 pn 图来反映产品的质量情况。

表 4-3-2 某手表厂机芯抽样检查数据表

组号	测试机芯数 n	不合格件数 pn	组号	测试机芯数 n	不合格件数 pn
1	200	4	14	200	4
2	200	2	15	200	6
3	200	6	16	200	2
4	200	0	17	200	7
5	200	8	18	200	2
6	200	5	19	200	6
7	200	6	20	200	1
8	200	3	21	200	3
9	200	1	22	200	2
10	200	8	23	200	4
11	200	5	24	200	5
12	200	4	25	200	6
13	200	0			

(1) 计算控制界限

$$\overline{p} = \frac{\sum pn}{\sum n} = \frac{100}{5\,000} = 0.02$$

本例中样本不合格品率 $\bar{p}=0.02$，所以每组样本量取 $n=200$ 是比较合适的。

另外 $\overline{pn}=4$，符合 $pn \geqslant 3$ 的条件，可建立控制图。

$$CL_{pn} = \overline{pn} = 0.02 \times 200 = 4$$
$$\begin{aligned}UCL_{pn} &= \overline{pn} + 3\sqrt{\overline{pn}(1-\bar{p})} \\ &= 4 + 3\sqrt{4 \times (1-0.02)} \\ &= 9.94\end{aligned}$$
$$\begin{aligned}LCL_{pn} &= \overline{pn} - 3\sqrt{\overline{pn}(1-\bar{p})} \\ &= 4 - 3\sqrt{4 \times (1-0.02)} \\ &= -1.94\end{aligned}$$

取 $LCL_{pn}=0$。

(2) 绘制 pn 控制图

根据控制界限数值画控制图，并按顺序以各组的不合格品数 pn 值在图上打点，如图 4-3-2 所示。

图中所有的点子都没有出界，说明生产过程稳定，可以用此图来控制生产。

在生产过程稳定的情况下，产品生产过程中存在着一定的不合格品数 pn（或不合格品率 p）；而且它的数值会在一定范围内波动（$\mu \pm 3\sigma$）。如果生产过程处于失控状态，则 pn（或 p）的值将有较大变化，超过原来的波动范围，在控制图中会表现出打点出界的情况，这时就需要进行分析研究，排除异常因素，使生产恢复正常。

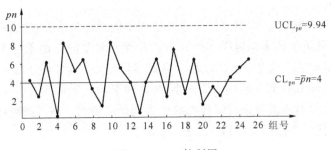

图 4-3-2 pn 控制图

二、缺陷数控制图与单位缺陷数控制图

前面已经谈到，对于那些具有连续性质量特性值的生产工序，可采用 $\bar{x}$-R 控制图或其他计量值控制图控制产品的质量情况；对于那些只能判断产品合格与否的生产工序，可以用 p 图或 pn 图。此外，对于产品质量特性值是产品的缺陷数时，例如一定面积的电镀板的针孔数，一定长度布匹上的疵点数，一定长度漆包线上漆皮的划伤处，一定期间内设备发生的故障数，或一台电子设备中的焊接不良处等，就要用计数值中的计点值控制图来管理了。

这类控制图有两种，缺陷数 c 控制图和单位缺陷数 u 控制图。在生产中，产品上的缺陷数常常服从泊松分布。而当参数 $\lambda \geqslant 3$ 时，泊松分布又与正态分布近似。这就是 c 控制图与 u 控制图的理论基础。

(一) 缺陷数 c 控制图

c 控制图主要用于判断生产中的设备或产品缺陷数是否处于所要求的水平，它是通过对样本缺陷数的变化来进行控制的。它和 pn 控制图相类似,要求样本量是固定的。但这里讲的样本量与过去讲的抽样样本容量 n 的概念有所不同。泊松分布是二项分布 $n \to \infty$ 时的极限形式,这里 n 是样本容量。就如同某台设备可能发生故障的地方很多,又如在输油管路中,钢管可能发生漏油的地方很多,也就是可能发生故障的点很多。

而要求固定的样本量是指机器或长度的度量相同,即同一种机器或同一长度的钢管。例如,每次都统计同一长度的钢管的缺陷数,或每次统计一平方米布匹出现的疵点数等。在实际应用中,样本量的大小可以根据实际情况而定,但一经确定就要固定下来。

1. 控制界限的计算

根据控制图的基本原理,应以 $\mu \pm 3\sigma$ 为控制界限。在泊松分布的数字特征值中曾介绍过其

平均值 $\qquad E(\xi) = \lambda$

标准偏差 $\qquad \sigma(\xi) = \sqrt{\lambda}$

在 c 控制图中,将缺陷数记为 c。同 p 控制图类似,用抽样检验出的平均缺陷数 $\bar{c}$ 作为参数 λ 的估计值。所以 c 控制图的控制界限为:

$$CL_c = \bar{c}$$
$$UCL_c = \bar{c} + 3\sqrt{\bar{c}}$$
$$LCL_c = \bar{c} - 3\sqrt{\bar{c}}$$

2. 作图步骤

(1) 收集数据

关于样本大小的确定,首先需要统计生产过程中的平均缺陷数,然后根据每组样本平均至少包含 1~5 个的缺陷数来确定样本的大小。在控制对象固定的条件下,抽样 20~25 组并统计出各组的缺陷数。这里 c=0 的组不能太多,因为 $\lambda \geq 3$ 泊松分布才与正态分布相近似,c=0 的组太多,就意味着每组的 c 值太小,从而使平均缺陷数 $\bar{c}$ 很小,这是不合适的。

现以某汽车厂对喷漆质量进行管理的数据为例加以说明。该厂某喷漆生产班组记录了本组完成的 26 件同一产品的缺陷数(见表 4-3-3)。

表 4-3-3 某汽车厂喷漆生产班组质量管理数据

产品号	缺陷数 c	产品号	缺陷数 c	产品号	缺陷数 c
1	4	10	6	19	3
2	6	11	2	20	7
3	5	12	4	21	5
4	8	13	0	22	4
5	2	14	5	23	5
6	4	15	6	24	4
7	4	16	3	25	3
8	5	17	4	26	2
9	3	18	5		

(2) 计算控制界限

$$\bar{c} = \frac{\sum_{i=1}^{k} c_i}{k} = \frac{109}{26} = 4.19$$

满足 $\lambda \geqslant 3$ 的条件,可以用控制图进行质量控制。

$$CL_c = \bar{c} = 4.19$$

$$\begin{aligned} UCL_c &= \bar{c} + 3\sqrt{\bar{c}} \\ &= 4.19 + 3\sqrt{4.19} \\ &= 10.33 \end{aligned}$$

$$\begin{aligned} LCL_c &= \bar{c} - 3\sqrt{\bar{c}} \\ &= 4.19 - 3\sqrt{4.19} \\ &= -1.95 \end{aligned}$$

取 $LCL_c = 0$。

控制下限也可以不计算,直接取 $LCL_c = 0$。

(3) 绘制控制图

根据控制界限数值画控制图,并按顺序以各组的缺陷数 c 值在图上打点,如图 4-3-3 所示。

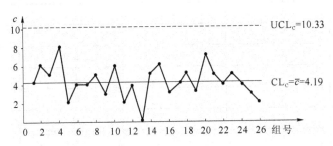

图 4-3-3 c 控制图

图中的全部点子都在控制界限内,可用此控制界限对喷漆质量进行控制。

(二) 单位缺陷数 u 控制图

当由生产条件所限,难以按固定的样本量来考核缺陷数时,则可考虑采用单位缺陷数 u 控制图来进行质量控制,c 与 u 控制图的关系与前面所讨论过的 pn 与 p 控制图之间的关系相同。u 控制图不要求样本量相同,因此常常用于控制纺织品或涂漆表面的疵点数、线状或板状产品中的缺陷数,溶剂中的灰尘数,印刷排字中的错字数等。

1. 控制界限的计算

u 控制图的控制界限与 c 控制图的实质上相同,但这里,

$$u = \frac{c}{n}$$

式中,c 为样本缺陷数,n 为以检验单位表示的样本大小。而 u 控制图的控制界限为:

$$CL_u = \bar{u} = \frac{\sum c}{\sum n}$$

$$\mathrm{UCL}_u = \bar{u} + 3\sqrt{\frac{\bar{u}}{n}}$$

$$\mathrm{LCL}_u = \bar{u} - 3\sqrt{\frac{\bar{u}}{n}}$$

2. 作图步骤

(1) 收集数据

一般收集 20～25 个样本组,样本量 n 表示样品中所含产品的数目,可以不是整数。确定样本大小时,要使每组样本中平均有 1～5 个缺陷。

现以某厂漆包线外观缺陷针孔数据为例。在生产过程中收集到数据如表4-3-4所示。

表 4-3-4 某厂漆包线生产数据

样本序号	长度 n_i/m	缺陷数 c_i	u_i	UCL_u
1	1.0	4	4	8.14
2	1.0	5	5	8.14
3	1.0	3	3	8.14
4	1.0	3	3	8.14
5	1.0	4	4	8.14
6	1.0	5	5	8.14
7	1.0	3	3	8.14
8	1.3	2	1.5	7.5
9	1.3	5	3.8	7.5
10	1.3	3	2.3	7.5
11	1.3	2	1.5	7.5
12	1.3	4	3.1	7.5
13	1.3	1	0.8	7.5
14	1.3	5	3.8	7.5
15	1.3	2	1.5	7.5
16	1.3	4	3.1	7.5
17	1.3	2	1.5	7.5
18	1.2	6	5.0	7.69
19	1.2	4	3.3	7.69
20	1.2	3	2.5	7.69
21	1.2	0	0	7.69
22	1.7	8	4.7	6.94
23	1.7	3	1.8	6.94
24	1.7	8	4.7	6.94
25	1.7	5	2.9	6.94

(2) 计算控制界限

首先计算各组的单位缺陷数

$$u_i = \frac{c_i}{n_i}$$

u_i 为第 i 个样本的单位产品缺陷数(即单位长度漆包线的平均针孔数)。

$$\bar{u} = \frac{\sum c}{\sum n} = \frac{94}{31.6} = 2.97 \approx 3$$

$\bar{n} = 1.264$,满足 $\lambda \geq 3$ 的条件。

$$CL_u = \bar{u} = 2.97$$

$$UCL_u = \bar{u} + 3\sqrt{\frac{\bar{u}}{n}}$$

$$LCL_u = \bar{u} - 3\sqrt{\frac{\bar{u}}{n}}$$

与 p 控制图类似,这里控制界限与 n 有关,对应不同的 n,可依次计算出各组的控制上限,将其列在表 4-3-4 中。

控制下限可以不计算,直接取 $LCL_u = 0$。

(3) 绘制控制图

根据各组的控制界限数值画控制图,并按顺序以各组的单位缺陷数 u_i 值在图上打点,如图 4-3-4 所示。

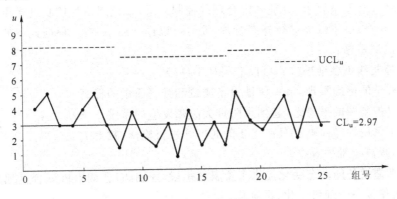

图 4-3-4 u 控制图

图中的全部点子都在控制界限内,表明生产过程中无异常原因,可用此控制界限来控制今后的产品质量。

u 图和 p 图一样,当 n 的变化大体在 $\frac{\bar{n}}{2} \leq n_i \leq 2\bar{n}$ 之间时,可用平均样本量 $\bar{n}$ 来计算控制界限,并作控制图。对邻近的界限线的点子的检验条件,也与 p 图相同。

(三) 计点值控制图在技术设备维护中的应用

随着科学技术的不断发展,人们在生产中越来越依靠各种机器设备了。现代技术装备的特点之一是复杂化。所以设备的维护工作是一项工作量很大,而又十分重要的工作。目前在各企业中对机器设备大致有下列三种维护方式:

1. 纠正型维护方式

这种维护方式的特点是:平时对设备根本不进行主动的维护,而是在机器设备出了故障后才进行检修。它的维护工作量较小,时间短暂而集中,故费用较少。其缺点是:由于平时不主动维护,造成大量故障集中出现,同时机器设备由于平时不进行检修而造成磨损增大,缩短了设备的寿命,造成机器设备的可靠性差。随着机器设备使用量的增加和人们对产品质量要求的逐渐提高,这些缺点就更加突出了。因此,在实际生产中这种维护方式的使用正在逐渐减少。

2. 预防周期型维护方式

这种维护方式的特点是:定期全面地进行预检预修工作,目前多数企业主要采取这种维护方式。通过对设备进行定期的预检预修以期得到良好的工作质量。这种维护方式,相对于第一种维护方式来看,维护工作质量有一定提高。但这种维护方式的缺点是:第一,这种维护方式是一种一律看待的方式,而各种设备的新、老程度、磨损、劣化程度及障碍大小各不相同。对不同的机器设备和不同的质量要求没有区别,一律以等间隔时间来进行检修,显然是不合理的。第二,这种维护方式,维护工作量大,特别是机器设备集中的单位,矛盾特别突出。第三,从可靠性理论来看,机器设备的可靠性下降,除了客观环境等因素之外,维护不当也是主要因素之一。由于经常地进行预防性检测和不适当的修复性维修,所造成过多地装拆会将故障引入机器设备,并致使设备可靠性下降。美国 AT&T 公司在罢工中(1947 年)故障反而减少了,就是一个很能说明问题的例子。

3. 受控纠正型维护方式

目前,一些发达国家普遍采用的是受控纠正型维护方式。这种维护方式就是根据不同设备的质量特性和质量要求,分别确定合理的控制界限,以控制图为核心进行质量控制。它的特点之一是对设备不仅能进行静态管理,而且可以进行动态监视,根据设备的状况决定是否需要进行测试检修。

采用受控制纠正型维护方式可以获得如下好处。

(1) 按科学的标准管理,可以保证设备质量和维修质量的提高。

(2) 通过控制图的报警区,起到预防重大故障发生的作用。

(3) 由于采用抽样检查和只在需要的时候才进行检修,减少了无效的工作量,进而降低了维护成本,提高了维护效率。

(4) 为掌握设备的动态变化提供了资料和手段(控制图)。如果再结合其他质量管理工具的使用,可使设备管理科学化、系统化。

受控纠正型维护方式需要有一整套完整的质量控制体系和良好的人员素质。控制图的建立必须有准确的原始数据。如果有良好的质量管理基础工作,采用受控纠正型维护方式是设备维护中一种较好的管理方式。

现以某通信公司线路维护的实例说明控制图在设备维护中的使用方法。

该公司对某线路的故障发生情况进行了两年的统计,得到资料如表 4-3-5 所示。

表 4-3-5　某通信公司线路故障统计数据(1)

月份	1	2	3	4	5	6	7	8	9	10	11	12
故障	0	2	0	5	3	8	6	0	8	4	3	4
月份	1	2	3	4	5	6	7	8	9	10	11	12
故障	10	4	2	8	9	11	1	2	3	13	14	1

根据以上数据建立控制图。

计算出控制界限：

$$\bar{c} = \frac{1}{k}\sum c = \frac{121}{24} = 5.04$$

满足 $\lambda \geqslant 3$ 的条件，可以用控制图进行质量控制。

$$\begin{aligned}\mathrm{UCL}_c &= \bar{c} + 3\sqrt{\bar{c}} \\ &= 5.04 + 3\sqrt{5.04} \\ &= 11.77\end{aligned}$$

取 $\mathrm{LCL}_c = 0$。

按照上面的计算结果画出控制界限。表 4-3-6 为接下来一年的故障数据，以此数据在控制图上打点，作出控制图(如图 4-3-5 所示)。

表 4-3-6　某通信公司线路故障统计数据(2)

月份	1	2	3	4	5	6	7	8	9	10	11	12
故障	15	6	1	0	25	8	3	0	2	6	1	1

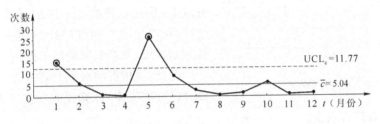

图 4-3-5　c 控制图在设备维护中的应用

从图 4-3-5 可以看出 1 月和 5 月打点超出控制界限，图中用圈标出，要求引起注意，对相关的设备进行检测或进行更换。

第四节　通用控制图与选控图

一、通用控制图

在应用控制图时，需要根据实测的质量特征数据计算控制图的控制界限，并根据抽样得到的质量特征值在控制图中描点。这两项都需要一定的工作量，尤其是 p 图与 u 图，由于控制界限计算公式中含有样本 n 的大小，控制界限随着 n 的变化而呈凹凸状，作图十分不便，若 n 变化不大，虽可用 n 的平均数代替 n，但不精确，当点子接近控制界限时有误报与漏报的可能。

1981 年由我国张公绪教授与阎育苏教授所提出的通用控制图解决了上述问题。在通用控制图上，控制界线是直线，而且判断异常的结果也是精确的。通用控制图已于 1986 年发布为国家标准 GB 6381。

通用控制图主要包括两个内容：标准变换和直接打点法。

(一) 标准变换

标准变换类似于正态分布的标准化,是指经过变换后随机变量的平均值变成 0、方差变成 1 的变换,设随机变量为 x,则 x 的标准变换:

$$x_\mathrm{T} = \frac{x-\mu}{\sigma}$$

式中,T 表示"标准变换后",也表示通用的"通"。

对于一般以 $\mu \pm 3\sigma$ 为控制界限的控制图,经过标准变换后其控制界限为:

$$\mathrm{UCL_T} = \frac{\mathrm{UCL}-\mu}{\sigma} = 3$$

$$\mathrm{CL_T} = \frac{\mathrm{CL}-\mu}{\sigma} = 0$$

$$\mathrm{LCL_T} = \frac{\mathrm{LCL}-\mu}{\sigma} = -3$$

如上,通用控制图的控制界限统一成 3,0,−3,再在通用控制图上作出 $K=-3,-2,-1,0,1,2,3$ 等共 7 根水平横线,把整个通用控制图分成 Ⅰ,Ⅱ,…,Ⅷ 共 8 个区域,如图 4-4-1 所示。这样,可以用事先印好的统一图表,不需要再计算控制界限,使控制图更便于推广。

但是,通用图的缺点是在图中打(描)点也需要经过标准变换,计算要麻烦些。为解决这个问题,需要应用直接打点法。

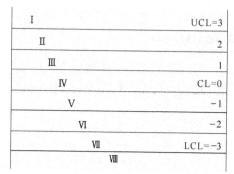

图 4-4-1　通用控制图

(二) 直接打点法

在应用通用控制图时,如果点子落在区域 Ⅰ 或 Ⅷ 中,则点子显然出界,而且其结果是精确的;如果点子落在其余区域内,则只需将此点描在该区域中即可,其具体位置不要求那么精确。

将通用图分成 Ⅰ,Ⅱ,…,Ⅷ 共 8 区域的 7 根线:$K=-3,K=-2,…,K=2,K=3$ 称为标杆线。如果在现场数据中能找出与此对应的 7 个数据(可称之为现场标杆数据),则在现场测得所控制的质量指标数据后,将它与这 7 个现场标杆数据相比,便立刻知道应在通用控制图上哪个区域中描点。这就是直接打(描)点法。

直接打(描)点法的现场标杆数据计算公式为:

$$\text{现场标杆数据} = \mu + K\sigma$$

式中,$K=-3,-2,-1,0,1,2,3$。

根据具体控制图,计算出相应的 μ、σ 代入上式,可以计算并列出直接打点表,工人可根据现场实测数据,查直接打点表,然后直接在通用图中描点,无须任何计算,十分方便。实践证明,这对于推广控制图十分重要。

(三) 通用控制图的作图步骤

以 p 图为例。p 图的统计量为样本不合格品率 $p=\dfrac{d}{n}$,其中 $d=np$ 为样本不合格品数。

若用 $\bar{p}$ 代替总体的不合格品率 p,样本不合格品率 p 经过标准变换后为

$$p_T = \frac{p - \overline{p}}{\sqrt{\frac{\overline{p}(1-\overline{p})}{n}}} = \frac{np - n\overline{p}}{\sqrt{n\overline{p}(1-\overline{p})}} = \frac{d - n\overline{p}}{\sqrt{n\overline{p}(1-\overline{p})}} = pn_T = d_T$$

从上式可见,经过标准变换后,p 图的样本不合格品率的标准变换值 p_T 与 pn 图的样本不合格品数的标准变换值 pn_T 恒等,即对同一个二项分布总体的数据而言,无论应用样本不合格品率的标准变换值 p_T 还是应用样本不合格品数的标准变换值 pn_T,在通用图上都得到相同的图形。这样,在原来应用 p 图或 pn 图的场合都可采用 pn_T 图,以便直接利用不合格品数 d。

现在给出 pn_T 图的直接打点公式,以便作出 pn_T 图的直接打点表。

由现场标杆数据 $= \mu + K\sigma$,则

$$D_{K,n} = n\overline{p} + K\sqrt{pn(1-\overline{p})} \quad (K = -3, -2, -1, 0, 1, 2, 3)$$

重作表 4-3-1 的不合格品率控制图并对结果进行比较。

(1) 计算样本平均不合格品率 $\overline{p}$

$$\overline{p} = \frac{\sum d}{\sum n} = \frac{90}{2\,315} = 3.89\%$$

(2) 选择参数 n 的范围。如表 4-3-1 中最大的 $n=99$,最小的 $n=55$,所以 pn_T 图的直接打点表最好选择 n 为 $50, 55, 60, \cdots, 100, 105$。注意,$n$ 的范围只能略微扩大一些,否则计算结果误差太大不能应用。

(3) 计算直接打点表。根据上面的公式计算 pn_T 图的直接打点表。

例如,当 $K=3, n=55$ 时,

$$D_{3,55} = 55 \times 3.89\% + 3\sqrt{55 \times 0.0389 \times (1 - 0.0389)} = 6.4$$

其余类推。将计算出的数值列入表 4-4-1。

表 4-4-1 $D_{K,n}$ 值表

K \ n	50	55	60	65	70	75	80	85	90	95	100	105
3	6.0	6.4	6.8	7.2	7.6	7.9	8.3	8.7	9.0	9.3	9.7	10.0
2	4.7	5.0	5.3	5.6	6.0	6.3	6.6	6.9	7.2	7.5	7.8	8.0
1	3.3	3.6	3.8	4.1	4.3	4.6	4.8	5.1	5.3	5.6	5.8	6.1
0	1.9	2.1	2.3	2.5	2.7	2.9	3.1	3.3	3.5	3.7	3.9	4.1
−1	0.6	0.7	0.8	1.0	1.1	1.2	1.4	1.5	1.7	1.8	2.0	2.1
−2	−0.8	−0.7	−0.7	−0.6	−0.5	−0.4	−0.3	−0.3	−0.2	−0.1	0.0	0.1
−3	—	—	—	—	—	—	—	—	—	—	−1.9	−1.9

注意:小数点后面取一位的精度已经足够。由于 $D_{K,n}$ 不可能为负,故表中每列只需列出第一个负数以估计描点之用。

(4) 应用直接打点表在通用图上描点。例如,对于第一组样本,$n=85, d=2$,从表 4-4-1 中 $n=85$ 的这一列查得 $d=2$ 在 $D_{0,85}=3.3$ 和 $D_{-1,85}=1.5$ 之间。故第一组样本的点子应描在 $K=0$ 与 $K=-1$ 这两根标杆线之间。

再如,对于第 27 组样本,$n=99, d=10$,从表 4-4-1 中查得:与 $n=99$ 最接近的 $n=100$

这一列 $D=10>D_{3,100}=9.7$,于是判断该样本的点子超过上控制界限。

其余类推,如图 4-4-2 所示。

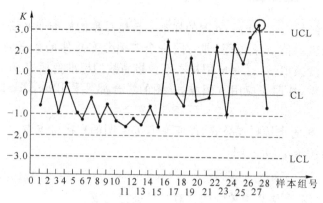

图 4-4-2 pn_T 图

对比图 4-3-1,pn_T 图和 p 图的形状一致,但 pn_T 图的控制界限为直线,而且所得结果是精确的。此外,无论样本 n 是否为常数,pn_T 图均可用。

现在,作控制图已有专门的软件,只需输入相关的数据,计算机便可自动画出控制图并打点。

二、选控图

自从 1924 年休哈特首创控制图以来,经过多年的发展,已经提出了几十种控制图,形成了休哈特控制图体系。从前面的介绍中可以看到,这些控制图虽然是多种多样的,但它们的思路是相同的,即先求出质量特性数据的平均值,然后根据 3σ 原理求出控制界限,再对生产中的同一质量数据进行观察,在控制图上打点,当点子超过控制界限时就告警,并判断生产处于异常状态。

休哈特控制图几十年来用于工业生产的质量控制,取得了卓著的效果。但休哈特控制图用于邮电通信质量控制时却产生了问题。张公绪教授为解决这类问题首创了选控图,并把它推广到邮电系统以外的工业、商业及运输业等各个部门。

(一)选控图的基本原理

1. 选控图的概念

(1)问题的引出

邮电通信生产与一般工业生产不同。工业生产的实物产品,易于做到均衡生产,产品质量指标一般不受产品数量的影响,因而产品质量指标特性的平均值可以基本维持不变。通信部门则不同,它不生产实物产品,是通过服务为用户提供有益效用,同时由于生产过程与消费过程不可分割,因而受业务量的波动影响大,不易进行均衡生产。

已知休哈特控制图影响因素有两种:一种是偶然因素;另一种是系统因素。当生产过程存在有系统因素作用时,在控制图上会发生打点出界而报警。邮电部门质量指标的影响因素也是两种——偶然因素和系统因素。可是在系统因素中存在着无法控制的一类:业务量的波动的影响。由于这类系统因素经常存在,在使用休哈特控制图时,会由于这类因素的影响造成打点出界而告警的情况,而这种业务量的影响又是无法排除的,从而导致控制图的失效。

例如从长途电话逾限率这个质量指标来看,它与业务量、通信设备状况、生产人员素质、劳动态度和劳动组织等系统因素有关。由于电路设备数是固定的,当某条电路上打长途电话的人突增时,该电路长话逾限率就要上升。另外,设备运转不良,生产人员的技术业务水平、劳动态度和劳动组织不好,也会使逾限率上升。在通信生产过程中,可以控制的是设备完好状态、生产人员和劳动组织等问题,而业务量的波动是无法控制的。因此在长途电话通信生产过程中需要将系统因素进一步分类,区分为欲控系统因素和非控系统因素。例如,设备故障、生产人员的技术水平和劳动态度等是欲控系统因素,而业务量是一个非控系统因素。这时不需要控制所有系统因素,只需要选择欲控系统因素加以控制。

(2) 选控图的种类

与休哈特控制图的体系相对应,选控图也有一整套与休哈特控制图一一对应的选控图,见表 4-4-2。

表 4-4-2 休哈特控制图与选控图的对应关系

数据性质	分布	休哈特控制图	选控图
计量值	正态分布	x-R_S 控制图 (单值-移差控制图)	x_{CS}-R_S 控制图* (单值选定-移差控制图)
		$\bar{x}$-R 控制图 (平均值-极差控制图)	$\bar{x}_{CS}$-R 控制图 (选控平均数-极差控制图)
		$\tilde{x}$-R 控制图 (中位数-极差控制图)	$\tilde{x}_{CS}$-R 控制图 (选控中位数-极差控制图)
计件值	二项分布	p 不合格品率控制图	p_{CS} 选控不合格品率控制图
		pn 不合格品数控制图	pn_{CS} 选控不合格品数控制图
计点值	泊松分布	c 缺陷数控制图	c_{CS} 选控缺陷数控制图
		u 单位缺陷数控制图	un_{CS} 选控单位缺陷数控制图

* 下标"CS"表示选控。

类似的情况不仅在邮电通信部门存在,在其他部门也广泛存在。例如在上、下工序联系密切处,这时为了分清上、下工序间的责任,需要在下工序进行选控,即把下道工序本身的系统因素作为欲控因素,而把上道工序对下道工序的影响作为非控因素,以便反映和控制下工序本身的加工质量。

在同一道工序中,不同的人员、设备加工同类产品,为了评比工作的差异,应把人员的技术水平和劳动态度作为欲控因素,而把机器设备的差异作为非控因素。

在服务行业中,由业务量的影响所产生的系统因素等凡是无法人为控制的系统因素均可归为非控系统因素,在选控图中加以排除不予反映,以了解其余质量因素对工作的影响。

2. 选控图的基本原理

选控的思想是在处理长话质量控制的实际问题时出现的。

长途电话的质量指标之一是逾限率,同其他的质量特性数据一样,它既受偶然因素的影响,又受系统因素的影响。在系统因素中有无法控制的业务量波动的影响。很显然,长话逾限张数 y 与通话张数 x (即业务量)之间有一定的相关关系。通过对大量统计资料的分析得知,它们之间呈幂函数关系:$y=Ax^B$。当业务量为某一值 $x=x_i$ 时,逾限张数的值是一个随机变量 y。在没有其他系统因素作用时,y 服从正态分布 $y \sim N(\hat{y_i}, \sigma^2)$,$\hat{y_i}$ 是相关回归方程中当 $x=x_i$ 时的函数值;σ 为标准偏差。由于生产过程相同,系统没有改变,同一套设备,同一组工作人员,影响系统的偶然因素相同,故在业务量不同的情况下,逾限张数围绕回归线上下摆动的标准偏差 σ 也应该相同(见图 4-4-3)。也就是说当通话张数为 x_i 时,可能产生的逾限张数将在一定范围内波动。实际的逾限张数 y_i 是因为偶然因素和业务量影响所联合作用的结果,由业务量影响而产生的逾限张数的平均值是 $\hat{y_i}$。如果从实际的逾限张数 y_i 中减去 $\hat{y_i}$,这样就消除了由于业务量变化而带来的影响。

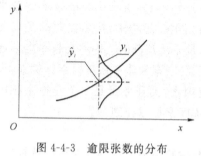

图 4-4-3 逾限张数的分布

这时由于系统中只有偶然因素的影响,所以 $y_i - \hat{y_i}$ 呈正态分布:$y_i - \hat{y_i} \sim N(0, \sigma^2)$,$i=1,2,\cdots,n$。如果将 $y_i - \hat{y_i}$ 作为质量数据来加以控制的话,由于排除了非控系统因素(业务量)的影响,这样所作出的控制图叫选控图。意思是对系统因素进行有选择的控制。对选控图的工作原理,现从以下两方面加以说明。

(1) 当生产过程正常时,生产过程中起作用的因素是偶然因素和非控系统因素(如业务量引起的波动),但非控系统因素通过计算选控值已加以排除,实际控制图中只有偶然因素起作用,质量特性数据的选控数据形成了某种分布,这时选控数据 99.73% 落在选控数据平均值 $\mu \pm 3\sigma$ 的范围内,落在界外的只有 0.27%,经抽样选控数据在控制图上打点不出界,表明生产过程正常,可以继续生产。

(2) 当生产过程不正常时,这时生产过程中起作用的因素既有偶然因素、非控系统因素,又有欲控系统因素的影响。质量特性数据的选控值形成了偏离的分布。质量特性选控值落在选控平均值 $\mu \pm 3\sigma$ 范围内的概率已不是 99.73%,而是远小于这个数值。落在控制范围外的概率也已不是 0.27%,而是远大于这个数。所以选控数据在控制图上打点就可能出界,表明生产过程不正常。这时就要找原因,排除欲控系统因素。

(二) x_{CS} 单值-移差控制图的作图步骤

下面结合长话逾限率选控图实例来介绍选控图的作图方法。

1. 收集数据、确定控制对象

收集到某局某电路方向一个月的通话张数与逾限张数的数据,见表 4-4-3。现以逾限率为控制对象作选控图。

2. 排除非控系统因素的影响

选控图只选择欲控系统因素加以控制,而对非控系统因素则不予反映。为了在选控图上除去非控系统因素的影响,在应用选控图时需要找出质量数据与非控系统因素之间的函数关系。为排除非控系统因素应按如下步骤计算。

(1) 求出质量数据与非控系统因素间的函数关系。在本例中,逾限张数 y 与通话张数 x 之间幂函数相关关系 $y=Ax^B$。A、B 两个参数值可通过回归分析的方法求得。回归方程为 $\hat{y}=0.007x^{1.573}$。

(2) 排除非控系统因素的影响。在本例中为排除业务量的影响,采用 $y_i - \hat{y}_i$,以得到由其他因素影响所产生的逾限张数。计算出的数值见表 4-4-3。

表 4-4-3 某长话局一个月的通话张数与逾限张数数据

N	x	y	x'	y'	$(x')^2$	$(y')^2$	$x'y'$	$\hat{y}$	x_{cs}	R
1	123	17	4.812	2.833	23.157	8.027	13.634	12.969	0.033	—
2	120	24	4.787	3.178	22.920	10.100	15.215	12.475	0.096	0.063
3	154	13	5.037	2.565	25.371	6.579	12.920	18.470	−0.036	0.132
4	77	4	4.344	1.386	18.869	1.922	6.022	6.208	−0.029	0.007
5	160	27	5.075	3.296	25.757	10.863	16.727	19.614	0.046	0.075
6	140	14	4.942	2.639	24.420	6.965	13.041	15.898	−0.014	0.060
7	141	9	4.949	2.197	24.490	4.828	10.876	16.077	−0.050	0.036
8	135	18	4.905	2.890	24.062	8.354	14.178	15.014	0.022	0.072
9	87	7	4.466	1.946	19.944	3.787	8.690	7.522	−0.006	0.028
10	143	16	4.963	2.773	24.630	7.687	13.760	16.437	−0.003	0.003
11	77	17	4.344	2.833	18.869	8.027	12.307	6.208	0.140	0.143
12	138	26	4.927	3.258	24.278	10.615	16.053	15.542	0.076	0.064
13	161	9	5.081	2.197	25.821	4.828	11.165	19.807	−0.067	0.143
14	142	25	4.956	3.219	24.560	10.361	15.952	16.257	0.062	0.129
15	159	21	5.069	3.045	25.694	9.269	15.432	19.422	0.010	0.052
16	136	19	4.913	2.944	24.134	8.670	14.465	15.190	0.028	0.018
17	174	20	5.159	2.996	26.616	8.974	15.455	22.381	−0.014	0.042
18	82	4	4.407	1.386	19.419	1.922	6.109	6.854	−0.035	0.021
19	160	30	5.075	3.401	25.757	11.568	17.262	19.614	0.065	0.100
20	161	27	5.081	3.296	25.821	10.863	16.747	19.807	0.045	0.020
21	129	34	4.860	3.526	23.618	12.435	17.137	13.978	0.155	0.110
22	134	17	4.898	2.833	23.989	8.027	13.877	14.840	0.016	0.139
23	147	7	4.990	1.946	24.904	3.787	9.711	17.166	−0.069	0.085
24	135	5	4.905	1.609	24.062	2.590	7.895	15.014	−0.074	0.005
25	101	5	4.615	1.609	21.299	2.590	7.428	9.512	−0.045	0.029
26	169	30	5.130	3.401	26.316	11.568	17.448	21.377	0.051	0.096
27	147	24	4.990	3.178	24.904	10.100	15.860	17.166	0.046	0.005
28	140	12	4.942	2.485	24.420	6.175	12.280	15.898	−0.028	0.074
29	150	12	5.011	2.485	25.106	6.175	12.451	17.721	−0.038	0.010
30	144	21	4.970	3.045	24.699	9.269	15.131	16.618	0.030	0.068
Σ	4066	514	146.603	80.397	717.905	226.923	395.223		0.415	1.837

3. 控制对象的实测值变换成选控值

排除了业务量的影响之后的逾限率为

$$x_{\mathrm{CS}} = \frac{y_i - \hat{y}_i}{x_i}$$

由此计算出的数据列于表 4-4-3 中。

4. 计算控制界限

x_{CS} 单值选控图的控制界限计算与 x 单值控制图类似。

选控图的控制界限为：

$$\mathrm{CL} = \overline{x}_{\mathrm{CS}}$$
$$\mathrm{UCL} = \overline{x}_{\mathrm{CS}} + E_2 \overline{R_{\mathrm{S}}}$$
$$\mathrm{LCL} = \overline{x}_{\mathrm{CS}} - E_2 \overline{R_{\mathrm{S}}}$$

式中，$\overline{x}_{\mathrm{CS}} = \dfrac{\sum x_{\mathrm{CS}}}{N} = \dfrac{0.415}{30} = 0.014$，$\overline{R}_{\mathrm{S}} = \dfrac{\sum R_{\mathrm{S}}}{N-1} = \dfrac{1.837}{29} = 0.063$。

查表 4-2-1，$E_2 = 2.66$，所以 x_{CS} 选控图的控制界限为：

$$\mathrm{UCL} = 0.014 + 2.66 \times 0.063 = 0.18$$
$$\mathrm{LCL} = 0.014 - 2.66 \times 0.063 = -0.15$$

R_{S} 控制图的控制界限为：

$$\mathrm{UCL}_R = D_4 \overline{R}_{\mathrm{S}} = 3.267 \times 0.063 = 0.206$$
$$\mathrm{LCL}_R = D_3 \overline{R}_{\mathrm{S}} = 0$$

5. 绘制 x_{CS}-R_{S} 控制图

根据前面计算的数值作出控制界限，并将逾限率 x_{CS} 和移差 R_{S} 作为质量特性数据，在控制图上打点，如图 4-4-4 所示。

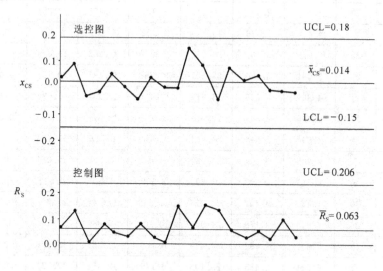

图 4-4-4　x_{CS}-R_{S} 选控图

在应用控制图时要注意，如果所控制的质量指标与非控系统因素相关，则需要用选控图；若二者不相关，则可不用选控图。从理论上看，非控系统因素是所控制的质量指标中的一个质量因素，如果它对质量指标的作用是显著的，那么二者应该是相关的。反之，如果二者不相关，这说明该非控系统因素对于所控制的质量指标的作用是不显著的，那也就没有必要排除其影响了。

第五节 控制图的观察分析与诊断

前面几节介绍了控制图的作图方法,实际工作中,不但要会画控制图,还要善于观察控制图,能够从中发现生产过程中有关质量、工序状态及作业情况的异常,分析其产生的原因并加以处理,才能真正发挥控制图的功效。

一、控制图的观察分析

所谓生产过程处于统计控制状态(简称控制状态),实质上是指生产过程仅受偶然因素的影响,不受系统因素的干扰。此时,产品质量特性数据的参数(平均值和标准偏差)基本上不随时间而变化(见图 4-5-1)。

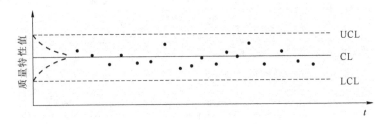

图 4-5-1 控制状态

判定生产过程处于控制状态的标准可归纳为两条:一是控制图上的点不超过控制界限;二是控制图上的点在排列分布上没有缺陷。

如果控制图满足以上两个条件,就可以判断生产过程是处于控制状态的。这时,控制图的控制界限可以作为对以后的生产过程进行控制所遵循的依据。

但是在生产过程中还会发生各种情况,下面将对以上两条作详细说明。

(一) 点子不超过控制界限

从控制图的基本原理中可知,在工序处于正常的状态下,仍有 0.27% 的质量特性数据将落在控制界限以外,根据这一点可以规定在下述情况下认为工序基本上处于控制状态:

(1) 连续 25 点以上位于界限内时;
(2) 连续 35 点中出现在界限外的点在 1 点以下时;
(3) 连续 100 点中出现在界限外的点在 2 点以下时。

用少量的数据作控制图容易产生错误的判断,所以规定至少 25 点以上连续处于控制界限内才能判断工序正常。如果点子很多,那么即使有个别点子出界,也可以看做生产过程处于正常状态,当 $n=35$ 时,最多有一点在控制界限外的概率为 99.59%,因此至少有两点在界限外的概率不超过 1%,为小概率事件;当 $n=100$ 时,最多有两点出界的概率为 99.73%,因此至少有 3 点在控制界限外的概率不超过 1%,也为小概率事件。根据小概率事件在一次试验中不会发生的原则,从而规定了细则(2)和(3)。对于这两种情况,虽然可判断生产过程处于控制状态,但就在控制界限外的点本身终究是异常点,需要密切注意,并追查原因加以处理。

(二) 点子排列分布上的缺陷

处于真正控制状态的控制图,点的分布完全是随机性的,即出现在中心线上方与下方的点数大体相同,越接近中心线的点数越多,随着对中心线的远离,点数逐渐减少。处于完全控制状态的工序,控制图上几乎没有飞出界外的点,如果点都在控制界限内,但点的排列呈现非随机状态,出现特殊的排列状态时,则表示工序发生了问题或有异常因素存在。所以点在界限内时,也要看点的排列是否正常来判断生产是否正常。

以下五种情况属于点在排列分布上有缺陷。

1. 链

点连续出现在中心线的某一侧称为"链"。链的长度用链内所含点数的多少来判别。当出现 5 点链时,应注意发展情况,检查操作方法有无异常;当出现 6 点链时,应开始调查原因;当出现 7 点链时,判定为有异常,应采取措施(参见图 4-5-2)。

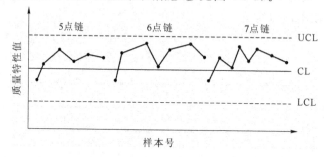

图 4-5-2　点在中心线一侧出现的链

在中心线上侧接连出现 7 个点的概率为:$\left(\dfrac{0.9973}{2}\right)^7 = 0.00767$。同样,出现在中心线下侧接连 7 个点的概率仍为:$\left(\dfrac{0.9973}{2}\right)^7 = 0.00767$,所以在中心线任一侧出现 7 个点的概率为:$0.00767 + 0.00767 = 1.53\%$。即出现链长为 7 点的事件是一个小概率事件,如果出现,可判定生产中出现了异常。

2. 单调链

若干个点连续上升或下降时,这些点所连成的折线称为单调链。当出现连续 5 点不断上升或下降的趋向时,要注意该工序的动向;当出现连续 6 点不断上升或下降的趋向时,要开始调查原因;当出现连续 7 点不断上升或下降的趋向时,应判断为异常,需要采取措施,见图 4-5-3。

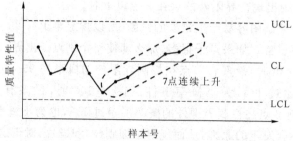

图 4-5-3　单调链

一般出现 n 点单调链的概率 P_n 为 $\frac{2}{n!}$，当 $n=5$ 时，$P_5=\frac{1}{60}$；当 $n=6$ 时，$P_6=\frac{1}{360}$；当 $n=7$ 时，$P_7=\frac{1}{2\,520}$，即出现 7 点单调链的概率小于 0.1%。

另外，有时虽然相邻点有上有下，但从整体上观察显示出上升或下降的趋势，这称为广义单调链，它反映了生产过程平均值的逐渐上升或下降的趋势。这时，应从技术上研究生产过程平均值变化的性质，以便判别生产过程是否处于异常状态。

由图 4-5-4 可见，出现链及单调链，可能是由于 μ 连续发生变化所致。

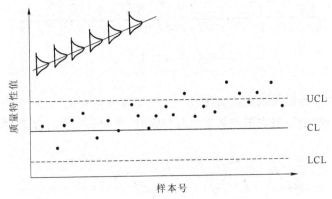

图 4-5-4　μ 连续发生变化导致出现链及单调链

3. 偏离

点在中心线某一侧频繁出现的现象称为偏离。如图 4-5-5 所示，如有下列 4 种情况之一出现时，就可以判断生产工序处于异常状态：

(1) 连续 11 点中至少有 10 点在中心线同一侧；
(2) 连续 14 点中至少有 12 点在中心线同一侧；
(3) 连续 17 点中至少有 14 点在中心线同一侧；
(4) 连续 20 点中至少有 16 点在中心线同一侧。

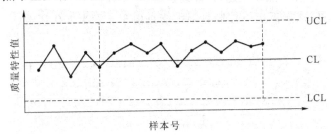

图 4-5-5　偏离

连续 n 个点中至少有 k 个点在中心线同一侧的概率为

$$p_k = 2\sum_{i=k}^{n} b\left(n, \frac{1}{2}\right)$$

经过计算结果如下：

$n=11$,　　　　$k=10$ 时,　　　　$p=0.011\,4$
$n=14$,　　　　$k=12$ 时,　　　　$p=0.013\,0$

$n=20$, $k=16$ 时, $p=0.0118$

它们都接近 1%，是小概率事件。如果发生可判断生产过程异常。

由图 4-5-6 可见，点在中心线某一侧频繁出现，可能是由于 μ 发生变化所致。

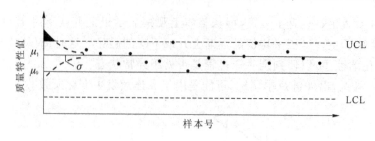

图 4-5-6 μ 发生变化

4．接近

点接近上下控制界限的现象称为接近。从控制状态的分布来看，点出现在控制界限附近的概率较小，所以，当有较多的点靠近控制界限时，应判断生产有异常，见图 4-5-7。

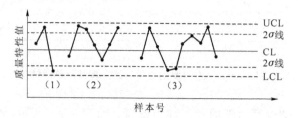

图 4-5-7 接近

具体有以下判断标准：

(1) 连续 3 点中有 2 点以上超过 2σ 线；
(2) 连续 7 点中有 3 点以上超过 2σ 线；
(3) 连续 10 点中有 4 点以上超过 2σ 线。

由图 4-5-8 可见，点接近上下控制界限可能是由于 σ 发生变化所致。

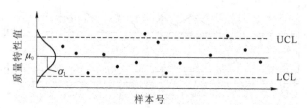

图 4-5-8 σ 发生变化

因为点子落在 $\mu \pm 2\sigma$ 线以外的概率为 $P_0 = 4.55\%$，而

$$\sum_{i=2}^{3} b(3, P_0) = 0.0073$$

$$\sum_{i=2}^{7} b(7, P_0) = 0.0038$$

它们均小于 1%，是小概率事件。一般，对于 x 控制图，若上下均有超过 2σ 线的点，则表示

散差增大,而仅有一方超过 2σ 线,则表示 $\bar{x}$ 值有变化。

5. 周期

点的上升或下降呈现明显的一定间隔时称为周期。周期包括呈阶梯状周期变动、波状周期变动、大小波动及合成波动等情况,如图 4-5-9 所示。

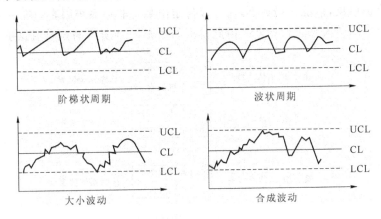

图 4-5-9 周期

点虽然在控制界限内,如果点的排列出现周期性变动,也说明生产中有异常情况。

二、控制图的诊断

(一) 控制图诊断的概念

在休哈特控制图中,当抽样在控制图打点出界告警时,只表明生产过程存在系统因素,生产过程异常,而不能具体指出是哪一个系统因素造成的异常,故告警后还要进一步找出告警的原因。换句话说,休哈特控制图只能告警,不能诊断。

若把休哈特控制图与选控图联合使用,则能解决上述诊断问题,具体地指出控制图告警的原因。这就是控制图诊断的概念。控制图的诊断作用主要是由选控图的选控作用产生的。

(二) 控制图诊断的原理

设在生产过程中共有 n 个系统因素 $x_1, x_2, \cdots, x_n$。休哈特控制图对所有系统因素都加以控制,只要有一个系统因素发生,休哈特控制图都会告警,因此休哈特控制图被称为全控图。选控图则不同,它只选择部分系统因素加以控制,而对其他非控系统因素不予反映,如果是单因素选控图,则是只除去了一个非控系统因素,其余的系统因素都是欲控的。

联合运用一组对应的休哈特图与单因素选控图,例如,x(单值)控制图与 x_{CS}(选控单值)控制图,根据休哈特图与单因素选控图是否告警可以分为以下 4 种情况。

情况一 休哈特图告警,选控图未告警。说明没有欲控系统因素发生。二者结合,可以断定是非控系统因素发生了。

情况二 休哈特图未告警,选控图告警。控制图是控制所有系统因素的,它没有告警,而选控图只控制部分系统因素却告警了,二者矛盾,故在理论上是不存在的。但在实际工作中,下列原因可能造成休哈特图未告警:(1)由于非控系统因素与欲控系统因素对产品质量的影响相反,互相抵消,从而造成休哈特图对欲控因素的漏报;(2)数据不准确。

情况三 两图同时告警,选控图告警表示有欲控系统发生,对应的休哈特图告警则有两种可能:(1)表示同一欲控系统因素发生;(2)除上述欲控系统因素外,还存在非控系统因素。

情况四 两图都未告警,表示既无欲控系统因素也无非控系统因素发生,生产过程正常。

从上述分析可见,情况一最典型,它可以肯定出某一非控系统因素的唯一存在。可以应用情况一的控制图模式来进行诊断。由此得出如图 4-5-10 所示的控制图诊断系统。

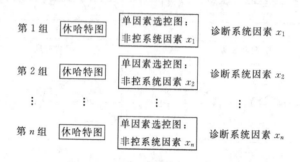

图 4-5-10 控制图诊断系统

从理论上讲,应用这样的控制图诊断系统能够对任何一个系统因素的发生与否进行诊断。但在实际中,由于掌握的统计资料的限制,通常只能对常见的系统因素进行诊断。

复习思考题

1. 常用的计量值控制图是什么?它们各有什么用途?
2. $\bar{x}$ 控制图和 x 单值控制图比较其优点是什么?
3. $\bar{x}$ 控制图和 $\tilde{x}$ 控制图的异同点是什么?
4. 极差 R 控制图的作用是什么?
5. 常用的计数值控制图有哪几种?
6. 不合格品率控制图的数学期望和标准偏差分别是什么?这种图形有何缺点?在运用时应注意哪些问题?
7. 不合格品数控制图的数学期望与标准偏差是什么?这种图常用于什么场合?
8. c 控制图和 u 控制图的运用条件是什么?
9. 什么是通用控制图?其优点是什么?
10. 什么是选控图?它可以应用在哪些场合?选控图的基本原理是什么?选控图有哪些?和休哈特图的关系如何?
11. 什么是控制状态?什么是非控制状态?
12. 控制界限内的点在哪几种情况下判为非控制状态?
13. 控制图诊断的原理是什么?
14. 技术维护中常用何种控制图?受控纠正型维护方式的优点是什么?

练习题

1. 已知某药厂10天内某种药品碱的单耗数据如下表，试画出 x-R_s 控制图的轮廓线（保留2位小数）。

子样号	1	2	3	4	5	6	7	8	9	10
X	80	93	73	91	75	70	110	97	78	104

2. 市局某条市内邮路日趟次4次，要求每次时限不得超过2.5小时，现收集了6天的数据，如下表，试画出 $\bar{x}$-R 控制图的轮廓线（保留2位小数）。

日期 趟次	1	2	3	4	5	6
1	2.4	1.6	2.0	2.1	1.9	2.1
2	2.0	2.3	2.2	2.2	2.0	2.0
3	2.0	2.0	1.8	1.9	1.9	1.9
4	2.4	2.1	2.0	1.8	1.8	2.0

3. 某厂收集到某种产品的质量数据如下表，试画出 $\tilde{x}$-R 控制图的轮廓线（保留2位小数）。

日期 样本	1	2	3	4	5	6
1	2.4	1.6	2.0	2.1	1.9	2.2
2	2.0	2.3	2.2	2.2	2.0	2.0
3	2.0	2.0	1.8	1.9	1.9	1.9
4	2.2	1.9	2.4	1.9	2.3	1.8
5	2.4	2.1	2.0	1.8	1.8	2.0

4. 某半导体厂进行产品检验，每天抽取100个样本，经10天得到以下数据，试画出 pn 图的轮廓线（保留2位小数）。

第 n 天	1	2	3	4	5	6	7	8	9	10
不合格品数	4	7	5	2	5	3	4	3	6	1

5. 某厂对产品质量进行检查，经过20天得到以下数据，试画出 p 图的轮廓线（保留4位小数）。

样品数	630	430	808	780	703	814	822	600	709	760
差错数	8	7	12	6	6	8	8	11	5	
样品数	810	798	813	420	818	503	581	464	807	595
差错数	11	7	9	6	7	10	8	4	11	7

6. 某车身油漆表面缺陷数见下表,试画出 c 图的轮廓线(保留2位小数)。

车号	1	2	3	4	5	6	7	8	9	10
缺陷数	3	8	6	6	2	3	5	3	8	4

7. 某零件表面缺陷数见下表,试画出 u 图的轮廓线(保留2位小数)。

样本量	1.5	1.5	1.5	1.5	1.5	2	2	2	2	2
缺陷数	4	6	5	4	3	6	4	7	5	8

8. 某长话局现收集了10天的数据,如下表,已求得其回归方程为 $\hat{y} = 0.0067 \times x_i^{1.573}$。以此回归方程为基础,画出排除了业务量影响的逾限率控制图的轮廓线(保留4位有效数字)。

x	123	120	154	77	160	140	141	135	87	143
y	17	24	13	4	27	14	9	18	7	16
$\hat{y}$	12.97	12.48	18.47	6.21	19.61	15.90	16.08	15.01	7.52	16.44

第五章 其他质量控制工具

学习目标

【知识目标】
- ◆ 掌握措施表的作用及用法
- ◆ 掌握 PDCA 循环的内容、用法
- ◆ 理解过程能力的概念及过程能力分析的方法
- ◆ 了解关联图等其他质量控制工具
- ◆ 了解 6σ 管理的含义及基本内容

【能力目标】
- ◆ 能够根据实际情况及需要解决的问题编制措施表
- ◆ 学会运用 PDCA 循环组织、规范企业的质量管理活动
- ◆ 能够说明过程能力,能够计算过程能力指数
- ◆ 知道关联图等其他质量控制工具
- ◆ 知道 6σ 管理方法的含义及基本管理模式

第一节 措施表

措施表也称措施计划表或对策表,是针对存在的质量问题制定解决对策的质量管理工具。利用"排列图"找到了主要的质量问题(即主要矛盾),但问题并未迎刃而解,再通过因果图找到了产生主要问题的主要原因,问题还是依然存在。为彻底解决问题,就应求助措施表了。下面的措施表(见表 5-1-1)是在利用因果图(见图 5-1-1)分析之后,针对存在的问题作出的。

表 5-1-1 措施表

序号	存在问题	措　施	责 任 者	实施日期
1	责任心不强	开展对稳定传输质量的教育	组　长	3月3日
2	操作不当	学习操作程序,操作技能提高	组员二名	3月3日
3	元件缺乏	去函派员到厂家购买	组员一名	3月中旬

续表

序号	存在问题	措 施	责 任 者	实施日期
4	配合不当	(1) 加强电路小组活动 (2) 派员出巡	包机电路组长	3月底 5月、6月
5	仪表误差	选用新型测试仪器	包机电路组长	每月一次
6	维修与操作	(1) 每月用示波器、频率计校正一次导频频率 (2) 加强步位计、电键开关塞孔检查 (3) 经常保持热敏电阻加热电流在规定范围内的变化 (4) 加强功放扩张管检查 (5) 保持"人工加热"步位和告警正常 (6) 加强监视导频电子	各包机人员分别负责	

显然该表是针对主要原因而制定。与一般官样文章式的计划大不一样,它简明扼要,将工作项目、责任者、工作质量标准和完成期限四大要素列入表中,便于执行、检查评估和纠正。

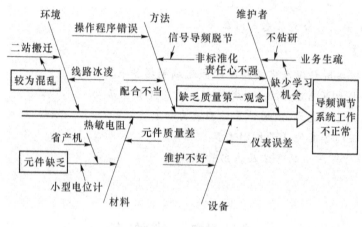

图 5-1-1 因果图

第二节 PDCA 循环

企业中无时无刻不在进行大量的管理活动,有许多活动是重复发生的,把这些重复出现的管理活动按照客观规律和要求分类归纳,变为例行工作,这就是管理业务标准化,它可以简化管理工作,收到效率高、运转快、质量好的效果。

现在介绍的 PDCA 循环就是质量管理业务标准化的一种方式,也是全面质量管理的基本活动方法。PDCA 循环的概念最早是由美国质量管理专家戴明提出的,所以又称"戴明环"。

一、PDCA 循环的四个阶段

做任何工作,一般都是要先有个设想,然后根据设想去工作。在工作进行中或工作到一个阶段后,还要把工作结果与原来的设想进行对比,也就是检查。然后再用检查的结果来改进工作或修改原来的设想。这就是做工作的一般规律,即计划(Plan)、执行(Do)、检查(Check)、处理(Action),它反映了做工作必须经过的四个阶段。这四个阶段循环不断地进行下去,故称它为 PDCA 循环。

PDCA 循环在四个阶段的基本工作内容如下。

P 阶段　　就是要适应顾客的要求,以社会经济效益为目标,通过市场研究,制定技术经济指标,研制、设计质量目标,确定达到这些目标的具体措施和方法。这是计划阶段。

D 阶段　　就是要按照已制定的计划和设计内容,扎扎实实地去做,以实现设计质量。这是执行阶段。

C 阶段　　就是对照计划和设计内容,检查执行的情况和效果,及时发现计划和设计过程中的经验和问题。这是检查阶段。

A 阶段　　就是把成功的经验加以肯定,变成标准(把失败的教训也加以总结,避免下次再犯),巩固成绩,克服缺点,吸取教训,以利再战。而没有解决的问题则转入下一个循环。这是总结阶段。

二、PDCA 循环的特点

PDCA 管理循环,是全面质量管理工作的思想方法和科学程序,它在循环运转过程中具有如下特点。

(1) 大环套小环,小环保大环,互相促进,推动大循环(见图 5-2-1)。PDCA 循环作为企业管理的一种科学方法,适用于企业各个环节、各个方面的质量管理工作。整个企业构成一个大的质量管理循环,而各部门、各级管理层又有各自的 PDCA 小循环,依次又有更小的 PDCA 循环,直至落实到个人。大小循环转动不已,从而形成一个大环套小环的综合循环体系。这时大环套小环的关系,主要是通过质量计划指标连接起来的,上一级循环是下一级循环的根据,下一级循环又是上一级循环的组成部分和具体保证。通过各个小循环的

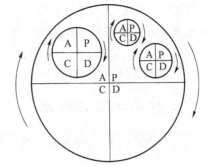

图 5-2-1　PDCA 循环是大环套小环互相促进的一个整体

不断转动,推动上一级循环以至整个企业循环的不停转动,从而把企业的各方面质量工作有机地结合起来,纳入统一的全面质量管理体系,实现总的质量目标。因此,管理循环的转动,不是个人的力量,而是组织的力量、集体的力量,是整个企业全员推动的结果。

例如某分公司根据总公司的 PDCA 质量计划制定该分公司的质量指标计划,这就是分公司的质量工作的 PDCA 物质循环的 P,接着是分厂、车间、班组,然后落实到个人。这样,把企业各项工作通过循环有机结合起来,彼此协调,互相促进。

(2) PDCA 循环是爬楼梯上升式的循环,每转动一周,质量就提高一步(见图 5-2-2)。PDCA 的四个阶段周而复始不停地转动,而每一次转动都有新的内容与目标。每循环一次,就意味着前进了一步。在质量管理上,经过一次循环,就意味着解决了一批质量问题,质量水平就有了新的提高。

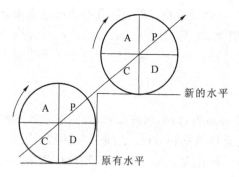

图 5-2-2　PDCA 循环是爬楼梯上升式的循环

(3) PDCA 循环是综合性的循环。全面质量管理的四个阶段是相对的，它们之间不是截然分开，而是紧密衔接、交叉存在的。在实际管理工作中，各方面管理的计划、执行、检查、处理同时交错进行的情况是常有的。因此，全面质量管理过程实际上是一个纵横交错、综合循环发展的过程。

(4) 推动 PDCA 循环的关键是"处理"阶段。"处理"是 PDCA 循环中的最后一个阶段，就是总结经验，肯定成绩，纠正错误，以利再战。这是 PDCA 循环所以能上升、前进的关键。如果只有前三个阶段，而没有将成功的经验和失败的教训纳入有关标准、制度和规定之中，就不能巩固成绩，吸取教训，也就不能防止同类问题的再度发生。因此，推动 PDCA 循环，一定要始终如一地抓好总结这个阶段。

PDCA 循环，由于处理方法不同，其后果也不一样。一种处理方法是通过开总结会，把这些经验和教训落实在纸上——干部的小本子或者是某个总结报告上。另一种处理方法是把成绩和教训中的主要内容，加以标准化、制度化，落实到企业或生产科室内部的规章制度上或操作规程上。两种处理方式出现不同的结果。前者落实在小本子或者总结报告上，这是个没有约束力的东西，想贯彻就贯彻，不想贯彻就不贯彻，干部调动，小本丢失，一切就完了。质量的老问题又会重新出现，质量指标原地踏步，更谈不上提高。后者由于成绩和错误都落实在企业或生产科室内部的规章制度上，或操作规程上，对有关生产人员有约束力，大家都按规章办事，就成了行动的指南，即使新来人员也是一样，都可避免重犯影响质量的老错误，这样就可以使点滴经验逐步积累起来，质量得到稳步提高。

三、解决和改进质量问题的八个步骤

为了解决和改进质量状况，通常把 PDCA 循环的四个阶段进一步具体化分为八个步骤。

(1) 分析现状，找出存在的质量问题。对于存在的质量问题，要尽可能用数据加以说明。在分析现状时，切忌"没有问题"、"质量很好"的自满情绪。在发现问题后，要向自己提出三个问题：①这项工作可否不做？②这项工作能否同其他工作结合起来做？③这项工作能否用最简单的方法去做，而又能达到预定的目的？

(2) 分析产生质量问题的各种原因或影响因素。注意要逐个问题、逐个影响因素详加分析，切忌主观、笼统和粗枝大叶。

(3) 找出影响质量的主要因素。由于影响质量的因素往往是多方面的，从大的方面来看，可以有操作者、机器设备、检测工具、原材料、操作与工艺方法以及环境条件等方面的影响因素。从小的方面来看，每项大的影响因素中又包含许多小的影响因素，要想解决质量问题，就要在许多影响因素中，全力找出主要影响因素，以便从主要影响因素入手，解决质量问题。

(4) 针对质量问题的主要因素，制定措施，提出行动计划，并预计效果，措施和活动计划应该具体、明确。一般应明确：为什么要制定这一措施或计划，预期达到什么目标，在哪里执

行这一措施或计划,由哪个单位、谁来执行,何时开始,何时完成,如何执行,等等。

(以上四个步骤就是"计划"(P)阶段的具体化)

(5) 按照既定的计划执行措施,即"执行"(D)阶段。

(6) 检查,就是根据活动计划的要求,检查实际执行的结果,看是否达到了预期的效果,即"检查"(C)阶段。

(7) 总结经验。根据检查的结果进行总结,把成功的经验和失败的教训都纳入有关的标准制度和规定之中,巩固已经取得的成绩,同时防止重蹈覆辙。

(8) 提出这一循环尚未解决的问题,把它们转到下一个 PDCA 循环中去。

(第7、8两个步骤,是"处理"(A)阶段的具体化)

在这八个步骤中,需要利用大量的数据和资料,才能作出科学的判断,对症下药,如何收集和整理数据?那就要综合利用各种质量管理的方法和工具。表 5-2-1 就是把 PDCA 的四个阶段、八个步骤和几种工具之间的大致关系,用图表的形式加以表示。

表 5-2-1　PDCA 循环四个阶段、八个步骤和几种工具之间的大致关系

阶段	步骤	方法	阶段	步骤	方法
P 阶段	1. 分析现状,找出质量问题	排列图法 直方图法 控制图法 工序能力分析 KJ 法 矩阵图法	D 阶段	5. 执行措施计划	系统图法 矢线图法 矩阵图法 过程决策程序图法
	2. 分析产生质量问题的原因	因果图法 关联图法 矩阵数据分析法 散布图法	C 阶段	6. 调查效果	排列图法 控制图法 系统图法 过程决策 程序图法 检查表 抽样检验
	3. 找出影响质量问题的主要因素	排列图法 散布图法 关联图法 系统图法 矩阵图地 KJ 法 实验设计法	A 阶段	7. 总结经验,巩固成果	标准化 制度化 KJ 法
	4. 制定措施计划	目标管理 关联图法 系统图法 矢线图法 过程决策 程序图法		8. 提出尚未解决的问题	转入下一个 PDCA 循环

四、PDCA 循环应用实例

提高某市因特网用户的数据生成准确率(生成用户数据指在用户到电信营业厅办理开户或数据修改等手续 24 小时内,将新的数据写入系统数据库)。

(一) 现状调查

1999 年 4 至 8 月各月生成的 163 用户数据见表 5-2-2。

表 5-2-2　163 用户数据

指　标	4月	5月	6月	7月	8月	合计
生成用户数	672	328	1 203	1 574	3 287	7 064
数据差错数	7	5	6	6	13	37
数据准确率(%)	98.96	98.47	99.50	99.62	99.60	99.48

从表 5-2-2 中可以看到这 5 个月的 163 平均用户数据生成准确率仅为 99.48%。其中的差错导致了数据局端的系统数据库和号线端的工单资料库出现不一致，月底计费中心就会产生出无主话单(即生成了计费信息却不知道向谁收缴)，这对企业利益造成了损害。而用户方面，也会因无法上网提出申告，对电信服务质量产生质疑，直接影响了电信企业的社会形象。

（二）目标分析

针对现状调查统计中的数据，再结合其他各省市当前水平，计划以 163 用户数据生成准确率达到 99.99% 作为设计目标值，初步计划完成时间是 2000 年 2 月。

下面简单分析其可行性：

（1）可以与相关部门协调，规范数据工单流程，提供管理保障；

（2）可以建立方便的工单查询系统，为今后准确的修改用户数据提供保障；

（3）可以编写程序定期比较数据库和工单库，实现由计算机自动查错；

（4）可以升级系统管理软件，提高系统稳定性和扩展性；

（5）维护部领导和机房的同志愿在技术实现上给予帮助。

（三）原因分析

由于目标值设定较高——接近 100%，所以不是仅通过解决某一方面或少数几方面问题就可以达到的。对此采用了直接列出所有原因来讨论其可能性的分析方法。通过总结历史经验及分析，找出可能导致 163 用户数据错误的原因如下。

（1）管理上，163 用户数据的修改要求来源很杂，包括有营业窗口，局内其他各部门甚至用户本人，形式上有工单、业务令和传真等，按正常渠道还要经过账务中心建账，最终才到数据机房。这其中只要一环出错就必然造成了用户数据的差错。

（2）环境上，一方面，缺少方便的工单查询系统，无法快速直接地查找到历史工单，这样就有可能出现要对数据进行修改时无法确认其原始数据，造成修改错误；另一方面，随着业务的进一步发展，工单量还将逐月增大，对数据录入人员来说时间紧迫、工作量大，加大了保证准确率的难度。

（3）人员上，维护班人员有限，没有专人负责输入工单，有可能出现交接班数据遗漏的情况。

（4）设备上，由于用户管理软件版本较低，当连续输入大批量数据时容易产生数据丢失。另外，设备未提供自动核查数据软件，不能及时发现错误。

综合上述分析，作因果图(见图 5-2-3)。

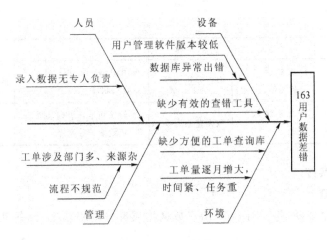

图 5-2-3 因果图

(四) 要因确认

在上面的原因分析中,一共列举出六条可能存在的原因,但这些原因对质量问题的影响并非一样,为了抓住其中的主要矛盾,也为了便于采取改进措施,有必要确定要因。将现状调查中统计的差错数据按因果图中列举的原因,按项目分层确定要因(见表5-2-3)。

表 5-2-3 要因确认

序号	项目	差错	差错率(%)	确认
1	工单管理流程不规范	18	48.6	是要因
2	缺少方便的工单查询软件	5	13.5	是要因
3	工单量逐月增大	—	—	不可控
4	录入数据无专人负责	0	0	非要因
5	缺少有效的检查工具	8	21.6	是要因
6	用户管理软件版本较低	6	16.2	是要因

注:工单量逐月增大所造成的数据差错无法统计。

最终确立四条要因:(1)工单管理流程不规范;(2)缺少方便的工单查询软件;(3)缺少有效的检查工具;(4)用户管理软件版本较低。

(五) 制定对策

对策表见表 5-2-4。

表 5-2-4 对策表

序号	项目	对策	目标	措施	执行人	完成时间
1	工单管理流程不规范	制定新流程,形成制度	数据差错降至万分之一	在新流程中补充规定所有数据修改只能走经号线室形成的标准工单一条渠道	薛莹 李立	10月
2	缺少方便的工单查询系统	在局域网上建立工单查询主页,让操作员随时上网查询历史工单记录	数据差错为零	在局域网上设置服务器、建立查询主页,编写程序每天将工单库数据刷新到主页上	薛莹	11月

续表

序号	项目	对策	目标	措施	执行人	完成时间
3	缺少有效的查错工具	开发数据库自动核对软件	数据差错为零	利用 PowerBuilder 编程开发查错软件	薛莹 冉松	12月
4	用户管理软件版本较低	升级系统软件版本	数据差错为零	1. 软件版本升级到某版 2. 定期维护数据库	薛莹	1月

（六）对策的实施

（七）效果检查

1999年9月至2000年2月,163用户数据生成准确率稳步上升,每实施一项措施都收到了显著的成效:

- 1999年10月制定规范化工单管理流程后,由此原因造成的数据差错降为0;
- 11月开发了网上工单查询系统后,修改用户数据再未出现差错;
- 12月开发出数据工单自动核对程序后,在考核时限内,所有用户数据生成及修改均未出现差错;
- 2000年1月升级系统管理软件后,数据库再未出现数据丢失的情况。
- 数据生成准确率已上升到了99.82%,而自从进入2000年以来,163用户数据生成准确率更是达到了100%(见表5-2-5)。

表 5-2-5 163用户数据(2)

月份 项目	1999年9月	1999年10月	1999年11月	1999年12月	2000年1月	2000年2月
生成用户数	2 884	4 024	4 572	3 786	3 752	3 409
数据差错数	14	16	8	4	0	0
数据准确率(%)	99.52	99.60	99.82	99.90	100	100

（八）巩固措施

为了巩固已经取得的成绩,采取了下列相应的巩固措施:

(1) 将规范化后的工单流程制度化;

(2) 规定以网上工单库作为今后工单查询的标准;

(3) 规定操作人员每天运用数据工单核对程序检查生成的用户数据;

(4) 把填写"数据系统维护日志"情况纳入对操作员的日常考核。

第三节 过程能力分析

产品质量是由企业各项工作质量和生产过程中的质量决定的。虽然不同企业的产品千差万别,生产过程各不相同,但它们都有一个共同特点:都是由一道一道的工序加工、生产出来的,而生产过程中每个环节的质量都会影响产品质量。因此加强对企业生产过程质量的控制成为质量管理的重要内容。

在制造过程中,产品质量要受到人、材料、设备(工具)、操作方法、操作环境、检验方法等六大因素的影响。因此,对制造过程中的质量状况进行调查分析和评价,并实施过程质量控制是提高产品质量的基础。

过程质量控制是为把产品质量特性值控制在一定范围内,使过程质量长期处于稳定状态而展开的作业技术和活动,其作用是保证产品质量特性值的合格率接近100%。

过程质量控制有三种类型,即人工生产型(靠操作者自己控制)、半自动控制型(人工和自动化相结合控制)和自动化控制型(生产过程由电子计算机监控)。在过程控制中,自动化程度越高,过程质量保证程度越高,人为的影响因素越小。所以用计算机进行过程质量控制是质量管理的发展方向。

一、过程能力(工序能力)

(一)过程能力的概念

过程能力,是指在一定时间内,构成过程的六大要素(人、设备、材料、方法、环境、检验方法)处于控制状态(稳定状态)下,均有使自己生产的产品达到一定质量水平的能力,它反映了过程的实际加工能力,用符号 B 表示。

由于生产过程中的各要素存在着波动性,任何一个过程生产出来的产品,其质量特性值总是存在着一定差异,即产品质量特征值总是分散的,如果过程能力越高,产品质量特征值的分散就越小;反之,如果过程能力越低,产品质量特征值的分散就越大。那么用一个什么样的量来描述加工过程造成的总分散呢?一般用6倍的标准偏差,即6σ来描述,即

$$B = 6\sigma$$

为什么用6σ来描述过程能力呢?当生产过程处于控制状态时,在$\mu \pm 3\sigma$的范围内包括了99.73%的产品,也就是说,几乎包括了全部产品。但是为什么不把范围取得更大一些呢?比如取$\mu \pm 4\sigma$或取$\mu \pm 5\sigma$。当然,这样做又会更全面些,因为在$\mu \pm 4\sigma$范围内可包括全部产品的99.994%,在$\mu \pm 5\sigma$范围内可包括全部产品的99.9994%。

事实上从6σ的范围增加到8σ或10σ的范围,包括的产品比例增加得很小,从经济角度来看,效果是不好的。因此一般都用6σ来表示工序能力,这样,可以兼顾到全面性和经济性这两个方面。

【例 5-3-1】 设分拣工序的平均处理时长$\mu = 50.24$分,标准偏差$\sigma = 5.19$分,因此该分拣工序的过程能力是:

$$6\sigma = 6 \times 5.19 = 31.14(分)$$

即分拣工序分拣该车次的最短处理时长

$$\mu - 3\sigma = 50.24 - 3 \times 5.19 = 34.67(分)$$

最长处理时长

$$\mu + 3\sigma = 50.24 + 3 \times 5.19 = 65.81(分)$$

该分拣工序分拣该车次信件的处理时长是在34.67~65.81分钟时间内波动,分拣处理时长的波动范围,称为分拣工序的过程能力,如图5-3-1所示。

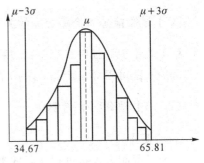

图 5-3-1 过程能力

（二）过程能力的测定方法

1. 直接测量产品法

直接测量产品法是通过测量某工序生产出的产品（零件）的特性值，计算该工序的过程能力。这是应用较广泛的一种方法。

2. 间接测量法

间接测量法是对影响工序进行的因素中的主要特征值进行测量的方法。比如用量具、量仪检查工装或设备是否达到规定的精度要求。

3. 差错分析法

差错分析法用于分析工序中人的因素（包括工人和管理人员）对过程能力的保证程度。从差错出现的频次和分析差错的情况，可以达到调查过程能力的目的。

4. 分析工序因素对产品质量特性值影响的相关关系

通过对收集的数据进行分析，找出工序因素的变化和产品（零件）特征值变化的关系，从而判断过程能力对产品质量的保证程度。此方法较麻烦，需要技术人员和质量人员共同配合来完成。

（三）影响过程能力的因素及过程能力的用途

影响过程能力的因素主要如下。

（1）操作人员。操作人员的情绪、技术水平、质量意识，都会影响过程能力。

（2）设备。机器、辅助装置、模具的精度会影响过程能力。

（3）材料。加工成产品的原材料和辅助材料的性能会影响过程能力。

（4）方法。加工工艺流程和操作方法是否合理直接影响过程能力。

（5）环境。加工现场的环境，如合适的温度、光线、整齐、清洁的场所等会影响过程能力。

（6）检测。检测仪器和工具精度及稳定性会影响过程能力。

过程能力的用途（作用）：

（1）根据过程能力大小，选择合理的加工方案；

（2）选择经济合理的设备（机床），有些企业甚至在购买新机床时都明确提出对过程能力大小的要求；

（3）根据每道工序过程能力大小，工艺人员在制定工艺时可以更合理地确定该道工序的加工余量和定位基准。

（四）过程能力和产品公差的关系（见图 5-3-2）

对于处于统计控制状态下的过程，可将它的 6σ 值和产品公差范围比较，看它们之间的差别、关系，还可以算出产品（零件）的不合格品率。

二、过程能力指数

（一）概念

由于过程能力仅指过程实际的加工能力或加工精度，即只能说明过程能达到的质量水平，不能说明这一水平是否满足该过程技术要求的程度，因此，在此引入过程能力指数这一概念。

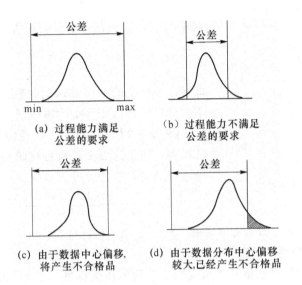

(a) 过程能力满足公差的要求
(b) 过程能力不满足公差的要求
(c) 由于数据中心偏移,将产生不合格品
(d) 由于数据分布中心偏移较大,已经产生不合格品

图 5-3-2 过程能力与产品公差的关系

过程能力指数是指过程能力能够满足公差(质量标准)要求的程度,它等于公差与过程能力的比值,用 C_p 表示。

过程能力满足公差要求的程度的大小,分为下列几种情况(见图5-3-3)。

1. 过程能力指数等于1

过程能力指数等于1,即 $C_p=1$,意味着过程能力恰好满足公差要求。在这种情况下,当质量特性值分布的平均数稍有变化或标准偏差稍微增大,都会产生不合格品。

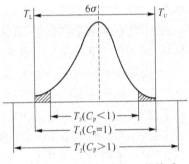

图 5-3-3 C_p 值与公差 T 的关系

2. 过程能力指数大于1

过程能力指数大于1,即 $C_p>1$,表示该过程能力能够充分满足要求,即使过程质量分布的平均数或过程质量标准偏差稍微变化增大,也不至于产生不合格品,此时产品质量有保证。一般当 $C_p=1.33$ 时称为理想情况。

3. 过程能力指数小于1

$C_p<1$,即公差范围小于 6σ,表明过程能力不能满足公差要求。这时必须采取措施,提高过程能力,缩小过程质量分布的标准偏差,否则会产生不合格品。

(二) 过程能力指数的计算

1. 质量数据分布中心与标准规格(公差)中心重合的情况

这是一种比较理想的情况(如图5-3-4所示)。

这时可用下面的公式来计算过程能力指数:

$$C_p = \frac{T}{6\sigma} = \frac{T_U - T_L}{6\sigma}$$

式中,T 为公差范围,T_U 为上偏差(公差上限),T_L 为下偏差(公差下限)。

由于在实际问题中分布的参数往往是未知的,为此常用估计值代替。如果从总体中抽

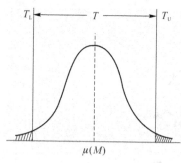

图 5-3-4 分布中心与规格中心重合

取样本 $x_1, x_2, \cdots, x_n$,则它们的估计值为：
$$\mu = \overline{x}$$
$$\sigma = s$$

即可以用样本的平均数($\overline{x}$)代替总体的平均数(μ),用样本的标准偏差(s)代替总体的标准偏差(σ)来进行计算。

【**例 5-3-2**】 车床加工某零件的尺寸公差为 $\phi^{-0.10}_{-0.05}$,从该零件加工过程中随机抽样求得标准偏差为 0.005 2,则过程能力指数(C_p)等于多少？

$$C_p = \frac{T}{6\sigma} = \frac{-0.05-(-0.10)}{6 \times 0.005\,2} = \frac{0.05}{0.031\,2} \approx 1.6$$

2. 质量数据分布中心与标准规格(公差)中心偏离的情况

(1) 给出单侧公差的情况

在这种情况下,只对质量特性值规定了单侧的质量标准。例如,对于强度、寿命等质量特性只规定了下限质量标准,比如规定某绝缘材料的击穿电压的下限标准为 1 000 V,而上限标准不作规定,要求越大越好。反之,对于机械行业中的形位公差(平面度、圆度等)、光洁度,钢铁中的有害杂质的含量,邮电通信部门的质量指标(处理时长等)等就只规定了上限质量标准,而对它的下限质量标准则不作具体规定,要求越小越好。当然,严格地说,不论是寿命、强度或耐压击穿强度永远不会达到无穷大;同样,不论是光洁度或钢铁中某种有害化学成分的含量,或邮电部门的处理时长等,也永远不会等于零。因此这类质量标准的特点是不能确定范围,也无法确定它的中心,即公差中心是无法具体确定的。

在这种情况下,特性值分布的中心与公差限的距离(以标准偏差来衡量),就决定了过程能力的大小。希望作为分布中心的平均值 μ,距离公差界限 3σ。这样考虑,可以使不合格品率控制在 0.135% 左右。当然,如果中心值距离公差界限更大些,不合格品还会更少些,不过所付出的经济代价就很大了,因此往往得不偿失。

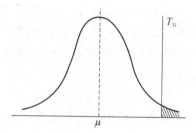

图 5-3-5 只规定公差上限的情况

① 当只规定公差上限时(如图 5-3-5 所示),过程能力指数可按下面公式计算：

$$C_{p\pm} = \frac{T_U - \mu}{3\sigma}$$

式中,C_p 为只给出 T_U 时的过程能力指数;μ 为总体的平均值。

当 $\mu \geq T_U$ 时,则 $C_{p\pm} = 0$,就是说完全没有过程能力,可能出现的不合格品率为 50%～100%。

【**例 5-3-3**】 加工某零件,要求径向跳动不得超过 0.05 mm,从该过程抽取 $n=100$ 的样本进行测量,得到样本平均值为 0.01 mm,样本标准偏差为 0.016 mm。求过程能力指数。

解
$$C_{p\pm} = \frac{T_U - \mu}{3\sigma} \approx \frac{T_U - \overline{x}}{3s} = \frac{0.05 - 0.01}{3 \times 0.016} = 0.83$$

【**例 5-3-4**】 某邮局分拣部门对某次车函件进行分拣,其处理平均时长为 50.24 分,标准偏差为 5.19 分,上级管理部门要求该车次带来的邮件必须赶发 70 分钟后的某次车,则分拣该车次邮件的过程能力指数是多少?

解

因为 70 分钟是质量指标的上限,所以

$$C_{p上} = \frac{T_U - \mu}{3\sigma} \approx \frac{T_U - \bar{x}}{3s} = \frac{70 - 50.24}{3 \times 5.19} = 1.269$$

② 当只规定公差下限时(如图 5-3-6 所示),过程能力指数可按下面公式计算:

$$C_{p下} = \frac{\mu - T_L}{3\sigma}$$

式中,$C_{p下}$ 为只给出质量标准下限时的过程能力指数;μ 为总体平均值。

当 $\mu \leqslant T_L$ 时,则 $C_{p下} = 0$,过程可能出现的不合格品率为 $50\% \sim 100\%$。

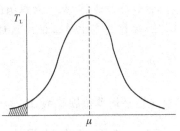

图 5-3-6　只规定公差下限的情况

【例 5-3-5】　某绝缘材料厂生产一种绝缘材料,规定它的击穿电压下限标准为 1 200 V,今从该工序抽取 $n = 100$ 的样本进行测试,得到样本平均值为 4 000 V,样本标准偏差为 1 000 V,求过程能力指数。

解

$$C_{p下} = \frac{\mu - T_L}{5\sigma} \approx \frac{\bar{x} - T_L}{3s} = \frac{4 - 1.2}{3 \times 1} = 0.93$$

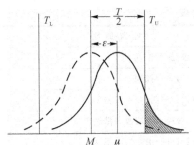

图 5-3-7　分布中心与公差中心偏离的情况

(2) 给出双侧公差的情况(如图 5-3-7 所示)

当分布中心 μ 与公差中心 M 偏离了一段距离 ε 之后,显然用前述公式算出来的过程能力指数值,已经不能反映这时的生产能力的实际情况。因此,为了如实反映过程的实际加工能力,必须用一个考虑了偏离量的新的过程能力指数——过程能力修正指数 C_{pK}——来评价过程能力。这时的过程能力指数可用下面公式来计算:

$$C_{pK} = (1 - K) C_p = \frac{T - 2\varepsilon}{6\sigma}$$

式中,C_{pK} 为修正后的过程能力指数;ε 为平均值的偏离量(简称偏离量);K 为平均值的偏离度(也称偏离系数)。

平均值的偏离度 K 是平均值偏离量与公差的一半($T/2$)的比率,即

$$K = \frac{\varepsilon}{T/2}$$

【例 5-3-6】　已知一批零件的标准偏差为 0.056 mm,公差范围 $T = 0.35$ mm,从该批零件的直方图中得知尺寸分布与公差中心偏移 0.022 mm,求 C_{pK} 值。

解

$$C_{pK} = \frac{T - 2\varepsilon}{6\sigma} \approx \frac{0.35 - 2 \times 0.022}{6 \times 0.056} = 0.911$$

(三) 计数值过程能力指数的计算

计数值的分布常见的是二项分布、泊松分布,它的标准偏差一般都是样本量 n 的函数。

1. 二项分布中差错率过程能力指数计算 $(0.5n \leqslant n_i \leqslant 1.5n)$

$$C_p = \frac{p_u - \overline{p}}{3\sqrt{\frac{\overline{p}(1-\overline{p})}{\overline{n}}}}$$

式中,$\overline{p}$ 为平均差错率;$\overline{n}$ 为每组的样本平均数;p_u 为给定允许的废品率上限。

2. 泊松分布中单位缺陷数过程能力指数计算

$$C_p = \frac{u_u - \overline{u}}{3\sqrt{\frac{\overline{u}}{\overline{n}}}}$$

式中,$\overline{u}$ 为平均单位缺陷数;u_u 为给定允许单位缺陷数上限。

三、过程能力的评价与处置

通过计算求得过程能力指数后,还应该对它进行分析评价。过程能力指数越大,加工质量越高,对 5M1E 的要求越高,则加工成本也越大。因此,对过程能力指数的选择应综合技术、经济两方面的因素加以考虑、确定。

在过程控制中,一般采用过程能力等级评定的方法来判断和评价过程能力满足过程技术要求的程度,对于不同等级的过程能力,管理部门将区别对待,采取不同的管理方法与手段对过程实施控制。表 5-3-1 所示为过程能力评价表。

表 5-3-1 过程能力评价表

等级	C_p 值	判断	处置原则
一级	$C_p > 1.67$	过程能力过剩	降低要求,放宽控制
二级	$1.67 \geqslant C_p > 1.33$	过程能力充分	安心生产,正常控制
三级	$1.33 \geqslant C_p > 1.00$	过程能力尚可	密切监视与控制,照章检验
四级	$1.00 \geqslant C_p > 0.67$	过程能力不足	在工艺、管理上采取改善措施
五级	$0.67 > C_p$	过程能力太差	紧急对策,进行根本性改革

对 C_p 值进行判断后,根据基本的处置原则可分别采取不同的具体措施。

(一) 过程能力过剩时

(1) 在工序允许的情况下,可放宽质量波动幅度,如人和设备的配备可相对降低一些,这样可以带来降低成本提高效率的效果;

(2) 提高产品的原设计精度,改进产品性能;

(3) 加大抽样间隔,减少抽检数量,降低检验的各种消耗。

(二) 过程能力充分时

(1) 非重要工序可允许小的外来波动;

(2) 按控制图进行管理,正常运转;

(3) 质量检验可相对简化。

(三) 过程能力尚可时

(1) 必须利用控制图加强对生产过程监控,防止外来波动;

(2) 调查 5M1E 因素，作必要改进；
(3) 严格执行各种规范、标准、制度；
(4) 坚持合理的抽样方案和检验规程。

（四）过程能力不足时
(1) 对照因果图、排列图找出需要改进的因素；
(2) 分析质量标准是否脱离实际，应实事求是地修正质量指标过严的情况；
(3) 加强工序的质量检验工作。

（五）过程能力太差时
对 5M1E 必须进行根本性的改革，要从根本上消除影响质量的关键因素。

应当注意的是，对过程能力进行评价时，还应考虑到质量特性的重要程度，对关键质量特性、重要质量特性、一般质量特性的过程能力的评价应有所区别。如涉及产品关键质量特性过程能力的评价，其不同等级 C_p 值的取值应高于重要质量特性和一般质量特性的同等级 C_p 值。

四、用过程能力指数估计废品率

对服从正态分布的计量值的质量特性来说，工序处于稳定状态时，一定的 C_p 与一定的废品率 P 相对应，此时，用 C_p 值估计 P 是很精确的。

$$P = 2\Phi(-3C_p) \quad \text{双侧界限时}$$
$$P = \Phi(-3C_p) \quad \text{单侧界限时}$$

式中 $\Phi()$ 为正态分布函数值，可从"正态分布表"中查得。

【例 5-3-7】 已知过程能力指数 $C_p = 0.281$，求可能产生的废品率。

解
$$P = 2\Phi(-3 \times 0.281) = 2\Phi(-0.842)$$

查正态分布表，
$$\Phi(-0.842) = 0.2005$$
所以
$$P = 2 \times 0.2005 = 0.401$$

即当 C_p 值为 0.281 时，可能出现的废品率是 40.1%。

第四节 新 QC 工具概述

质量管理新七种工具是把统计方法和思考过程结合起来，充分体现 TQC 的全过程、全员性和以预防为主的特点。建立了思考型全面质量管理，它和"老七种工具"结合起来，在作用上相互补充，相辅相成。可以说老七种工具偏重于统计分析，而新七种工具偏重于思考过程分析。

"质量管理新七种工具"是日本科学技术联盟的质量管理研究会经过多年的研究和实践，于 1979 年提出的。其内容有：(1)关联图法；(2)亲和图法（KJ 法）；(3)系统图法；(4)矩阵图法；(5)矩阵数据分析法；(6)过程决策图法（PDPC 法）；(7)矢线图法。

一、关联图法

现代自然科学告诉人们，任何自然现象都不是孤立的，都和它周围的事物有一定的联系。社会现象是这样,工厂、企业的生产是这样,生产中产品的质量问题也是这样。因此人们在观察质量问题、分析质量问题时,必须注意其他事物与此问题的联系以及对它的影响。

在第三章中介绍的因果图是以一项质量问题为主干,对有关这项质量的影响因素逐项地整理出它们之间的因果关系的分析方法。这种方法是以研究因素对质量之间纵向关系为主,而对质量影响因素之间的横向关系考虑得不够充分。关联图则是一种用于分析影响因素之间横向关系的有效工具。

(一)关联图的概念与作用

1. 什么是关联图

关联图又称关系图,它是把若干存在问题及其因素间的因果关系用箭头连接起来,从而找出主要因素和项目的方法。关联图是谋求解决那些有着原因—结果、目的—手段等关系复杂问题的方法。

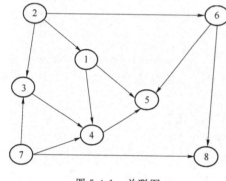

图5-4-1 关联图

例如,图5-4-1 中有8个因素,箭头只进不出的是问题;箭头只出不进的是主因,也叫末端因素,是解决问题的关键;箭头有出有进的是中间因素。出多于进的中间因素叫关键中间因素,一般也可作为主因对待。

由图可见,因素①影响④⑤,②影响①③⑥,③影响④,⑤受①④的影响,⑤⑧受⑥的影响,⑦影响③④⑧。关联图就能较清晰地显示:②和⑦是主要因素,它们的存在影响了诸多因素;⑤⑧是问题,它们只受其他因素的制约,而无影响其他因素的能力。工作中遇到的问题要比因素①~⑧等具体得多、实际得多,如用这种方法,就能分析很多错综复杂的问题和因素。

2. 关联图法的作用

关联图可以用简单的图形表达出复杂事物的因果关系,这种图形可以纵观全貌,理清关系,明确主次,使大家意见一致,有助于找出主要因素并采取解决的措施。

关联图法不仅能用来在企业管理活动中解决各种问题,而且还可以应用于对社会现象的分析,在此仅围绕质量管理方面来说明其作用。

(1)有利于建立质量体系,研究贯彻质量管理方针。

(2)有利于开展全面质量管理活动。可以帮助明确本企业的活动重点,研究防止生产过程中出现质量问题的措施,推动开展质量管理小组活动。

(3)改善工作质量。可以改进企业的业务活动及生产方式,改善业务各部门间的工作关系。

(4)有利于开拓市场。可以用于研究用户质量关系图,提出解决市场问题的措施。

(二)关联图的形式

1. 关联图的基本结构

关联图的基本结构是用◯或▭标记把问题和有关因素用词汇和语句表示出来,并用箭头表示它们的因果关系。应完成的目标或需解决的问题用◯或▭圈起来,重点项目和重要因素可用剖面线标出。箭头的方向：对于原因—结果型是从原因指向结果；对于目的—手段型是从手段指向目的。但为了完成 A 而需要 B 手段或方法时，有时可规定 A 指向 B 更容易理解。因此，在绘制关联图时就需要预先在小组内决定箭头的方向和意义。语言的表达原则可由绘图者自由决定，但要简洁准确。

2．关联图的类型

关联图在生产活动中运用时，分析形式灵活，可以创造性地绘制各种形式。常见的有下述几种类型。

(1) 中央集中型关联图（单一目的）

把应解决的问题或重要的项目安排在中央位置，把关系密切的因素排列在它的周围，并逐层展开，如图 5-4-2 所示。

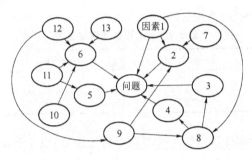

图 5-4-2　中央集中型关联图

(2) 单向汇集型关联图（单一目的）

把需要解决的问题或重要项目安排在右（或左）侧，与其相关联的各因素，按主要因果关系和层次顺序从右（或左）向左（或右）排列，如图 5-4-3 所示。

(3) 关系表示型关联图（多目的型）

这种关联图主要用来表示各因素间的因果关系，因此在排列上比较自由灵活，如图 5-4-4 所示。

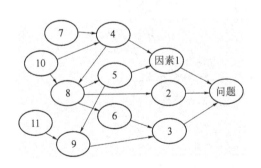

图 5-4-3　单向汇集型关联图

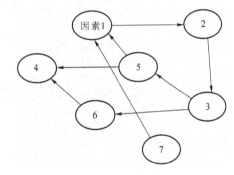

图 5-4-4　关系表示型关联图

(三) 关联图法的应用

1．作图步骤

(1) 提出自认为与所研究的问题有关的所有因素；

(2) 用简明而通俗的语言表示各因素和问题；

(3) 用箭头将因素与问题、因素与因素之间的因果关系有逻辑地连接起来;

(4) 根据图形掌握全局,讨论确认是否是这种因果关系,如果有遗漏还可以补充和修改;

(5) 提出重点,把重要问题或重要因素用醒目的标记标出;

(6) 制定解决问题的具体措施;

(7) 随着情况和环境的变化,相应地修改关联图,以便管理活动经常处于最佳状态。

在绘制关联图的过程中,有关人员应明确认识目标或问题,充分交换意见,促进设想转换,抓住核心问题,以便有效地解决问题。

2. 关联图法实例

某市邮政局发行科对 1~6 月份全国各局发来的差短报刊的验单进行认真分析,从验单中统计出报刊的差错如表 5-4-1 所示。

表 5-4-1 报刊差错率统计表

报刊分类	差错数量/份	百分率(%)	累计百分率(%)
报纸	124 753	93.34	93.34
杂志	8 897	6.66	100

为了找出差短报刊的原因,运用了关联图分析方法,找出了影响质量的大小原因 22 个,详见图 5-4-5。从图中可明显看出,其主要因素是:发报刊执行操作制度差;报刊社印数不准;运输途中被抽窃;订销局不执行点数分发。

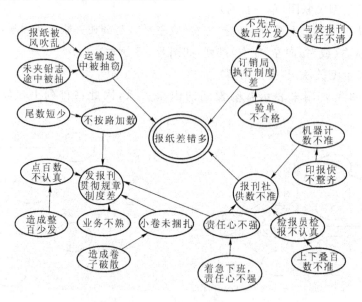

图 5-4-5 报纸差短关联分析图

3. 实际应用时应注意的问题

根据关联图应用的情况,可以总结出其在制作与实际应用时的要点如下。

(1) 尽可能广泛地搜集信息。注意多方听取意见,尤其要直接听取现场工人的意见,集思广益是相当重要的。

(2) 问题与原因要用生动的文字表示,尽可能用简洁的语言按原样表达。

(3) 最好依靠一个小组来作图,特别是要在小组成员意见基本一致的情况下作图。

(4) 为了归纳出重点项目,对绘制的关联图要不厌其烦地进行修正。

(5) 要从众多因素中抓住最基本的因素。

对于单一目的型的原因——结果型的课题,以"为什么……是这样的"形式进行会比较容易作图。每当问题分析不下去时,采用"为什么"的问答方式是有效的。另外,当能采取行动时,应立即实施,在作图时所发现或想到的事情应到现场去调查或采取措施。新想法可立即通过现场进行试验,并对那些相互有牵连的因果关系认真思考是否有中断的位置。

二、亲和图(KJ)法

KJ法是日本的川喜田二郎先生所发明和普及起来的,KJ为川喜田二郎(Kawakita Jiro)的罗马拼音字头。它是将处于混乱状态中的语言文字资料利用其间内在的亲和性(相互关系)加以归纳整理,然后找出解决问题的方法。

亲和图法所用的工具是A型图解。而A型图解就是把大量搜集到的某一特定主题的事实、意见或构思等语言资料,根据它们相互间的相互关系分类综合的一种方法。

(一) KJ法的概念与作用

1. 什么是KJ法

所谓KJ法,就是对未知的问题、未曾接触过的领域的问题的相关事实、意见或设想之类的语言文字资料收集起来,并利用其内在的相互关系作成归类合并图(A型图解),以便从复杂的现象中整理出思路,抓住实质,找出解决问题的途径的一种方法。

把人们的不同意见、想法和经验,不加取舍与选择地统统搜集起来,并利用这些资料间的相互关系予以归类整理,有利于打破现状,进行创造性思维。以便采取协同行动,求得问题的解决。

这里将KJ法同质量管理中的统计方法用表5-4-2和图5-4-6的形式加以对比,从中可以掌握KJ法的特征,同时还可以认识到:作为"质量管理的新七种工具"之一的KJ法若与其他技术方法结合运用,将会提高解决问题的效率。

表 5-4-2 KJ法与质量管理中统计方法的对比

KJ法	统计方法
(1) 发现问题型	(1) 假设验证型
(2) 不把现象数量化,而是用语言文字形式掌握问题	(2) 把现象数量化,依靠数据资料掌握问题
(3) 侧重综合,特别是不同性质的综合	(3) 侧重分析和分层
(4) 从概念出发进行归纳	(4) 用理论分析问题
(5) 以本国的语言文字作为思考方法的基础	(5) 西欧式的思想方法

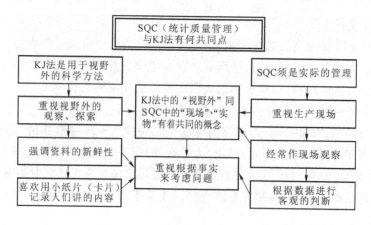

图 5-4-6 KJ法与SQC法的异同

2. KJ法的主要用途

（1）用于认识事实

在未知和无经验的情况下，事物是杂乱无章的，必须弄清每一个有关的事实，冷静分析掌握实际资料，决不可从既定的概念和假设出发看问题。关键在于掌握事实，力戒在事实中掺杂进主观的意见、想法或想象之类的东西。深入现场，亲眼看，亲耳听，亲身体验观察是掌握事实的最好方法。

在把观察到的事实整理成语言文字资料时，应避免抽象化，要尽量具体。如若抽象化，则免不了要进行思考和判断，这样一来，资料可能会夹杂着整理者的主观意志。

（2）用于形成构思

这里所指的是从零出发来总结自己的看法。在这种情况下，既需要很好地掌握事实，又需要认真地思考。不仅事实的资料，连意见、想法等的资料也要搜集。在整理这些资料作图时，事实与想法可以混合用；但在资料搜集阶段，哪些是事实、哪些是想法必须予以明确。最后对所有的资料用A型图解法去归纳。

（3）用于打破现状

这种情况与用于形成构思相同，但前者是从一无所有的状态出发，后者是以打破现状出发。只有冲破旧的体系，才能摆脱思想上的杂乱状态，进行再一次构思。

打破现状即是打破旧有概念。要做到这一点，对于没有经验者，应加强对事实的反复认识，尽量收集不同的意见；不要轻易放弃已有的想法，而应加以分解，使之资料化。

（4）用于彻底更新

在学习和仿效前人构成的思想体系的基础上来归纳自己的思想体系和理论体系。阅读前人的著作和论文，融会贯通后用KJ法归纳出新的论文，形成自己独立的论点。

（5）用于筹划组织工作

单纯把各方面的人员集中还不能解决问题，必须使他们相互了解，按照A型图解法向其他成员说明，以达到相互理解，促进工作的目的。

（6）用于彻底贯彻方针

领导者要使自己的观点和方针得到贯彻，可以根据讨论所得到的语言资料作出A型图解，以口头发表形式向下级传达自己的方针，并可反复进行，以达彻底贯彻的目的。

(二) A 型图解

KJ 法的基本作法是 A 型图解,通过重复使用 A 型图解来解决问题。A 型图解就是把收集起来的语言资料按相互接近情况加以综合的一种方法,又称为近似图解法、亲和图法。

1. 大脑的机能与 A 型图解

大脑的左半球损伤会引起右半身运动障碍,右半球损伤会引起左半身运动障碍。这一事实,可以从高血压病的脑溢血或交通事故所致的脑损伤等病例中得到验证。大脑的思考机能也是由左半球与右半球分别来完成的,它们的分工不同。左半球具有语言、见解、逻辑、分析、选择等方面的机能,而右半球则具有瞬间预测结果的能力,以及能够进行直观的、感情的、综合的思考。位于大脑左、右两半球间的脑梁,负责两者之间的翻译工作。

质量管理的七种新工具中,有六种是依存于大脑的左半球,仅 A 型图解依存于大脑的右半球。这是因为 A 型图解依靠感情观念,而其他方法则依赖于逻辑推理。

2. A 型图解的作图步骤

步骤 1 决定作图的题目
步骤 2 收集语言文字资料
步骤 3 将语言文字资料做成卡片
步骤 4 汇总卡片
步骤 5 作出分类标题卡
步骤 6 作图
步骤 7 以口头形式或论文形式发表

下面对作图的要点作一些介绍。

(1) 方法的选择

解决问题不只使用 KJ 法之 A 型图解这一种方法,其他六种方法均要结合使用,这就是新七种工具的特征。究竟应该如何选择方法,这需要综合考虑:①什么时间;②什么地点;③由谁来解决问题;④解决什么样的问题;⑤用什么办法来解决问题等事项。要解决问题,首先必须考虑 A 型图解法是否选择得适当。

A 型图解跟关联图法一样,均是在整理混乱情况和确定所要解决的问题,即计划(plan)阶段所应用的方法。新七种工具是用图解进行思考的模式体系。应通过选择恰当的图解方法,以图转换观点和看法。

(2) 作图目的的选定

应该从下述范围内选定适合自己作 A 型图解的题目:
① 事实真相尚处于混乱状态,希望了解其体系的问题;
② 思想处于混乱状态,希望理出其头绪的问题;
③ 受已有成见所束缚而止步不前,希望打破现状建立新观念的问题;
④ 希望通过分解旧的思想、理论体系,从而找到新的体系的问题;
⑤ 希望把不同观点的人员集合起来,组成相互谅解与合作的集体,然后再予以解决的问题;
⑥ 作为管理人员,希望通过倾听下级的意见,借以贯彻自己的观念和方针的问题。

由于 A 型图解主要是发挥右脑的机能,依靠感情观念来分析问题的,因此适合解决诸如比较复杂而不太容易解决的问题和需要长时间慢慢才能掌握其本质的问题。

(3) 收集语言资料的方法

收集语言、文字资料,要尊重事实,找出原始思想。收集资料的方法如下。

① 直接观察法

直接观察法是亲自到现场去看、去听、去摸、吸取感性认识,从中得到启发,质量管理是根据事实进行管理,KJ 法强调到现场去掌握事实的重要性,现场直接观察常常可以得到最准确、最有用的资料。

② 面谈阅读法

面谈阅读法是与有关人员谈话、访问、开调查会和查阅文献资料等来收集资料。要善于启发有关人员发表自己的观点,引导出多数人新构思的集体创造性。直接到现场接触情况是有限度的,因此,为了广泛地收集情报,这种间接的方法也是有效的。

③ 个人思考法

个人思考法包括以自己过去的经验为材料的回忆法和针对课题探索自己内心状态的反省法等。这种回忆和内省是开动脑筋的有效方法。

语言资料收集的方法如图 5-4-7 所示。

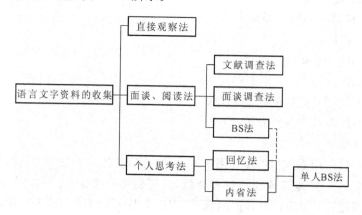

图 5-4-7 语言资料收集的方法

其中 BS(Brain Storming)法,即头脑风暴法,是指集体或个人开动脑筋,使"思想火花"闪烁、打开思路、活跃思想的方法。它可以分为集体 BS 法和个人 BS 法。

集体 BS 法的参加人员应遵循以下基本原则:

a. 禁止批评——不准反对他人的意见;

b. 自由奔放——尽情地想象,自由地发言;

c. 多多益善——观点和看法越多越好;

d. 结合改善——与他人意见结合,以谋求本人想法得到改善,要用附和他人发言的方式发表意见。

个人 BS 法要注意边思考、边记录,然后再读、听、写笔记作为促进开扩思路的提示,以免漫无边际地胡思乱想。

3. A 型图解实例

这个例子是以"如何搞好 QC 小组活动"为题,集中不同行业的质量管理专家进行研究讨论而作成的 A 型图解,如图 5-4-8 所示。

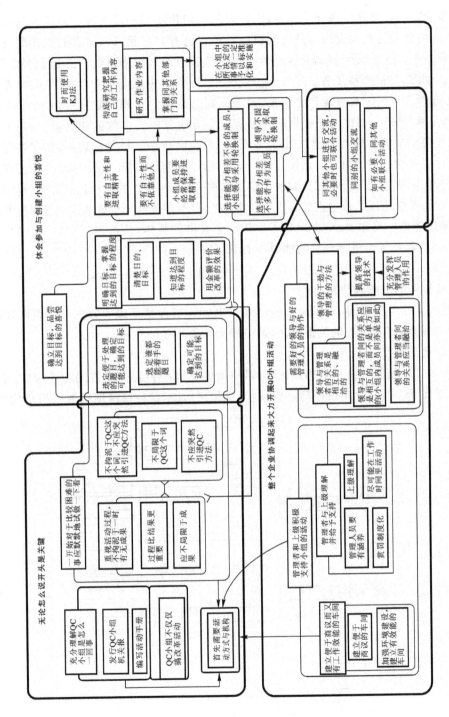

图5-4-8 如何搞好QC小组活动

三、系统图法

系统概念是物质概念的深化和发展,宇宙间的一切物质都构成系统。物质因联系而构成系统,系统由物质运动而发展。系统的原始思想古已有之。我国四川省的都江堰是举世闻名的水利工程。它是公元前 250 年由李冰父子带领当地人民修建的。工程分三个部分:引水工程、分水工程和排沙工程。三个部分构成一个整体,从而解决了川西平原的灌溉问题,至今还造福于人民。具有现代含义的"系统"概念是科学管理创始人泰勒于 1911 年出版的《科学管理方法》一书中最先提出的。他从三个方面分析工人的劳动过程:一是工序分析,即解决工序组成的合理性问题;二是动作分析,解决完成该工序的合理问题;三是时间分析,完成工序要花费一定的时间。动作分析只解决操作时间合理消耗问题,而余下的工序时间部分是否合理,则通过时间分析加以解决。通过这些分析,使工人的劳动达到完整、科学和合理。从那以后,系统论逐渐成为指导人们生产实践的科学,成为一项有效的组织管理技术。

系统概念的基本意思是:它把对象看成是一个有机的整体,从总目标出发,找出整体的合理组成部分,以及各组成部分之间的合理关系。解决问题时,有协调,有优选,从定性到定量的一个合理步骤或程序。系统图正是实现上述思想的一种具体方法。

(一)系统图的概念与作用

系统图是为了达到某种目的,从系统的观点出发寻求最佳手段的方法。在质量管理活动中,为明确重点,寻求有效的改进方法,系统图发挥着重要的作用。

1. 什么是系统图

系统图的实质是将复杂的事物加以分解,将所要达到的目标及所需用的手段(方法)按系统展开(见图 5-4-9)。分解后图形呈树枝状,又称树形图,这种系统图类似组织机构图或

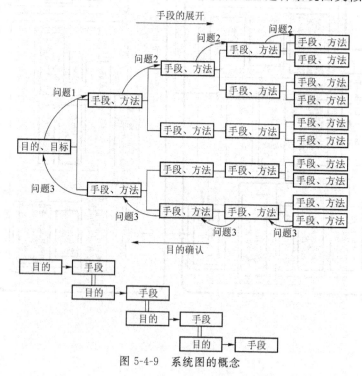

图 5-4-9 系统图的概念

家谱图。可利用此系统图掌握事物的全貌,明确问题的重点,找到欲达到目标的最佳手段的方法。为达到目标必须选择手段,为采取该手段还需下一级水平的手段。此时上一级水平的手段对于下一级水平的手段而言,又成为了目的。如此分解下去,就构成了系统图。

系统图在质量管理活动中还可以对企业管理人员进行目的-手段思考训练方面发挥作用,通过系统图,可以减少明确目的与手段的困难。

在系统图法中所使用的系统图,可大致分为两种类型:一种是把构成对象的要素按目的-手段关系展开的"构成要素展开型";另一种则是把解决问题(即达到目标)所需的手段、方法按系统展开的"方法展开型"。

2. 系统图的主要用途

在质量管理中系统图的应用范围很广,归纳出来主要有以下几个方面:

(1) 在开发新产品时,把用户的要求具体化为设计质量,并将设计质量目标进行展开;
(2) 质量保证活动的展开,建立质量体系;
(3) 作为因果图灵活使用;
(4) 用以解决企业内质量、成本、产量等各种问题的新设想的展开;
(5) 目标、方针,实施事项的展开;
(6) 探求部门职能、管理职能和提高效率的方法。

(二) 系统图的绘制方法

1. 作图步骤

系统图法是把为了达到的目的、目标所需用的手段、方法系统地展开,并绘制成系统图,以便纵观全局,明确重点,从而寻求实现目标的最佳措施。

以方法展开型系统图为例,其制作方法如下。

(1) 确定目的和目标

① 原则上把目的和目标以"把什么作成什么"的形式,以简洁醒目的短句表示,使人易懂;

② 在达到目的、目标的过程中还存在着制约项目时,必须予以指明;

③ 对确定的最终目标要多问几个为什么以及是否恰当。

(2) 提出手段和措施以确认最终目标

根据目的或目标的要求,发动群众,召开相关人员的会议,集思广益,提出各种手段和措施,尽量从各种不同的经验与看法中找出正确的手段和方法。方法或手段的提出可考虑有以下几种形式:

① 从高级水平的手段、方法顺次往低级水平的手段、方法展开;

② 先将最末级水平的手段、方法统统提出,然后再将这些手段、方法分组提出上一级水平的手段、方法,如此下去顺次提出更上一级水平的手段、方法;

③ 不考虑水平的上下级别,将所想到的手段、方法直接记录下来。

(3) 评价手段和措施

所提出的手段、方法是否适当,需要进行评价,然后决定取舍,评价时要深入调查研究,不要轻易否定别人提出的手段、措施。对各种手段、措施应从是否恰当,效果大小,技术可能条件、措施、手段之间的制约条件,以及经济合理性等方面进行比较,找出最优,次优,可行和不可行,经过反复推敲、思考、调查和实践后再定。特别是对独特的设想、离奇的手段、初看不行的手段、措施,要认真对待、慎重行事。

(4) 绘制手段、措施卡片

经评价后确定出来的手段或方法,用简明且通俗易懂的文字写在卡片上。

(5) 使手段、措施具体化

将手段和措施进行系统的逐级展开,并明确是否有疏忽和遗漏之处。根据前四步的结果,具体绘制系统图。

① 为了实现某个目的,需要采用什么手段? 把能回答此问题的手段、措施,用通俗易懂的语言写在卡片上放在目的后面(右侧),若有两个以上的手段,则并列放置。

② 把上一个手段作目的再次提问实现该目的需要什么手段? 依次用线条连接成系统图。

在系统化过程中补充新发现的手段和措施,删除不必要的手段、措施和目标是非常重要的。

(6) 确认目的和目标

经过手段、措施的具体化,虽然已大致作出了系统图,为了慎重起见,还要从手段出发,对上一级的"手段"(目的)是否稳妥进行确认。即首先从上往下提问,"用那些手段能否真正实现它前面的手段(目的)?"(见图 5-4-9 的问题 1、问题 2)接着,从下往上提问,"用这些手段能保证上一级手段和目标的实现吗?"(见图 5-4-9 的问题 3)"可",则确定;若"否"则修改补充直至"可"。这样直至最终目标得到确认。

(7) 制定实施计划

由于对象的不同,有时需要实施计划。这时,要把系统图的最低位级的手段予以进一步具体化,即规定出实施内容、日程和责任分工等。

2. 系统图的应用实例

【例 5-4-1】 电视用 VHF 调谐器的保证质量展开情况。

首先作出 VHF 调谐器保证质量展开图"保证质量系统图",参见图 5-4-10。

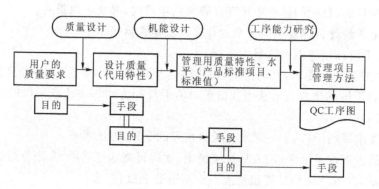

图 5-4-10 保证质量系统图

把用户对电视机的质量要求展开为设计质量,进而又将设计质量展开为管理用质量特性和水平(即产品标准项目与水平),设计检查项目及工序管理项目。

通过做成这种"保证质量系统图",可以将用户对质量的要求作为规划质量而确定下来,接着再通过质量设计,把其变为设计质量。最后,经过结构性能设计和生产设计,确定出能经济地实现设计质量的具体设计手段和制造方法。详细的展开图见图 5-4-11。

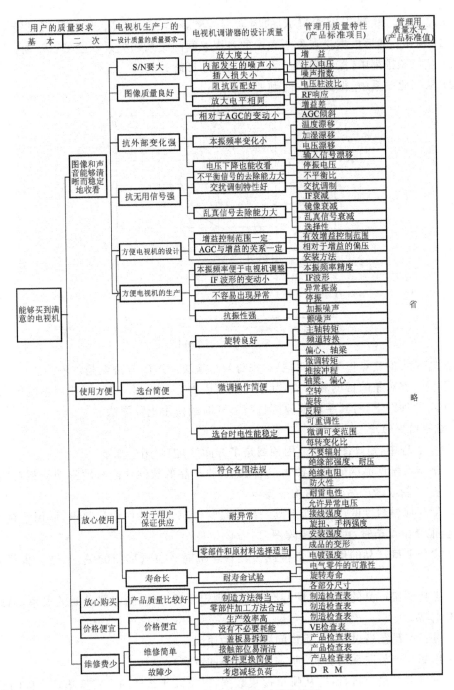

图 5-4-11 构成要素展开型系统图

四、矩阵图法

矩阵图法是通过多维的思考来逐步明确问题之所在的方法。

(一) 矩阵图的概念与作用

1. 什么是矩阵图

所谓矩阵图法,就是从作为问题的事件中找出成对的因素,将属于因素群 L 的因素 L_1,

$L_2, \cdots, L_i, \cdots, L_m$ 和属于因素群 R 的因素 $R_1, R_2, \cdots, R_j, \cdots, R_n$ 分别排列成行和列,如图 5-4-12 所示。然后根据交点处所表示的各因素间的关系和关系程度可以做到:

(1) 从二元排列中,探索问题的所在和问题的形态;

(2) 从二元关系中,得到解决问题的启示。

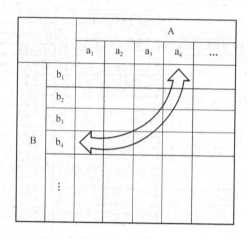

图 5-4-12 L 型矩阵图

以矩阵图中的交点作为构思的要点来有效地解决问题的方法就是矩阵图法。

对于所研究对象的目的和结果,其手段或原因能够一次展开时,可使用系统图法;但目的或结果有两种以上,对其手段或原因进行展开时则使用矩阵图法。

2. 矩阵图法的用途

在质量管理中,矩阵图法的适用领域是多方面的,主要用途如下。

(1) 确定系统产品的研制或改革的着眼点:将产品的软件功能与硬件功能相对应,从中寻找新产品研制或老产品改进的构思要点。

(2) 对于原材料性的产品,如果其一种质量特性对应有几种质量要求,而用系统图展开其连线会很交错复杂时,可采用矩阵图法。

(3) 希望明确产品的保证质量特性与其管理机能或负责部门的关系,进一步落实质量体系。

(4) 希望明确产品的保证质量特性与试验测定项目、试验测定器具间的关系,借此加强质量评价体系。

(5) 分析产品制造过程中,质量问题产生的原因。

(6) 市场与产品联系的分析,制定产品竞争的策略。

(7) 进行多变量分析,研究从哪里搜集数据,以及以什么样的形式搜集什么样的数据。

(8) 探讨现有技术、材料、元器件的新应用领域,等等。

(二) 矩阵图的类型和绘制

1. 各种矩阵图

使用矩阵图应注意的一点是根据分析对象恰当地选择矩阵图。矩阵图的形式大体可分为以下几种。

(1) L 型矩阵图

这是最基本的一种矩阵图,它是将一对事件按行与列排列成二元表的形式。图 5-4-12 是由 A 因素与 B 因素相对应地构成的矩阵图。这种 L 型矩阵图,适用于探讨多种目的与多种手段之间的关系(包括多种结果与多种原因之间的关系)。

(2) T 型矩阵图

T 型矩阵是由 A 因素和 B 因素,A 因素和 C 因素的两个 L 型矩阵组合而成。也就是 A 因素要分别与 B、C 因素相对应的矩阵图(如图 5-4-13 所示)。T 型矩阵可以用来分析出现不良产品的原因,常见的有:不良现象-原因-工序 T 型矩阵,还可以用来探索材料的新用途,如材料成分-特性-用途 T 型矩阵。T 型矩阵在其他方面也有很多应用。

(3) Y 型矩阵图

Y 型矩阵是 A 因素与 B 因素,B 因素与 C 因素,C 因素与 A 因素三个 L 型矩阵图组合使用的情况(如图5-4-14所示)。

(4) X 型矩阵图

X 型矩阵是由 A 因素与 B 因素,B 因素与 C 因素,C 因素与 D 因素,D 因素与 A 因素 4 个 L 型矩阵图组合使用的情况(如图 5-4-15 所示)。虽然 X 型矩阵的适用范围有一定的局限性,但如果使用得当,也会获得良好的效果。

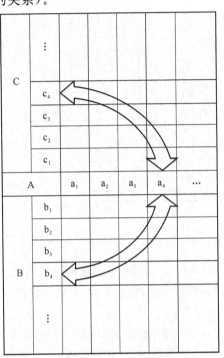

图 5-4-13 T 型矩阵图

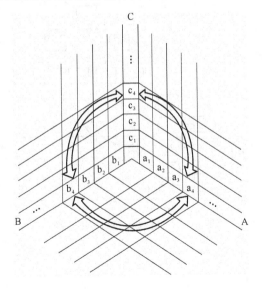

图 5-4-14 Y 型矩阵图

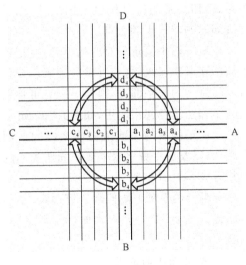

图 5-4-15 X 型矩阵图

(5) C 型矩阵图

C 型矩阵是以 A、B、C 因素作为边的立方体图形表示的矩阵。其特征是以 A、B、C 三因素所决定的三维空间上的点作为构思的要点，如图 5-4-16 所示。

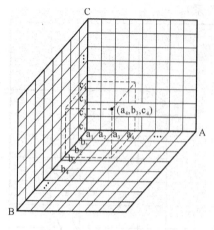

图 5-4-16　C 型矩阵图

以上介绍了五种形式的矩阵图，如果将它们组合起来，还可以造出一些形式。总之，要根据实际问题的内容来适当地画出矩阵图。

2．矩阵图的绘制

(1) 确定事项。首先确定需组合哪些事项，解决什么问题。一般说来，对于对象的单一目的或结果，其手段或原因能够逐步展开时，可用系统图法。但如果目的或结果有两种以上，把它们的手段和原因对应起来展开时，用矩阵图则较为适宜。

(2) 选择对应的因素群。例如质量问题现象与原因，质量特征与质量因素，成分-特性-用途，测试项目-工序-测试仪器，质量现象-原因-工序……找出与问题有关的属于同一水平的对应因素，这是绘制矩阵图的关键。例如，某质量问题既与人、机、料、法、环等因素有关，还与生产工序、生产班组有关，利用质量问题-原因-工序矩阵图就可同时找出质量原因和薄弱工序，从而明确重点，采取对策。

(3) 选择适用的矩阵图。若是两个因素群，则选用 L 型矩阵图；三个对应因素群，则选用 T 型矩阵图或 Y 型矩阵图；四个对应因素群，则选用 X 型矩阵图等。

(4) 根据经验、集思广益、征求意见、展开讨论，用理性分析和经验分析的方法，用符号在对应的因素群交点上作出相应关联程度的标志。

(5) 在行或列的终端，对有关系或有强烈关系、密切关系的符号作出数据统计，以明确解决问题的着眼点和重点。

用矩阵图来决定要对应的事项，并把这些事项相互对应起来，将该事项的因素展开到具有实际意义的水平即可，因素展开时可将系统图与矩阵图结合起来使用，如图5-4-17所示。

制作矩阵图的关键是将什么样的事项组合起来，以及应将哪些水平要素同所提出的事项相对应。

应组合的事项要随问题内容而定，不能一概而论。对此可以参考后面的应用实例来判断。

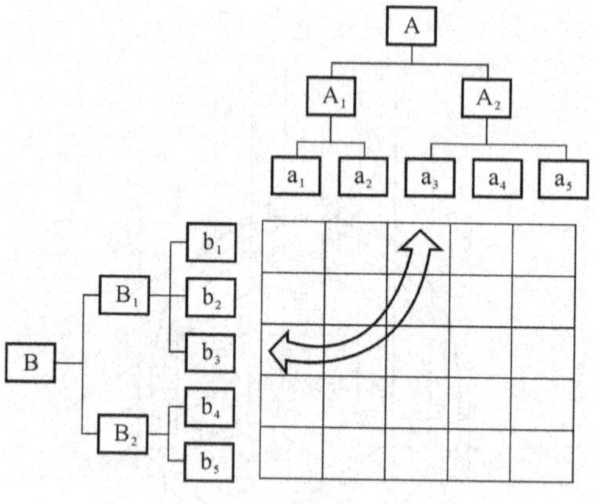

图 5-4-17　系统图与矩阵图组合

3．矩阵图法的应用

某公司决定研制新的"粉粒体秤量配合系统"，为此，需要研究这个系统的机能。

首先分析了对该系统的规格要求，作成新产品规划书及描绘出系统的梗概，并从梗概系统中提出所需机能。机能分软件机能、硬件机能,将这两部分组合起来即为图 5-4-18 所示的软、硬件机能系统图。但此图没有考虑到与工厂设置形态相结合的设计机能,于是又作出能恰当表示"粉粒体秤量配合系统"机能的图 5-4-19。

图 5-4-19 的机能系统矩阵是 C 型矩阵,由于构思要点是三维空间上的点,所以难于构思。为此补充了图 5-4-20 与图 5-4-21 两图,连同图 5-4-18 一起,将软件与硬件机能,硬件与设计机能,软件与设计机能分别用三个 L 型机能系统矩阵图表示出来。这样在各自的交点处便容易找到构思的要点。图中带"○"的交点为可以提出比较好的设想的机能,有"●"者表示与图 5-4-19 的"●"相对应的机能。

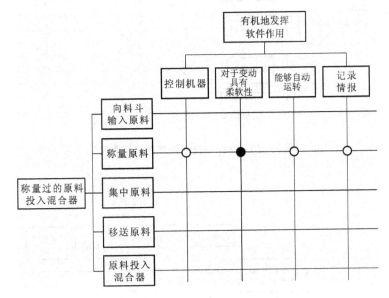

图 5-4-18 软、硬件机能系统矩阵图

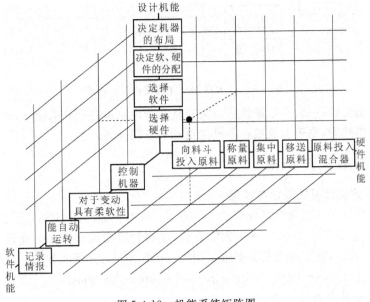

图 5-4-19 机能系统矩阵图

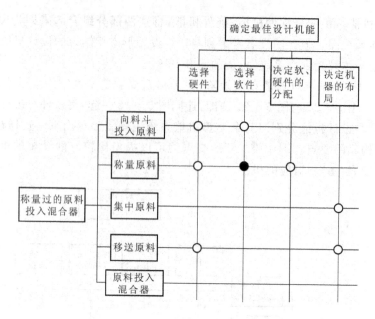

图 5-4-20 硬件与设计机能系统矩阵图

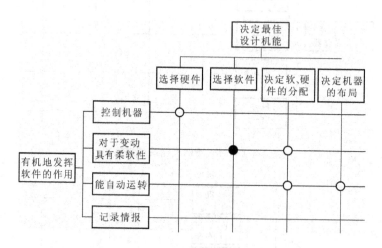

图 5-4-21 软件与设计机能系统矩阵图

从上例得出的结论是：当系统性产品需要从几个观点来展开其机能时，若利用矩阵图法作成机能系统矩阵图，则可有效地进行机能设计和机能分析。

五、矩阵数据分析法

(一) 矩阵数据分析的概念与作用

矩阵数据分析是多变量质量分析的一种方法。它是把矩阵图中各因素之间的关系用一定量来表达，即在其交点上可以标出数值资料，把多种质量因素或多个变量之间的对应关系，定量地加以表达，从而对大量数据进行预测、计算、整理、分析的方法。这种方法所用的主要计算方法叫"主成分分析法"（Principal Component Analysis）。

1. 什么是矩阵数据分析法

矩阵图法的行与列因素相互关系程度是用符号来表示的。如果这种关系程度能在行与列对应栏内用数据加以表示,即是矩阵分析法。矩阵分析法是质量管理新七种工具中唯一利用数据分析问题的方法,但其结果仍要用图形来表示,它是一目了然地整理矩阵图中排列的大量数据的方法。

2. 矩阵数据分析法的主要用途

(1) 对于复杂因素组成的工序进行分析;
(2) 对于包含大量数据的质量问题进行因素分析;
(3) 对市场调查数据进行分析,掌握用户对产品质量的要求;
(4) 对感官检验特性进行分类与系统化;
(5) 对复杂质量进行评价;
(6) 对曲线所对应的数据进行分析。

总之,矩阵数据分析法可在市场调查、新产品的规划研制和工序分析等方面得到广泛应用。

(二) 主成分分析法

1. 计算步骤

现以日本户田氏的"食品嗜好调查"为例,介绍主成分分析法的计算步骤及计算结果分析。

(1) 首先进行调查,调查过程中所收集的部分数据如表 5-4-3 所示。表中的矩阵数据是日本人民生活中的 100 种主要食品(包括主食 19 种、汤菜 4 种、肉菜 10 种、鱼菜 11 种、其他副食 3 种、饮料 14 种、糕点 11 种等)。分 10 个男、女年龄段嗜好程度评价得分。以最喜欢的食品评为 9 分,最讨厌的食品评 1 分,即评分从 1~9 共打 9 级,表中的数据是各年龄组 50 人以上的评分平均值。表 5-4-3 的数据是由 $10 \times 100 = 1\,000$ 个数据形成的矩阵。如果粗略地看这些数据,是很难看出男、女之间及各年龄组之间对各种食品的喜爱程度的差异。而用主成分分析法就能够探讨每个年龄组对各种食品是否喜爱,而且还能求出每个年龄组所喜爱的代表食品,以达到研究改进食品的目的。

表 5-4-3 各组评价者对各种食品的平均嗜好

各组评价者		食品 1	食品 2	…	食品 100
男	15 岁以下	7.8	4.6	…	3.1
	16~20 岁	5.4	3.8	…	2.8
	21~30 岁	3.9	4.4	…	3.3
	31~40 岁	3.5	4.0	…	3.0
	41 岁以上	3.0	3.5	…	2.5
女	15 岁以下	8.1	6.2	…	3.9
	16~20 岁	6.0	7.2	…	3.5
	21~30 岁	5.4	7.5	…	3.0
	31~40 岁	3.8	7.0	…	2.8
	41 岁以上	2.5	9.0	…	3.0

(2) 在各年龄组间,求出相关系数,其计算公式为:

$$r_{ii'} = \frac{1}{n-1} \sum_{j=1}^{n} Z_{ij} Z_{i'j}$$

这里，
$$Z_{ij} = \frac{x_{ij} - \overline{x_{i\cdot}}}{\sqrt{V_i}}, \overline{x_{i\cdot}} = \frac{1}{n} \sum_{j=1}^{n} x_{ij}$$

$$V_i = \frac{1}{n-1} \sum_{j=1}^{n} (x_{ij} - \overline{x_{i\cdot}}), n = 100$$

将计算出的相关系数列于表 5-4-4。

表 5-4-4 各年龄组间相关系数表

	男					女				
	15岁以下	16～20岁	21～30岁	31～40岁	41岁以上	15岁以下	16～20岁	21～30岁	31～40岁	41岁以上
	1	2	3	4	5	1	2	3	4	5
2	0.871									
3	0.516	0.759								
4	0.370	0.604	0.852							
5	0.172	0.402	0.726	0.874						
6	0.938	0.821	0.517	0.358	0.208					
7	0.811	0.838	0.658	0.488	0.354	0.889				
8	0.615	0.709	0.698	0.620	0.523	0.746	0.894			
9	0.500	0.647	0.701	0.721	0.710	0.621	0.768	0.852		
10	0.330	0.457	0.588	0.632	0.748	0.493	0.642	0.773	0.911	

注：对角线处为1，右上半部因对称而省略。

(3) 根据相关系数矩阵求特征值、特征矢量（计算由计算机进行），其结果列于表 5-4-5。

表 5-4-5 各组特征值、特征矢量表

评价年龄组	第一主成分	第二主成分	第三主成分
1	0.286	0.446	0.194
2	0.331	0.240	0.336
3	0.323	－0.166	0.442
4	0.299	－0.359	0.375
5	0.261	－0.507	0.128
6	0.309	0.408	－0.084
7	0.344	0.253	－0.171
8	0.348	0.032	－0.290
9	0.346	－0.164	－0.322
10	0.303	－0.267	－0.522
特征值	6.83	1.76	0.75
影响率	0.683	0.176	0.075
累积影响率	0.683	0.859	0.934

(4) 求影响率。由于变量为 10,可以求出 10 个特征值,故将每个特征值除以 10,可得其影响率(影响率＝特征值/变量数×100％),影响率代表主成分的影响程度,数值越大代表性越大(见表 5-4-5)。

2. 计算结果分析

(1) 观察表 5-4-5,第一、第二、第三主成分的影响率分别为 68.3％,17.6％,7.5％,数字越大代表性越强。三者累计达 93.4％,已代表所有变量的绝大部分;这意味着三种嗜好类型占全体原始数据变动的 0.934(93.4％),也就是累积影响率栏所示的数值。

(2) 每个主成分对应于各观测组有 10 个数据,此为特征向量,表示观察组同该主成分的关系。第一主成分下的数值相近,且符号相同,表示这是共同性嗜好,不论哪一年龄或性别组都同样爱好。第二主成分,特征值从第一观测组向第五组降低;第六至第十观测值也是下降趋势。这里,观测组 1~5 为男性,6~10 为女性。这说明,特征向量随男、女年龄的不同而有正负变化,也说明第二主成分表示年龄差异对食品嗜好的影响,其影响率在整个食品嗜好中占 17.6％。第三主成分,男性特征向量为正值,女性为负值,表示男女食品嗜好的差别,其影响率为 7.5％。

(3) 上述评价的各种食品可按各种嗜好类型进行排列,计算其主成分得分:

$$W_{m_i} = \sum_{i=1}^{10} m_i z_{ij}$$

这里,m_i 为第 m 个主成分的第 i 个观测组所对应的特征矢量值,具体数值列于表 5-4-3。就 $m = 1,2,3$ 的各主成分,求各食品 $j = 1,2,\cdots,100$ 时的主成分得分;且将第一主成分得分和第二主成分得分分别表示在横坐标轴与纵坐标轴上,如此可得图 5-4-22。

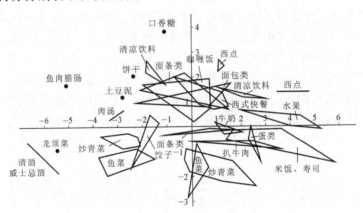

图 5-4-22 对各种食品嗜好的分类

沿横轴方向向右表示一般喜好的食品,向左表示不太喜好的食品。纵轴向上表示年轻人喜爱的食品,纵轴向下表示老年人喜爱的食品。若就第一主成分与第二主成分的得分在图上打点,还可得到一般嗜好与男女嗜好之别的情况。

主成分分析法的典型用法是将表 5-4-3 所示的矩阵数据,通过数值分析表现为图 5-4-22 的形式,从这种意义上讲,它算是包括解析在内的一种图法。

经过以上主成分分析,就找到了今后如何进行食品研究的方向与情报。

六、PDPC 法

PDPC 法又叫过程决策程序图法(Process Decision Program Chart)。为达到目标而制定的实施计划,有时不一定按当初预想的那样发展,这多是由于技术上的原因或系统上发生了故障。PDPC 法就是针对上述情况,事先尽可能考虑到各种结果,然后提出相应的处置方案和采取预防措施,进而在事态发展中随时进行预测和修正,以引导事态向所希望的结果发展。可以说,PDPC 法处理问题兼备了预见性和随机应变性。

(一) PDPC 法的概念

在进行全面质量管理时,为了达到目的和解决问题,总是希望预计的实施计划能够完成。但是,在新产品研制过程中及其他一些可能发生意料不到的重大事故的系统中,根据现有知识,提出解决问题的依据尚不充分,或考虑到环境变化以及无法估计到的事态发生,在现阶段根本不能预测解决的方案。这样,在发生新事态或出现新情报时,就需要经常把解决问题的步骤推向完成目标(完成新产品开发和防止事故等)的方向,即每当从新情况入手时,就必须预测并探索按过去的计划进行是否可以,有无其他更佳方案可行,并找出解决措施。为了解决这种问题,引入了运筹学中的 PDPC 法。

1. 什么是 PDPC 法

PDPC 法是为了实现研究开发目标,在制定计划或进行系统设计时,遥测事先可以考虑到的不理想事态或结果,把过程的特性尽可能引向理想方向的方法。

图 5-4-23 简要表示了这种方法的思路。设目前的不良品率状态为 A_0,希望减小不良品率到 Z 状态。初步计划阶段,可考虑作为从 A_0 到 Z 的手段有 $A_1, A_2, A_3, \cdots, A_p$ 系列。如果进展顺利,当然是最理想的,但实际上不会那样简单。召集有关人员研究后,认为实现 A_3 的技术难度较高,而行不通时可考虑从 A_2 开始经由 $B_1, B_2, \cdots, B_q$ 这样的实施项目系列来达到状态 Z。如果上述两个系列均行不通,则可考虑 $C_1, C_2, \cdots, C_r$ 或 $C_1, C_2, C_3, \cdots, D_1, D_2, \cdots, D_s$ 等途径来达到目的,这样,不能只考虑达到目的的一个途径,而是要预先考虑能提高达到目标可能性的其他许多途径和手段,以达到良好的目的状态 Z,提高了实现目标的可靠程度。在实施时,各途径可以分别按时间进行。另外,在时间紧迫时,也可以考虑几种序列同时并进。

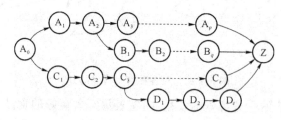

图 5-4-23 PDPC 法的思路

如上所述,PDPC 法是为实现研制目标(包括系统设计)而预测意外发生的事故,并尽可能把过程特性引向所希望的方向发展的方法。在过程发展中若出现未曾预料的问题时,也可应用 PDPC 法来迅速进行"轨道修正"。通常,解决问题的过程大致分为下述两种场合:

(1) 根据以往的知识与经验就基本上可以预知解决方法的场合;

(2) 因环境可能变化或预测不到的事态可能发生,但在现阶段还不能完全预知解决方法的场合。

新产品研究中的许多问题是属于(2)的情况。在研究过程中,常常会获得新的知识,或者面对未曾预测到的事态。另外,石油化工厂的大规模漏油事故,火车的脱轨翻车事故,正常操作条件下遇到的突然异常等均属于(2)的情况。

对于随着事态的发展可以设想各种结果的问题,应用 PDPC 法能找到达到所希望结果的过程。PDPC 法在防止重大事故中也有应用,故也称重大事故预测图法。

2. PDPC 法的用途

(1) PDPC 法与质量管理

在市场经济条件下,企业间的竞争日益激烈。企业的日常活动较之过去更为多样化和复杂化。质量管理中的一些问题,情况也类似。若像过去一样,按一般质量管理的方法先分析结果然后再采取处置措施,则有时恐怕来不及了。或者即使确定问题时规定了具体做法,一旦环境发生变化也常需从头重新做起。这是对事态变化缺乏适应性,例如处理产品责任问题时,就可能因缺乏适应性而处理迟了,而造成较大的损失。

新产品研究之际,关键在于确实掌握顾客的质量要求,以及把附加价值高的产品及时提供到市场上。为此,在新产品的质量设计中,要充分考虑顾客的各种机能要求。另外,在设计阶段还应注意产品使用时不要给用户、环境或其他方面造成重大影响。当然,为有效率地生产,工期与成本也必须考虑。但是现实中不确定的事情很多,致使事态时刻在变化。考虑到复杂多变的环境,过去常用的那种在设计阶段只考虑一种实行方案的作法,往往在情况变化或有未曾预料的结果发生时就行不通了,这说明一种方案适应不了客观条件的千变万化。

如上所述,处理研究问题或产品责任问题时,常会碰到一些不可预测的不确定的情况,为此,作为处理的方法最好兼备预见性和随机应变性。从这方面来看,PDPC 法具备了这两个特性。PDPC 法从现实出发,预测可能出现的不良情况与不良结果,从而给出达到所希望结果的过程与方案。另外,如果遇到了当初无法预测的情况或在进展过程中有新的问题出现,则 PDPC 法也能随机应变给出相应的措施。所以说,PDPC 法是在质量管理新时代推广全面质量管理的有效方法之一。

(2) PDPC 法的用途

PDPC 法的主要用途有:

① 制定目标管理中的实施计划;
② 制定研制项目的实施计划;
③ 对系统的重大事故进行预测和制定相应的措施;
④ 制定预防制造工序中出现不良因素的措施;
⑤ 提出或选择谈判过程中的对策。

(二) **PDPC 法的形式及作图步骤**

1. PDPC 法的特征

PDPC 法是动态的手法,应用于质量管理时,可分两个阶段进行。

(1) 解决问题的计划程序阶段

根据以往的分析、经验以及固有技术等,提出用语言资料表示的各种存在问题,注意不要遗漏,还需注意解决措施的提出。

(2) 解决问题过程中修订计划程序阶段

根据计划程序执行过程中不断出现的情报迅速处理使目标难以实现的事态。

PDPC 法特征如下。

① 把系统的动向作为整体来掌握,不是作为局部来处理。因此,可以判断全局。具有查明在研究中有无重大漏洞或重大问题的特点。

② 能按时间序列掌握系统状态的变化情况。

③ 以系统的动向为中心掌握系统的输入和输出关系,可以列举出"不理想的状态",和系统动向一起寻求发生的原因,又可以从某个输入出发,依次追寻系统的动向,找出"不理想的状态"。

④ 由于是以事物为中心,只要对系统有一个基本的理解就可以运用自如。当情况变化和展开有许多方向时,常常可以指出还没有想到的基本问题,特别是可以处理好系统中人的因素和系统之间的复合干扰问题。

PDPC 法的图形没有特定的规则,绘制方法也没有特定的程序,需结合具体问题灵活运用。

2. PDPC 图的作法

PDPC 图没有确定的步骤,但大致可依下列次序进行。

(1) 召集尽可能多方面的有关人员讨论所要解决的课题。这时,最好领导先提出一系列实施项目作为初步解决方案,以便大家据此发表意见。

(2) 从自由讨论中选出需要研究的事项。

(3) 所提出的研究事项准备实施时,还需要预测一下实施结果。如果无法实施或效果不佳,则应进一步提出另外的方案。

(4) 将各研究事项按紧迫程度、工时,可能性、难易程度分类。进而对当前要着手进行的事项预测其结果,并据此确定各项实施的先后顺序,最后用箭头向理想状态连接。

(5) 对于性质不同的内容,可以根据它们的相互关系决定优先顺序。某一路径上所获得的信息若对其他路径的研究有影响,则可用虚线将相关事项连接起来。

(6) 由几条路径构成的过程,若确定了负责实施的部门,则应将这几条路径用细线圈起,记上该负责部门。

(7) 确定工程终了的预定日期。

按最初做出的 PDPC 予以具体实施时,若在某一阶段发生了意外情况,则应召集有关人员研究修正或补充原方案,或定期召集有关人员再对 PDPC 作进一步的修正或补充,甚至有时需作新的 PDPC。

3. PDPC 法举例

【例 5-4-2】"不可倒置"发运的 PDPC。

把某种不可倒置的易碎货物运往某国家时,为了保证在搬运过程中不出现"被倒置"的非理想状态 Z,设计人员运用了 PDPC 法。

(1) 如果货物上无任何提醒注意的标记,那是无法阻止货物以 Z 的状态到运货主手中的。如果用红笔写上"不可倒置"的英语字样,那么送货人看了标记后,一定会正确地发货。

(2) 如果万一不懂英语的人来发运怎么办?那就用画图来表示。如果用一种图形还不理解,就用两种图形表示:一种是画高脚杯,表示上下不可倒置,否则,酒就要溢出来了;另一种是表示提吊的位置,使之自然地能够理解上下。

（3）如果遇到对图示不注意的人怎么办？在这种情况下，也可能成为 Z 状态，那就要安装起吊环。

（4）如果由一人送货，货物又重，不肯去求助他人，决心一人搬运，可能他要把箱子滚动运输怎么办？如果真是这样，又有可能成为 Z 状态。为使它不能够滚动，使之绝对不会倒置，可以考虑把货物做成尖屋顶形状，并加装防止倒转的撑脚。

为了把 Z 和 A 连接起来，可考虑几种情况，把它们的变化状态用简洁的文字表现，以框子圈起来或进行图解，研究加上一些说明等，并把各种状态用箭头连接起来。考虑这些措施时不仅要依靠固有的技术知识，还要从心理方面或人、机、学方面进行研究和考察，把有关联的事项多方面展开，才可收到意想不到的效果。

由图 5-4-24 可知，为了不使货物上下倒置，采取了四种措施：① 用外文表示；② 用两种图形表示；③ 设置吊钩；④ 改进包装外形（一个方向做成尖顶状，加装防止翻转的支撑脚）。

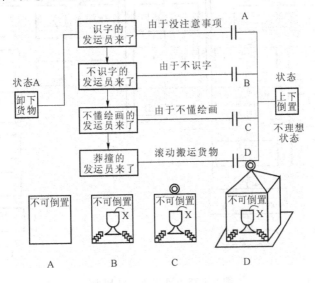

图 5-4-24　不可倒置发运的 PDPC

【例 5-4-3】　某企业的新产品研制工作进入了批量生产试验阶段，但发生了在少量试验阶段所未预见到的重大缺陷。为解决这一问题作出了图 5-4-25 所示的 PDPC。经种种观察，认为重大缺陷来自原料 MB 的耐热性。于是责成商品研究所、中央研究所及企业制造部门三者合作研究解决这一问题。

中央研究所负责缺陷部分的分析及原因物质的探索。商品研究所（负责此次产品研制的部门）则有必要根据迄今的研究经过，确认一下 K 物质的耐热性。也就是，若 K 物质的耐热性良好，可认为原因在于 K 物质与其他添加物的组合上。这时，应重新观察同基础树脂的组合问题，若存在有害物质则予以去除。但是，如果原因在于 K 物质本身，恐怕就有必要探索代用品，现时可考虑使用比 K 物质更高价的 L、M 物质。通过对 L、M 物质的试验评价，就可确定出采用哪一种物质更适宜。

另外，企业生产部门也在逐一检查现场的各种量具。这时，中央研究所取得的分析情报要及时转给商品研究所和企业制造部门（在图中是用虚线将两个单位联系起来的）。这样，三个部门协同作战，结果判明问题在于 K 物质的添加量。于是，制造部门减少了 K 物质，才使问题获得解决。

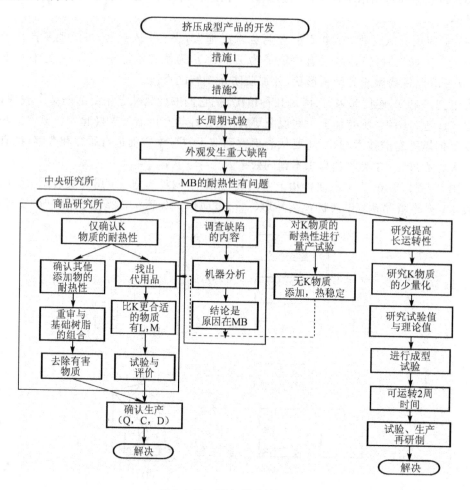

图 5-4-25 研究制造的 PDPC

七、矢线图法

在质量管理活动中,涉及新产品研制计划、产品改进计划、试制日程的安排、设备维修保养等以及企业其他有关管理活动计划,为了按预定的时间生产出所需的符合质量标准的产品,是离不开日程计划和进度管理的。在日程计划和进度管理方面,长期以来习惯采用甘特图(Gantt Chart),又称线条图。这种图形虽有直观简单、明了、方便等优点,但不能反映整个工作的全貌和各项工作环节之间的复杂联系以及某项作业对整个系统的影响程度,从而不易找出关键之所在。为弥补甘特图之不足,20 世纪 50 年代以后,人们提出了更有效的计划管理方法——矢线图。

(一) 矢线图的概念与作用

1. 什么是矢线图法

矢线图(Allow Diagram)是在 PERT(Program Evaluation and Review Technique:计划审评法)和 CPM(Critical Path Methed:关键路线法)中进行日程计划时所用的网络组织图。所以,也称为网络图、统筹图或箭线图。矢线图是在推行某项计划时,将与作业有关的重要因素用矢线联系起来而构成的网络图。

在矢线图中节点表示某项作业(或工序)应当开始或结束的符号,节点不消耗资源,也不占用时间。图中的矢线表示工程或计划进行中的各项作业,这是要消耗资源和时间的。一般将作业或工序的名称写在矢线上面,把完成作业的时间写在矢线下面。矢线的长短与作业(工序)所需时间的多少无关,它不是矢量,不需按比例画,可长、可短、可弯曲,但不能中断。

矢线图中的虚线表示一种虚作业,即作业时间为零的实际上并不存在的作业。在网络图中引用虚矢线,可以表示各项作业或各道工序之间的相互关系,消除模棱两可、含糊不清的现象。

一般每项工程或计划都是由许多作业行动组成的,这些作业之间都存在着相互依赖、相互制约的关系。只有按照它们之间的客观规律进行组织和安排,才能使这些作业活动顺利进行。网络图就是要将作业之间的相互关系正确地表示出来并从系统的角度来研究问题。

矢线图从始点开始,顺着箭头方向到终点为止,中间由一系列首尾相连的节点和矢线所组成的通道称为路线(作业线)。一条路线上各项作业时间之和就是该路线所需的总工期。在一个网络图上,完成一项任务可以有许多同时进行的路线,其中周期最长的路线通常称为关键路线。

2. 矢线图的作用

在日程计划及进度管理中,应用"矢线图法",可取得以下效果:

(1) 能够拟定出极详细的计划;
(2) 在计划阶段容易对方案予以仔细推敲,因而能够制定出最佳计划;
(3) 进入实施阶段以后,对情况的变化和计划的变更等也易于处置;
(4) 能迅速获得有关部分因操作落后对全体计划造成多大影响的情报,进而有利于及早采取措施;
(5) 计划规模越大,越能发挥其真正价值;
(6) 因明确了进度管理的重点,而提高了管理效率。

矢线图在质量管理中的主要用途有:

(1) 拟定新产品研制计划及进行其进度管理;
(2) 拟定产品改进计划及进行其进度管理;
(3) 拟定试制的日程计划及进行其进度管理;
(4) 拟定批量生产的日程计划及进行其进度管理;
(5) 使上述各种计划与 QC 活动统一化;
(6) 拟定工厂搬迁计划及进行其进度管理;
(7) 拟定工厂的定期维护保养计划及进行其进度管理;
(8) 拟定工序分析和提高效率的计划方案;
(9) 拟定 QC 监察计划、QC 诊断筹备计划及进行其进度管理;
(10) 拟定 QC 大会、QC 小组大会的筹备计划及进行其进度管理等。

(二) 矢线图的编制与应用

1. 任务的分解

任务的分解就是把一个计划项目的总任务分解成一定数量的分任务,并确定它们之间的先后承接关系。任务的分解可粗可细,主要根据工作的需要而定。对于大型的复杂的工程项目,任务的分解可以是多层次的。必须由最高领导层控制和调整的总网络图,大型的复杂的工程项目的任务分解当然不可能很细,它只能分解成几个大的项目,按所属的大单位进行分工协作。每个大单位分管的项目,又可编制分网络图,进行控制和调整。这样层层分解,一直可以把任务分解落实到每一个生产者为止。

分解任务的原则,主要就是分工要清,职责要明,既要防止分工过细,网络图过于繁复,又要防止分工不清、互相扯皮的现象。具体说来有以下几点。

(1) 工作的性质不同或由不同单位执行的工作应分开,如产品设计与工装设计要分开,铸、锻、机械加工、装配要分开等。

(2) 同一单位进行的工作,工作时间先后不衔接的要分开,如技术设计与工作图设计要分开,材料采购与外协件采购要分开。

(3) 占用时间,不消耗资源,但影响工程完工日期的工作都应作为分任务,列入网络图,如油漆后的干燥,热处理后的冷却,方案的审批等。

任务的分解是一项重要的工作,编制网络计划的人,要逐步熟悉业务,了解工程项目的各个组成部分,另外还要充分发动广大群众,包括技术人员、管理人员和工人等进行深入细致的调查研究工作,互相磋商,不断修改,才能正确地反映出各项任务的内在联系和完成任务所需的时间。任务经过分解以后,可以列出活动明细表。

2. 项目时间的计算

项目时间的计算方法有三种:图上计算法、表格计算法和矩阵计算法。表格计算法和矩阵计算法适用于使用计算机进行计算,这里只介绍图上计算法。

(1) 作业时间

作业时间就是在一定的生产技术条件下,完成一项活动或一道工序所需的时间。符号T_{ij}就是表示(i,j)这项活动的作业时间。

作业时间确定得正确,对网络计划在编制过程中和执行过程中都会产生好的影响。因此应由计划人员和专业人员相结合,进行周密的分析和研究,予以确定。确定作业时间大致有两种方法:

① 单一时间估计法

在估计各项活动的作业时间时,只确定一个时间值。估计时应参照过去从事同类活动的统计资料,务求确定的作业时间既符合实际情况,又具有先进性。

② 三种时间估计法

在估计各项活动的作业时间时,先估计出三个时间值,然后再求出完成该活动的作业时间。三个时间值是:

- a——最乐观时间,即完成一项活动可能最短的时间;
- b——最保守时间,即完成一项活动可能最长的时间;
- m——最可能时间,即在正常条件下,完成该项活动可能性最大的时间。

$$T_{ij}=\frac{a+4m+b}{6}$$

这样一种求作业时间的方法,可以看成是加权平均数法。

(2) 节点时间

① 节点最早开始时间(earliest node time)

从节点 i 开始的作业,若开始作业的时间不能早于 t_i^E 这一天,就称 t_i^E 为该节点的最早开始时间。

节点最早开始时间的计算方法如下:

- 矢线图出发点(节点 1)的最早开始时间为 0。即
$$t_1^E = 0$$
- 以节点 j 为后续节点的作业仅有一个时,其最早开始时间为
$$t_j^E = t_i^E + D_{ij}$$
这里 t_i^E 为节点 j 的先行节点 i 的最早开始时间;D_{ij} 为作业 (i,j) 的所需时间。
- 以节点 j 为后续节点的作业有两个以上时,其最早开始时间为
$$t_j^E = \max(t_i^E + D_{ij})$$

② 节点最迟完成时间(latest node time)

在节点 i 结束的作业,若结束作业的时间不能迟于 t_i^L 这一天,就称 t_i^L 为该节点的最迟完成时间。

节点最迟完成时间的计算方法如下:

- 矢线图最终点(节点 n)的最迟完成时间,在数值上同于该节点的最早开始时间。即
$$t_n^L = t_n^E$$
- 以节点 i 为先行节点的作业仅有一个时,其最迟完成时间为
$$t_i^L = t_j^L - D_{ij}$$
这里,t_i^L 为节点 i 的后续节点 j 的最迟完成时间;D_{ij} 为作业 (i,j) 的所需时间。
- 以节点 i 为先行节点的作业有两个以上时,其最迟完成时间为
$$t_i^L = \min(t_j^L - D_{ij})$$

(3) 关键路线(critical path)又称临界路线

一般同一节点的最早开始时间 t_i^E 与最迟完成时间 t_i^L 的关系为 $t_i^E \leqslant t_i^L$。

关键路线是指矢线图上出发点至最终点的最长路径,它是日程管理上重点作业系列。

在关键路线上计算出来的 t_i^E 和 t_i^L,均有
$$t_i^E = t_i^L$$

一般在矢线图上用粗线来表示关键路线。

(4) 间隙(slack)

在节点 i 的时间若有多余,则称作业有间隙。间隙的表示符号为 SL_i,数值上等于该节点最迟完成时间与最早开始时间之差,即
$$SL_i = t_i^L - t_i^E$$

3. 项目日程与多余时间

用节点时间管理仅能进行一般的日程管理,若要进行较为精确的日程管理,需要计算每个作业的最早和最迟的开始、终了时间及多余时间。

(1) 作业日程及计算

① 最早开始日程(earliest start time)

这是能够开始作业 (i,j) 的最早开始时间,表示符号为 ES_{ij}。ES_{ij} 同于节点 i 的最早开

始时间 t_i^E，即

$$\text{ES}_{ij} = t_i^E$$

② 最早终了日程(earliest finish time)

这是作业(i,j)最早结束的日程，表示符号为 EF_{ij}。EF_{ij} 是作业(i,j)以最早开始时间 ES_{ij} 开始，而以所需作业天数 D_{ij} 结束时的日程，所以计算公式为

$$\text{EF}_{ij} = \text{ES}_{ij} + D_{ij}$$

③ 最迟终了日程(latest finish time)

这是作业(i,j)最晚结束的极限日程，表示符号为 LF_{ij}。LF_{ij} 等同于节点 j 约最迟完成时间 t_j^L。

$$\text{LF}_{ij} = t_j^L$$

④ 最迟开始日程(latest start time)

这是作业(i,j)最晚开始的极限日程，表示符号为 LS_{ij}。LS_{ij} 是作业(i,j)要以最迟终了日程 LF_{ij} 结束所必需的最晚开始日程。其公式为

$$\text{LS}_{ij} = \text{LF}_{ij} - D_{ij}$$

(2) 多余时间与关键路线

① 虚作业

为了正确反映各个作业之间的逻辑关系，有时需要引进虚作业，即虚设的活动。它不消耗资源，不占用时间，通常用虚矢线来表示。

虚作业的引进大致有两种情况：一种是为了正确表示各个活动之间的先后承接关系，有时必须引入虚活动。另一种是先后两个节点只能代表一项活动，当两个或两个以上的活动具有同一个始点和终点时，需要引入虚活动，予以区别。如图5-4-26中的节点③到④之间的作业。

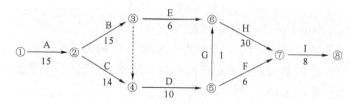

图 5-4-26　作业计划矢线图

② 全多余(total float)

这是作业(i,j)所持有的总多余时间，表示符号为 TF_{ij}。作业(i,j)若以 ES_{ij} 开始和以 EF_{ij} 结束，则 EF_{ij} 比 LF_{ij} 早时所产生的多余($\text{LF}_{ij} - \text{EF}_{ij}$)即为全多余，或者作业$(i,j)$若以 LF_{ij} 结束，则其最迟开始日程 LS_{ij} 比最早开始日程 ES_{ij} 晚时所产生的多余($\text{LS}_{ij} - \text{ES}_{ij}$)也是全多余。因此

$$\text{TF}_{ij} = \text{LS}_{ij} - \text{ES}_{ij} = \text{LF}_{ij} - \text{EF}_{ij}$$

③ 关键路线(critical path)

没有全多余的作业称为关键作业。由关键作业所确定的路径称为关键路线。符号为 CP。

关键路线在矢线图上意味着是最长的路径，一般在矢线图上以粗线表示。关键路线上

的作业若超过了预定时间,就会直接影响全体工程的完成时间,故需给予重点管理。

4. 矢线图的应用举例

【例 5-4-4】 利用矢线图作出日程计划。

已知某项工程计划的作业项目、作业时间及作业的先后关系如表 5-4-6 所示,请作矢线图并计算节点日程和作业日程,找出关键路线。

表 5-4-6 某项工程计划的作业项目、作业时间及作业的先后关系

作业名称	A	B	C	D	E	F	G	H	I
先行作业	—	A	A	BC	B	D	D	EG	FH
作业时间/天	15	15	14	10	6	6	1	30	8

(1)据题意画出矢线图如图 5-4-26 所示。节点③到④之间是一个虚作业,不占用时间和其他资源。

(2)计算每个节点的最早开始时间应从网络的始点开始(始点的最早开始时间为0),自左向右,顺着矢线的方向,逐个计算,直至网络的终点。在图中用□标在作业矢线的上(左)方,见图 5-4-27。

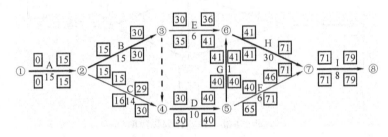

图 5-4-27 节点日程和作业日程计划矢线图

计算每个节点的最迟完成时间是从网络的终点开始(终点的最迟完成时间是刚计算出来的,在本例中为79),自右向左,逆着矢线的方向,逐个计算,直至网络的始点。在图中用□标在作业矢线的下(右)方,见图 5-4-27。

矢线的上方与下方□中的数据相同的为关键路线,图 5-4-27 中的粗线,由图可见关键路线上时差为零。

【例 5-4-5】 利用矢线图优化日程计划。

现有某项计划,共有七项作业,具体作业时间、费用及赶工费用率(每赶上一周所增加的费用比)如表 5-4-7 所示。该项计划的直接费用在正常作业时间下为40 000元,间接费用为每周1 000元,现求直接费用与间接费用之和最低时的工程周期。

表 5-4-7 某项计划的作业时间、费用及赶工费用率

作业名称	紧前作业	作业时间/周		作业费用/千元		赶工费用率/千元每周
		正常	赶工	正常	赶工	
A	—	6	5	5	7	2
B	A	3	1	3	5	0.5
C	A	8	4	6	9	0.75

续 表

作业名称	紧前作业	作业时间/周		作业费用/千元		赶工费用率/千元每周
		正常	赶工	正常	赶工	
D	B	4	3	3	5	2
E	B	5	3	8	11	1.5
F	CD	7	4	10	12	0.66
G	EF	2	1	4	6	2

(1) 绘制矢线图,按正常作业时间确定关键路线、工期及工程总费用。

由图 5-4-28 可知,工程周期为 23 周,故间接费用为 23 000 元,在正常情况下工程总费用为:

工程总费用＝直接费用＋间接费用＝40 000＋23 000＝63 000 元

9
16
21
21
23
23
B
3
E
5
D
4
A
6
G
2
C
8
F
7
①
②
③
④
⑤
⑥
0
0
6
6
14
14

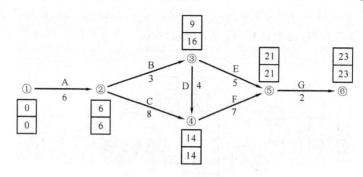

图 5-4-28　作业计划矢线图

(2) 选择赶工作业。选择时首先考虑关键路线上赶工费用率最低的作业,压缩后的线路延续时间不应低于其他平行线路的延续时间。

赶工后工程费用节约额＝间接费用节约额－直接费用增长额

节约额最大时的工程周期即为最佳工期。

分解图 5-4-28 可知此工程共有 3 条路线,如图 5-4-29 所示。

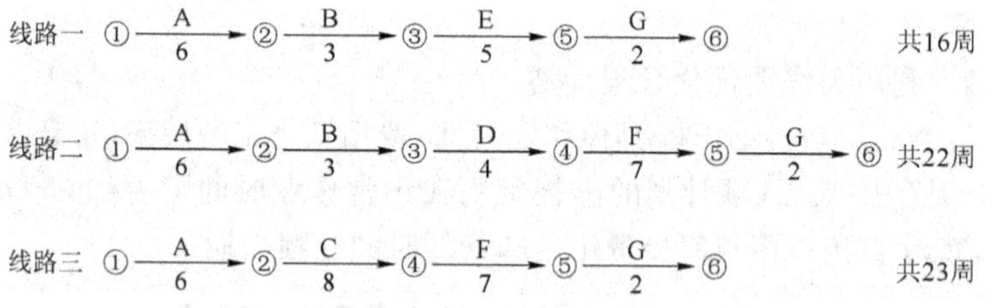

线路一 ① A 6 ② B 3 ③ E 5 ⑤ G 2 ⑥ 共16周
线路二 ① A 6 ② B 3 ③ D 4 ④ F 7 ⑤ G 2 ⑥ 共22周
线路三 ① A 6 ② C 8 ④ F 7 ⑤ G 2 ⑥ 共23周

图 5-4-29　工程的 3 条路线

首先压缩线路三上的作业 F,由 7 周压缩至 4 周,线路延续时间由 23 周缩至 20 周(线路二同时缩为 19 周)。

工程费节约额＝3×1 000－3×0.666×1 000≈1 000 元

再压缩作业 C,由 8 周缩至 7 周,此时线路三与线路二的延续时间相等,为 19 周,工期共缩短 4 周。

工程费节约额＝4×1 000－(3×0.666＋1×0.75)×1 000≈1 250 元

由于工程项目中其他作业赶工费用率均大于1，即每压缩一周，直接费用增大额将大于间接费用节约额，这是不合算的，故最佳周期为19周，工期压缩后工程总费用为

工程总费用＝赶工前的工程总费用－工程费用节约额
＝63 000－1 250≈61 750 元

以上介绍了质量管理中的新七种工具的观点、方法与应用例子。老QC方法在质量管理活动中已有了恰当的位置，在各企业得到了较为广泛的应用。如果新QC七种工具在质量管理中也得到了适当的应用，新老方法结合起来就能取得更大的成果。

在全面质量管理活动中，管理人员如果能够熟练地结合使用新老QC工具，重视质量管理，就可以提高产品质量，提高企业产品的市场竞争力，在现今的市场经济环境中立于不败之地。

第五节　6σ 管理概论

在20世纪80年代美国制造业面临日益激烈的国际竞争背景下，摩托罗拉率先提出6σ管理方法。6σ管理以顾客为中心，以数据为基础，以追求几乎"零缺陷"为目标（如果用3σ作为标准，次品率为0.27％，如果达到6σ的标准，次品率降为0.000 34％）。6σ管理方法的中心内容是以统计为依据的数据分析、测量问题、分析原因、改进优化和控制效果，对企业运行质量指标提出了一套新颖实用的度量系统。

一、6σ 管理的含义与组织

σ 的统计含义已在前面的章节中讲述过了，在生产过程中，产品质量会随时间的推移产生波动，通常所说的6σ质量水平代表 3.4×10^{-6} 的次品率。

（一）6σ 管理的含义

1. 以顾客为关注中心

获得高的顾客满意度是企业所追求的主要目标，然而顾客只有在其需求得到充分理解并获得满足后，才会满意和忠诚。以前有很多的企业仅是一次性或短时间地收集顾客的要求或期望，而忽略了顾客的需求是动态变化的，从而达不到高的顾客满意度。

在6σ管理中以顾客为中心是最优先的事。例如6σ管理的绩效评估就是从顾客开始的，6σ管理的改进程度是用其对顾客满意度和价值的影响来确定的，即一切以顾客满意和创造顾客价值为中心。

2. 基于数据和事实驱动的管理方法

6σ管理把"基于事实管理"的理念提到了一个更高的层次。虽然现在很多人的注意力开始集中在诸如改进了的信息系统、知识管理等新的管理手段上，但是他们做出的许多商业决策仍然是基于一些自以为是的观点和假设。6σ管理一开始就澄清什么是衡量企业业绩的尺度，然后应用统计数据和分析方法来建立对关键变量的理解和获得优化结果。

3. 聚焦于流程改进

在6σ管理中，流程是采取改进行动的主要对象。设计产品和服务，度量业绩，改进效率

和顾客满意度,甚至经营企业等,都是流程。流程在 6σ 管理中是成功的关键。

精通流程不仅是必要的,而且的确是在给顾客提供价值时建立竞争优势的有效方法。一切活动都是流程,所有的流程都有变异,6σ 管理帮助人们有效减少过程的变异。

4. 有预见的积极管理

"积极"是指主动地在事情发生之前进行管理,而不是被动地处理那些令人忙乱的危机,或称为"救火"。有预见的积极管理意味着应当关注那些常被忽略了的业务运作,并养成习惯;确定远大的目标并且经常加以检视;确定清晰的工作优先次序;注重预防问题而不是疲于处理已发生的危机;经常质疑做事的目的,而非不加分析地维持现状。

6σ 管理包括一系列工具和实践经验,它用动态的、即时反应的、有预见的、积极的管理方式取代那些被动的习惯,促使企业在当今追求几乎完美的质量水平而不容出错的竞争环境下能够快速向前发展。

5. 无边界合作

"无边界"是指消除部门及上下级间的障碍,促进组织内部横向和纵向的合作。这改善了过去仅仅是由于彼此间的隔阂和企业内部部门间的竞争而损失大量金钱的状况,这种做法改进了企业内部的合作,使企业获得了许多受益机会。而 6σ 管理扩展了这样的合作机会,当人们确认了如何使自己的职责与企业的远大前景相适应时,就会意识到并且能够衡量出工作流程各部分的相互依赖性。在 6σ 管理法中无边界合作并不意味着无条件的个人牺牲,这里需要确切地理解最终用户和流程中工作流向的真正需求,更重要的是,它需要用各种有关顾客和流程的知识使各方同时受益,由于 6σ 管理是建立在广泛沟通基础上的,因此 6σ 管理法能够营造出一种真正支持团队合作的管理结构和环境。而联结这种无边界合作的"纽带",就是那些有着强烈使命感的黑带。黑带是项目改进团队的负责人,而黑带项目往往是跨部门的。要想获得成功就必须由黑带率领他的团队打破部门之间的障碍,通过无边界合作完成 6σ 项目。

6. 追求完美,容忍失误

为什么在追求完美的同时还要容忍失败,二者看上去似乎有些矛盾。从本质上讲,这两方面是互补的。作为一个以追求卓越作为目标的管理方法,6σ 管理为企业提供了一个近乎完美的努力方向。没有不执行新方法、贯彻新理念就能实施 6σ 管理的企业,而这样做总会带来风险。在推行 6σ 管理的过程中,可能会遇到挫折和失败,企业应以积极应对挑战的心志,面对挑战和失败。

(二) 6σ 管理的组织机构

6σ 不仅是一种质量改进方法,它已经发展为一种管理战略,它以顾客为关注中心,注重建立相应的组织机构,包括对领导作用的规范,以及 6σ 的团队建设。

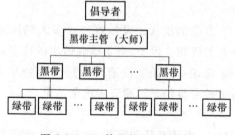

图 5-5-1　6σ 管理的组织结构

企业实施 6σ 活动的首要任务是创建一个致力于质量改进的专家团队,并确定团队内的各种角色及其责任,形成 6σ 的组织体系,如图 5-5-1 所示。这是实施 6σ 管理的基本条件和必备的资源。

6σ 团队形成的关键是团队领导和成员的选择,及团队成员达成共识。在团队组建初期,找出合适的关键项目,并针对改进项目组建团队是最主要的工作。倡导者、黑带大师和黑带都是6σ推进活动的领导人,所以应慎选合适的人选。

1. 倡导者(Champion)

倡导者一般由企业高级管理人员(如行政执行总裁、总经理、副总经理)组成,大多数为兼职,由一位或两位副总经理全职负责6σ管理的组织和推行。其主要职责为:调动和提供企业内部和外部的各项资源,确认和支持6σ管理全面推行,决定"该做什么",其具体职责通常是:

(1) 保证项目与企业的整体目标一致,当项目没有前进方向时,指明方向;

(2) 使其他领导(尤其是首席执行官 CEO)知道项目的进展;

(3) 制定项目选择标准,校准改进方案,特许项目展开;

(4) 为黑带团队提供或争取必需的资源,例如:时间、资金等方面的保障,建立奖励制度,推进活动展开;

(5) 检查各阶段任务实施的状况,排除障碍;

(6) 协调与其他6σ项目的关系;

(7) 评价已完成的6σ项目。

倡导者往往又是接受培训和准备工作做得相对较少的,因此,黑带应积极争取倡导者支持,协助黑带主管解决早期6σ管理推行过程中的薄弱环节。

2. 黑带主管(Master Black Belt)

黑带主管又称为黑带大师。黑带主管是6σ的全职管理人员,在绝大多数情况下,黑带主管是6σ专家,通常具有工科或理科背景,或者具有相当高的管理学位,是6σ管理工具的高手。黑带主管与倡导者一起协调6σ项目的选择和培训,其主要职责是:理顺关系,组织项目实施,执行和实现由倡导者提出的"该做什么"的工作;在6σ管理中,决定"该如何培训黑带和为其提供技术支持,推动黑带们领导的多个项目"。

一般在企业刚开始推行6σ管理时,黑带主管来自专门的咨询或培训机构,有着丰富的6σ管理的背景和经验。也可以聘用具备资格的专家作为企业的6σ黑带主管。经过较长的时间,有些黑带大师会从专业的黑带中产生,在他们所在企业的质量管理部门获得最基本经验,以及多个项目的成功体会。黑带主管更多的是扮演企业变革的代言人角色,帮助推广6σ管理方法和突破性改进。黑带主管也可以兼任黑带或者对其他职位人员的培训和指导,其具体的职责为:

(1) 接受6σ管理的专业训练;

(2) 指导若干个黑带,发挥6σ的专业经验;

(3) 扮演变革推进者角色,引进新观念与新方法;

(4) 执行及管理6σ培训;

(5) 与倡导者共同协调各种活动,确保完成项目;

(6) 协助黑带向上级提出报告。

黑带主管的工作是保证黑带及其团队保持在正确的轨道上,能够顺利地完成他们的工作,具体指导和协助黑带及其团队在6σ改进过程中完成每个步骤的关键任务。通常黑带主管为团队在收集数据、进行统计分析、设计试验与关键管理人员沟通等方面提供建议和帮助。

3. 黑带(Black Belt)

黑带是企业推行 6σ 管理中最关键的力量。作为项目团队的带头人，黑带的选择直接关系到 6σ 改进活动的成功与否，因此 6σ 黑带应具备以下能力：卓越的领导力，一定的项目管理技巧。在 6σ 团队建设的过程中，应包括团队使命、基础、目标、角色及职责等要素，同时应做好团队激励及团队培训等。

从黑带在 6σ 管理中担当的角色来看，有个基本职能就是应用 6σ 方法解决问题。黑带是 6σ 方法的实践者，要具备解决复杂问题的能力。黑带必须要掌握依据数据做出决策的科学方法。需要说明的是，在 6σ 方法中，统计技术是十分重要的科学方法。但对黑带来说，不仅要能熟练地应用统计技术，还要在项目实施的每一个阶段，根据具体问题对如何应用这些工具方法做出正确的选择，通常黑带的具体职责是：

(1) 在倡导者及黑带主管的指导下，界定 6σ 项目；
(2) 带领团队运用 6σ 方法；
(3) 拥有适宜的人际关系及组织技巧，让团队始终保持高昂的士气与稳定的情绪；
(4) 开发并管理项目计划，必要时建立评价制度，监督资料收集和分析；
(5) 选择指导并使用最有效的工具和技术；
(6) 担任与财务部门间的桥梁，核算项目节约的成本和收益；
(7) 让所有与过程相关的人员知道项目的经济效益；
(8) 项目完成后提出项目报告；
(9) 指导和培训绿带。

如果没有一个具有实力且不怕辛苦的黑带，6σ 项目通常不会取得很大的成功。作为一个黑带，必须拥有多项技能，包括：解决问题的能力、收集和分析数据的能力、领导和管理的能力，并且还要擅长项目管理，具备通过共同努力，把事情按时做完的能力。因此，成为一名黑带通常需要在 4～5 个月内接受累计 20 多天的专业培训。

4. 绿带(Green Belt)

绿带是企业内部推行 6σ 管理众多具体项目的负责人，为兼职人员，通常为企业各基层部门的骨干或负责人。很多 6σ 的先驱企业，很大比例的员工都接受过绿带培训。绿带的作用是把 6σ 管理的新概念和工具带到企业日常活动中去。绿带是 6σ 活动中人数最多的，也是最基本的力量，其主要的职责是：

(1) 提供过程有关的专业知识；
(2) 与非团队成员的同事进行沟通；
(3) 收集资料；
(4) 接受并完成所有被指派的工作项目；
(5) 执行改进计划；
(6) 参加会议和活动。

二、6σ 管理的模式

(一) 6σ 的改进模式

6σ 方法包括 5 个连续的步骤：界定(D)、测量(M)、分析(A)、改进(I)、控制(C)，即 DMAIC，每一步都是执行下一步的基础，如图 5-5-2 所示。

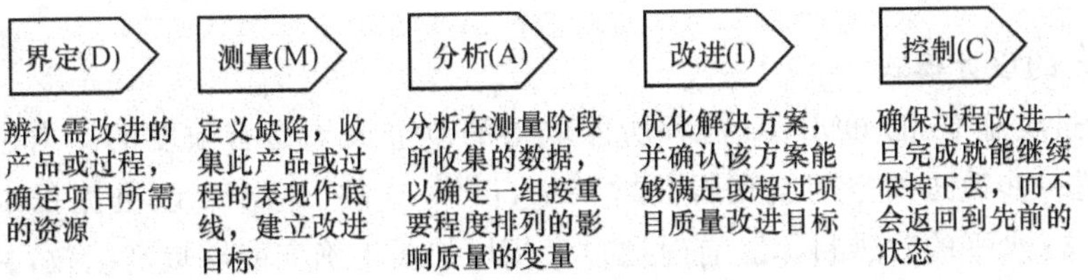

界定(D): 辨认需改进的产品或过程,确定项目所需的资源

测量(M): 定义缺陷,收集此产品或过程的表现作底线,建立改进目标

分析(A): 分析在测量阶段所收集的数据,以确定一组按重要程度排列的影响质量的变量

改进(I): 优化解决方案,并确认该方案能够满足或超过项目质量改进目标

控制(C): 确保过程改进一旦完成就能继续保持下去,而不会返回到先前的状态

图 5-5-2 DMAIC 模型

在界定阶段,确定某个关键的问题,一个项目团队为此成立,并被赋予相应的责任和相应的资源来解决问题。

在测量阶段,收集和分析数据,以确定并描述发生的情况;产生问题的当前过程的效绩水平。同时,测量阶段初步得出引起问题的可能原因。

在分析阶段,提出可能引起问题的原因的假设,通过对这些假设的分析,找出根本原因。

在改进阶段,对产生问题的过程设计并实施改进方案,以消除这些根本原因。

在控制阶段,设计并实施新的控制手段,以阻止原问题的复发,并保持改进带来的收益。

最后,是成果的推广,团队所获得的知识、洞察到的见解以及所获技能都被用来改正其他质量问题和寻找其他质量改进项目。

在 DMAIC 实施的 5 个步骤中,每个步骤都有其活动的重点及经常使用的质量管理工具,表 5-5-1 给出的是 DMAIC 各阶段的活动重点及采用的工具和技术。

表 5-5-1 DMAIC 各阶段的活动重点及采用的工具和技术

阶段	活动要点	常用工具和技术	
D(界定阶段)	项目启动 寻找 $Y=f(x)$	• 头脑风暴法 • 亲和图 • 树图 • 流程图 • SIPOC 图 • 平衡计分卡	• 力场图 • PDCA 分析 • 因果图 • 顾客之声 • 劣质成本 • 项目管理
M(测量阶段)	确定基准 测量 Y, X_S	• 排列图 • 因果图 • 散布图 • 过程流程图 • 测量系统分析 • 失效模式与影响分析 • 过程能力指数	• 劣质成本 • PDCA 分析 • 水平对比法 • 直方图 • 趋势图 • 检查表 • 抽样计划
A(分析阶段)	确定要因 确定 $Y=f(x)$	• 头脑风暴法 • 因果图 • PDCA 分析 • 审核 • 水平对比法 • 方差分析	• 试验设计 • 抽样计划 • 假设检验 • 多变量图 • 回归分析 • 劣质成本分析
I(改进阶段)	消除要因 优化 $Y=f(x)$	• 试验设计 • 质量功能展开(QFD) • 正交试验 • 响应曲面法	• 调优运算(EVOP) • 测量系统分析 • 过程改进
C(控制阶段)	保持成果 更新 $Y=f(x)$	• 控制图 • 统计过程控制 • 防差错措施	• 过程能力指数 • 标准操作程序(SOP) • 过程文件控制

(二) 6σ 的设计模式

企业通过实施 6σ 的 DMAIC 流程所能取得的改进成果是有限度的。当过程的 σ 水平接近 5 时,进一步改进的空间就变得非常狭窄,仅靠 6σ 的 DMAIC 改进流程本身的力量通常无法达到 6σ 水平的改进目标。有时通过大幅增加投入确实能够提高绩效,甚至能够达到 5.5σ 水平,但是如此巨大的投入会使得成本增加、回报率大幅度降低,结果得不偿失,违背了 6σ 管理的"低成本,高质量"的理念。如果一个企业希望自己的绩效更上一层楼,这时就应该考虑放弃原来的流程,对原流程进行重新设计,这种重新设计过程的方法就是 6σ 设计。

6σ 设计就是按照合理的流程,运用科学的方法(如质量功能展开)准确理解和把握顾客需求,对新产品或流程进行稳健设计(robust design),使产品或流程本身具有抵抗各种干扰的能力,从而在低成本下实现 6σ 甚至更高的质量水平。

6σ 改进注重的是简化生产和业务流程,以消除错误、提高效率、节约资金。而 6σ 设计启动得更早,它提前一步对流程本身进行设计或重新设计,从而把问题消灭在初始阶段,以便从体制上防止后面各环节中可能出现的错误。如果说 6σ 改进是对流程的修补,6σ 设计则是提供一个更加稳定可靠、效果更好、无懈可击的全新的流程。

与 DMAIC 相似,6σ 设计也有自己的流程,比如 DMADV 模式、IDDOV 模式、DMEDI 模式、DMADOV 模式等,但是到目前为止还没有形成统一的模式。下面简单介绍其中两个应用比较广泛的模式。

1. DMADV 模式

DMADV 模式主要适用于流程的重新设计和对现有产品的突破性改进,其阶段为:定义阶段(define)、测量阶段(measure)、分析阶段(analysis)、设计阶段(design)、验证阶段(verify)。

各阶段的活动目标如下。

(1) 定义阶段(D)

① 目标描述;

② 流程范围界定;

③ 流程输出和需求修改。

(2) 测量阶段(M)

① 描述流程;

② 验证测量系统;

③ 测量过程绩效。

(3) 分析阶段(A)

① 价值分析;

② 流程实践分析。

(4) 设计阶段(D)

① 确认/调整范围、绘制概要流程图;

② 创造设计理念;

③ 建立详细的设计方案。

(5) 验证阶段(V)

① 每个操作步骤的设计评价；

② 改进设计；

③ 试验新的流程；

④ 全面推广。

2. IDDOV 模式

著名 6σ 管理专家乔杜里提出了 6σ 设计的一个称为 IDDOV 的流程,这是大家公认的适用于制造业的 6σ 设计流程,其阶段为:识别(identify)阶段、定义(define)阶段、研制(develop)阶段、优化设计(optimize)阶段及验证(verify)阶段。各阶段的任务和目标如下。

(1) 识别阶段(I)

① 通过项目团队章程；

② 创建商业案例；

③ 完成项目计划；

④ 确定顾客要求(运用质量功能展开)；

⑤ 给顾客需求确定优先级别；

⑥ 说明产品要求和目标(运用质量功能展开)；

⑦ 确认关键质量特性(CTQ)的衡量方法。

(2) 定义阶段(D)

确认采用何种方法获知顾客的需要和要求,并将它们列入顾客的声音清单中,将顾客的声音转化为实际的要求。

(3) 研制阶段(D)

① 利用创造性的方法确定可行的概念；

② 使用符合逻辑的、客观的方法来评估可选的方案；

③ 确认并消除产品或服务失效的潜在可能性。

(4) 优化设计阶段(O)

尽量减少产品或流程的差异性(稳健性优化),调整输出信息,使其达到指标。

(5) 验证阶段(V)

① 验证生产过程的能力；

② 建立、测试并固化原型；

③ 进行试生产。

3. 6σ 设计常用工具和技术

6σ 设计所用的工具和技术并不是全新的发明,它们大都是在 20 世纪 70 年代以后产生发展起来的,主要包括质量功能展开(QFD)、系统设计、失效模式与影响分析(FMEA)、参数设计与容差设计(田口方法)以及新 QC 7 种工具等。并且在此基础上广泛吸收现代科学和工程技术,形成了一种以顾客需求为导向,创造高质量、高可靠性、短周期、低成本产品的新的设计思想和方法体系——稳健性设计。稳健性设计已在工程实践中大规模推广应用,并带来了巨大的经济效益。

复习思考题

1. 什么是 PDCA 循环法？其主要特点是什么？
2. PDCA 循环法解决问题和改进工作的四个阶段、八个步骤是什么？
3. 什么是过程能力？什么是过程能力指数？
4. 说明过程能力指数与公差的关系。
5. 如何对过程能力进行判断？
6. 什么是关联图？它主要研究什么问题？
7. 什么是 KJ 法？它有哪些作用？简述 A 型图法的作图步骤。
8. 什么是系统图？怎样绘制系统图？
9. 什么是矩阵图？矩阵图有哪些类型？
10. 什么是矩阵数据分析法？矩阵数据分析法与矩阵图有何异同？
11. 什么是 PDPC 法？PDPC 法的特征是什么？
12. 如何理解 6σ 理念？
13. 6σ 团队成员有哪些？具体职责是什么？
14. 6σ 改进的模式是什么？
15. 6σ 设计的模式是什么？

练习题

对如下表问题画出矢线图，找出关键路线。

活动名称	紧前活动	作业时间/日
A	无	2
B	无	5
C	A	5
D	B	3
E	C,D	9
F	E	2

第六章 服务质量管理

学习目标

【知识目标】
- ◆ 理解服务及服务质量的基本概念及内容
- ◆ 了解 SERVQUAL 调查法与服务质量差距模型
- ◆ 了解服务质量体系的概念及内容
- ◆ 理解服务过程质量管理的内容

【能力目标】
- ◆ 能够解释什么是服务及服务的特征
- ◆ 能够说明服务质量及其包括的内容
- ◆ 了解 SERVQUAL 调查法
- ◆ 能够看懂服务质量差距模型进而学会应用
- ◆ 知道服务质量体系的概念及内容
- ◆ 能够说明服务过程质量管理包含的内容

随着社会经济的发展,服务在整个社会活动中的比重不断增加,服务业已成为国民经济的重要组成部分。服务业包括了工农业和建筑业以外的所有部门,它覆盖整个社会,涉及每一个社会组织和个人。

适应变化的市场环境和顾客需求,不断提高服务质量和顾客满意度,成为服务企业在竞争环境下自身发展的迫切需要,也促使企业将服务质量管理作为企业管理的核心和重点。由于服务和服务质量的特殊性,服务质量控制比制造质量控制要相对困难得多,对于服务质量的管理也不应简单套用制造业质量管理方法。

第一节 服务和服务质量

一、服务及其分类

(一)服务的定义

在 ISO9000:2000《质量管理体系 基础与术语》中服务的定义:服务通常是无形的并且是在供方和顾客接触面上至少需要完成一项活动的结果。

服务的提供可涉及：
- 在顾客提供的有形产品（如维修的汽车）上所完成的活动；
- 在顾客提供的无形产品（如为准备税款申报书所需的收益表）上所完成的活动；
- 无形产品的交付（如知识传授方面的信息传递）；
- 为顾客创造氛围（如在宾馆和饭店）。

从上述定义中可以看出，服务是为满足顾客需要，在同顾客的接触中供方的活动和供方活动的结果。它包含以下几层意思：

第一，服务的目的是为了满足顾客需要。顾客是指接受服务的个人或组织，顾客可以是提供服务组织外部的也可以是内部的。服务是针对顾客的需要提供的，顾客的需要通常包括在服务的技术标准、服务的规范和服务提供的过程中。

第二，服务的条件是必须与顾客接触。这种供方与顾客之间的接触可以是人员也可以是货物、装备。例如，私人汽车在公路上抛锚，顾客打电话给维修公司，维修公司在顾客不在的情况下，把车拖回修理厂维修，似乎没有直接与顾客接触，但这种服务中，汽车就是顾客的代表，与服务的供方即维修公司相接触。

第三，服务的内容是供方的活动和供方活动的结果。服务产生于顾客与供方、实物资源与供方系统的相互作用中。

（二）服务的分类

服务是有其共性的，但同时服务又具有广泛的差异性，现实存在的服务千差万别，从简单的搬运行李到未来的登月旅行，从家电维修到网上购物，不同的服务具有各自的个性，而且随着科技的发展和人类文明的进步，新的服务不断涌现，因而在承认服务具有共性的同时，也应当看到服务种类繁多，差异极大。

对服务的分类，西方许多学者做了相当深入的研究，并尝试从不同角度对服务进行分类。以下列举了西方学者提出的四种分类方法。

1. 根据服务的对象特征分类

(1) 经销服务，如运输和仓储、批发和零售贸易等服务；
(2) 生产者服务，如银行、财务、保险、通信、不动产、工程建筑、会计和法律等服务；
(3) 社会服务，如医疗、教育、福利和宗教服务、邮政服务和政府服务等；
(4) 个人服务，如家庭服务、修理服务、理发美容服务、宾馆饭店服务、旅游服务和娱乐业服务等。

2. 根据服务存在的形式分类

(1) 以商品形式存在的服务，如电影、书籍、数据传递装置等；
(2) 对商品实物具有补充功能的服务，如运输、仓储、会计、广告等服务；
(3) 对商品实物具有替代功能的服务，如特许经营、租赁和维修等服务；
(4) 与其他商品不发生联系的服务，如数据处理、旅游、旅馆和饭店等服务。

3. 按服务供方的性质分类

(1) 基本上以设备提供为主的，如洗车、影院、航班等；
(2) 基本上以提供服务为主的，如园丁、修理工、律师、医师等。

尽管可以根据不同的因素来划分服务，但仍不可避免地存在两个缺陷：第一，由于服务营销创新和技术进步，新的服务业不断产生，服务的分类必须是开放的，以便随时增添新型服务业,这给服务理论研究带来相当大的不确定性;第二,有关服务业的这些分类是从不同的角度认识服务的,带有明显的主观性,还缺乏统一的、被一致认同的分类标准。

4. 根据服务体系的接触程度分类

(1) 高接触性服务,指顾客在服务提供过程中参与其中全部或大部分的活动,如电影院、娱乐场所、公共交通、学校等提供的服务。

(2) 中接触性服务,指顾客只在部分环节或局部时间内参与服务提供的活动,如银行、律师、房地产经纪人等提供的服务。

(3) 低接触性服务,指在服务提供过程中顾客与服务的提供者接触较少,他们的接触一般通过仪器设备进行,如信息咨询、邮电通信等提供的服务。

二、服务的特征

服务的基本特征决定了服务与有形产品的区别,对此许多学者有深入的研究。归纳起来,对大多数服务而言,主要有以下六个方面的共同特征。

(一) 服务具有无形性

无形性是服务的最主要特征,是服务与一般有形产品最本质、最明显的区别。

首先,服务及组成服务的要素很多具有无形的性质,让人不能触摸或无法凭肉眼看见。其次,服务不仅其本身是无形的,甚至消费服务获得的利益也可能很难觉察到或仅能抽象地表达出消费服务的感受。因此,在服务被购买之前,消费者无法去品尝、感觉、触摸服务,购买服务必须参考许多意见与态度等方面的信息。同时,购买依赖于以前的消费经验。

但另外,真正纯粹的无形服务是极其罕见的。大部分服务包含有形的成分,很多有形产品附加在服务之中一并出售,如餐饮服务中的食物、客运服务中的汽车、维修服务中的配件等。对顾客而言,重要的是这些有形的载体所提供的服务或效用。同时,提供服务也离不开有形的过程或程序,如餐饮服务离不开厨师加工菜肴,绿化服务需要园艺师设计、修剪花草等。

服务的无形性并非指所有的服务都是完完全全不可感觉的,只是服务的无形性仍然是人们最常用的标准,也是服务最基本的特征。正是因为服务具有高度的无形性,消费者才很难直接确定所消费的服务的好坏优劣,只是从服务过程中的感受来评价和判断服务的价值。而这些感受也只能用抽象的语言来说明,同有形产品相比较,还是具有非常明显的差异。

(二) 服务的生产和消费不可分离性

有形产品从设计、生产到流通、消费,需要经过一系列的中间环节,生产和消费具有非常明显的时间间隔和空间间隔。而服务的生产和服务的消费是同时进行的,服务人员在提供服务给顾客的同时,也是顾客消费服务的过程,两者在时空上具有不可分割性,例如,在教育服务中的教师和学生,医疗服务中的医生和病人,只有两者相遇,服务才有可能成立。即使是如网上贸易、远距离电视教学等,服务生产者和消费者也是通过互联网或电视等媒介发生接触的,其服务的生产或提供过程和消费过程也是不可分离的。

日本学者江见康一将服务的这一特征导致的社会组织现象概括为服务的供给和时间的调节。他认为,服务的生产和消费的不可分离性,导致调节服务供求一致的工具只能是时间,这一点与一般有形产品的供求不一致,后者的供求可以通过库存品的数量的变化来调节,以适应顾客的需求。服务与商品不一样,它无法储存,因为服务的供给与需求普遍地需要同时产生。作为社会化的组织方式,这些靠时间调节来达到服务供求一致的方法,在医疗部门即为预约系统,又如学校授课时间表、音乐会开演时间、列车时刻表等全都规定着服务的时间。无论是服务的提供者还是服务的消费者,都必须在特定的时间内共同行动。但是,在同一时间内服务的供给或需求的任何一方过于集中,都会产生供过于求或供不应求的现象,这也是公共汽车在高峰时会拥挤和铁路运输在春运时压力过大的原因。

(三) 服务并非实物,是一系列的活动或过程

服务不是有形产品,即不是实物,服务是服务供方通过一系列的活动或过程将服务提供给服务的买方,也是服务供方生产和服务买方消费的一系列活动或过程。服务的供方不可能按传统的方式来控制服务的质量,也无法按传统的方式对服务进行营销。如果服务尚未出售,尚未供顾客消费,就谈不上对服务质量进行控制。当然,服务的种类繁多,个性千差万别,也不可能一概而论,但一般而言,服务的生产过程的大部分是不可见的,顾客可见的生产过程只是整个服务生产过程的一小部分。因此,顾客十分注意自己看得见的那部分服务的生产过程,对所看见的活动或过程进行仔细的体验和评估。

(四) 服务的差异性

服务的构成成分及其质量水平经常变化,很难统一界定。服务业是以人为中心的产业,人类个性的存在,包括服务决策者、管理者、提供者和消费者,使得对于服务质量的检验较难采用统一的标准。一方面,由于服务提供人员自身因素的影响,即使由同一服务人员在不同时间提供的服务也很可能有不同的质量水平,而在同样的环境下,不同服务人员提供的同一种服务的质量也有一定的差别;另一方面,由于顾客直接参与服务的生产和消费过程,不同顾客在学识、素养、经验、兴趣、爱好等方面的差异客观存在,直接影响到服务的质量和效果,同一顾客在不同时间消费相同质量的服务也会有不同的消费感受。因此,对服务企业的质量保证能力有较高的要求,否则容易使顾客对服务企业产生混乱的认识,并损害服务企业的形象和声誉。

(五) 服务的不可储存性

服务的无形性以及服务生产和消费的同时性,使得服务不可能像有形产品那样可以被储存起来,以备未来销售;或者顾客能够一次购买较多数量的服务回去,以备未来需要时消费。因此服务在时间上不可储存,在空间上不可转移,服务的这种特性易引发供求之间的矛盾。尽管企业生产或提供的服务如果没有被及时消费掉(如影剧院内的座位、游轮上的舱位、电信部门的通信容量等),并不一定增加服务企业的总成本,仅仅表现为服务机会的丧失,但由于单个顾客的消费成本将增加,而顾客的消费价格则一般不会由于顾客数量的减少而提高,最终可能会造成服务的价格低于服务的成本的结果。因此,服务企业必须研究如何充分利用现有资源,包括人员、设备等,提高工作效率,解决服务企业供需矛盾。例如在公共交通客运中,上下班高峰期乘客数量远远超过低峰期,旅游区淡季游客数量很少,而节假日则过于拥挤,因此,服务企业应尽量增加服务供给的弹性,以适应变化的服务需求。

(六) 服务是不包括服务所有权转让的特殊形式的交易活动

与有形产品交易不同,服务是一种经济契约或社会契约的承诺与实施的活动,而不是有形产品所有权的交易。在大多数服务的生产和消费过程中,不涉及任何东西的所有权转移。服务是无形的,又是不可储存的,服务在交易完成以后就消失了,顾客并没有实质性地拥有服务,例如,乘客乘汽车从一个地方到达另一个地方,乘客除了拥有车票以外,他们就不再拥

有任何其他东西,同时,客运公司也没有把任何东西的所有权转让给乘客。

缺乏所有权会使顾客在购买时感受到较大的风险,如何克服这种消费心理,促进服务的销售,是服务营销人员所需要面对的问题。目前,许多服务业发达的国家,一些服务企业探索利用会员制、信用卡等方式维系企业与顾客之间的关系。当顾客成为企业的会员后,他们可享受某种优惠,让他们感受到就某种意义而言,他们确实拥有企业所提供的服务。

服务交易普遍地不包括所有权转让的特征,也对服务价格产生影响。一般地,有形产品的价格最终通过市场供求关系而确定,但主导价格的是有形产品的成本,即生产有形产品所投入的一切费用。然而,给服务定价需要认定该服务价格肯定会有消费者愿意接受。这种以需求确定供给价格的定价方式在服务定价中表现得特别明显。顾客愿意支付该服务的费用,是出于支付这些费用以获得满意服务的预期,例如,航班上的商务舱或头等舱、列车上的硬卧或软卧是考虑到顾客愿意支付这种水平的消费价格。因此,与产品价格取决于成本这一观点相反,服务价格更大程度上取决于希望获得满意服务的顾客愿意支付的消费水平。显然,服务提供对于顾客的嗜好、教育程度、文化性需求及福利要求等变动的适应,要比有形产品的生产相对大些。

三、服务质量及其基本理论

(一) 服务质量的定义

服务质量是服务满足规定或潜在需求的特征和特性的总和。特性是用以区分不同类别的产品或服务的概念。例如,旅游有陶冶人的性情给人愉悦的特性,旅馆有给人提供休息、睡觉的特性。特征则是用以区分同类服务中不同规格、档次、品味的概念。对服务质量的要求一般包括服务的安全性、适用性、有效性和经济性等。

鉴于服务交易过程的顾客参与性和生产与消费的不可分离性,服务质量必须经顾客认可,并被顾客所识别。服务质量的内涵应包括以下内容。

(1) 服务质量是顾客感知的对象;

(2) 服务质量既要有客观方法加以制定和衡量,更多地要按顾客主观的认识加以衡量和检验;

(3) 服务质量发生在服务生产和交易过程之中;

(4) 服务质量是在服务企业与顾客交易的真实瞬间实现的;

(5) 服务质量的提高需要内部形成有效管理和支持系统。

服务质量同有形产品的质量在内涵上有很大的不同。二者的区别在于:其一,服务质量较有形产品的质量更难被消费者所评价;其二,顾客对服务质量的认识取决于他们预期同实际所感受到的服务水平的对比;其三,顾客对服务质量的评价不仅要考虑服务的结果,而且涉及服务的过程。

显然,服务质量有预期服务质量与感知服务质量之别。

由于服务的无形性、可变性和不可分离性,服务质量非常复杂。其构成要素、形成过程、考核依据、评价标准均和有形产品质量存在差异。1982年,Gronroos 提出了顾客感知服务质量(Perceived Service Quality)的概念和模型,这一概念成为服务质量管理最为重要的理论基础。

顾客对服务质量的满意可以定义为:将对接受的服务的感知与对服务的期望相比较。

当感知超出期望时,服务被认为具有特别质量,顾客会表示满意;当服务没有达到期望时,服务注定是不可接受的;当期望与感知一致时,质量是满意的。如图 6-1-1 所示,服务期望受到口碑、个人需要和过去经历的影响。

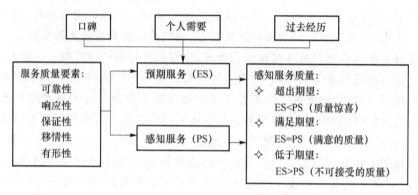

图 6-1-1 服务质量要素模型

预期服务质量即顾客对服务企业所提供服务预期的满意度。感知服务质量则是顾客对服务企业提供的服务实际感知的水平。如果顾客对服务的感知水平符合或高于其预期水平,则顾客获得较高的满意度,从而认为企业具有较高的服务质量,反之,则会认为企业的服务质量较低。从这个角度看,服务质量是顾客的预期服务质量同其感知服务质量的比较。

预期服务质量是影响顾客对整体服务质量的感知的重要前提。如果预期服务质量过高,不切实际,则即使从某种客观意义上说他们所接受的服务水平是很高的,他们仍然会认为企业的服务质量较低。预期服务质量受四个因素的影响:市场沟通、企业形象、顾客口碑和顾客需求。

市场沟通包括广告、直接邮寄、公共关系以及促销活动等,直接为企业所控制。这些方面对预期服务质量的影响是显而易见的。例如,在广告活动中,一些企业过分夸大自己的产品及所提供的服务,导致顾客心存很高的预期质量,然而,当顾客一旦接触企业则发现其服务质量并不像宣传的那样,这样使顾客对其感知服务质量大打折扣。

企业形象和顾客口碑只能间接地被企业控制,这些因素虽受许多外部条件的影响,但基本表现为与企业绩效的函数关系。

顾客需求则是企业的不可控因素。顾客需求的千变万化及消费习惯、消费偏好的不同,决定了这一因素对预期服务质量的巨大影响。

对影响服务质量的因素进一步分析,可以将影响服务质量的因素分为影响顾客体验服务质量的因素和影响顾客预期服务质量的因素。

(1) 影响顾客体验服务质量的因素

① 服务人员素质。由于服务的生产和消费同时发生,服务人员经常与顾客直接接触,因此,服务人员的素质(知识水平、专业水平、行为方式等)直接影响顾客的体验服务质量。

② 服务设施。服务设施包括服务场所的硬件设施和软件设施。硬件设施包括服务场所的地理位置、服务环境、便利性设施等。软件设施包括布局、氛围、辅助服务人员的行为方式等。

③ 服务补救。服务补救是在服务过程中出现失误以后如何弥补的过程。服务失败不仅引起顾客的消极情绪和反应,而且最终导致顾客离开,并且将其经历告诉其他顾客。而成功的服务补救不仅能够留住顾客,还能够提高顾客的体验服务质量,从而提高服务质量,并且使顾客获得更大的满意度。

④ 内部营销计划。内部营销计划综合了内部营销和服务蓝图的优点。内部营销计划能够使得内部员工满意,满意的内部员工将提供高质量的服务,使得顾客体验服务质量提高,因此,可以得到较高的服务质量。

(2) 影响顾客预期服务质量的因素

① 个人经验。个人经验与预期服务质量是正相关关系。一个接受过良好服务的顾客下次购买该项服务时,对其服务质量有较高的预期,如果他所体验的服务质量低于他的期望质量,他就认为服务质量降低了,他的个人经验发生变化。那么,他再一次购买和消费该项服务时,其期望服务质量就会降低。

② 个人需求。个人需求增加使得个人提高了对服务质量的预期,根据服务质量方程式,如果顾客实际体验的服务质量低于预期服务质量,顾客认为服务质量差,反过来,使得个人需求降低,这有利于使顾客需求保持在一定的水平上。

③ 广告。广告的作用可以提升顾客对服务质量的预期。如果顾客体验的服务质量没有达到广告中的承诺,顾客就认为服务质量差。如果顾客体验的服务质量超过了广告中的承诺,顾客就认为服务质量好。

④ 价格。服务的价格影响顾客的预期服务质量。价格高,顾客对服务质量的预期就高;价格低,顾客对服务质量的预期就低。如果体验的服务质量高于预期的服务质量,顾客就认为服务质量高;如果体验的服务质量低于预期的服务质量,顾客就认为服务质量差。

⑤ 品牌。服务品牌化能够提升顾客对其所提供的服务质量的预期。如果顾客的体验服务质量超过顾客的预期质量,顾客就认为服务质量好,使得顾客的满意度提高,同时提高了企业的市场竞争力,反过来,对企业的品牌又起到强化作用,即该品牌代表高质量,提升了该品牌的知名度。

⑥ 企业形象。良好的企业形象使得顾客对服务的预期质量提高。如果顾客的体验服务质量高于顾客的预期服务质量,则顾客认为服务质量好,企业竞争力提高,并有利于提升企业形象。反之则有损于企业形象。

影响服务质量的因素还可以分为内部因素和外部因素。内部因素包括消费者感知质量、服务系统缺陷、服务实现差距等;外部因素包括消费者期望水平、市场竞争程度、社会文化差异等。

(二) 服务质量的内容

从顾客的角度来说,顾客购买服务并进行消费,他对服务质量的认识可以归纳为两个方面:一方面是顾客通过消费服务究竟得到了什么,即服务的结果,通常称之为服务的技术质量;另一方面是顾客如何消费服务的,即服务的过程,通常称之为服务的功能质量。服务质量既是服务的技术质量和功能质量的统一,也是服务的过程和结果的统一。

1. 服务的技术质量

服务的技术质量是指某项服务带给顾客的价值,即顾客从服务过程中所得到的东西,包括所使用的设备和作业技术等技术层面的内容。例如：宾馆为旅客休息提供整洁的房间和床位；饭店为顾客提供的美味菜肴，医院给病人提供的适当的医治方法等。顾客通过消费服务得到了一定的结果，即服务的技术质量。

技术质量是服务质量的一个方面，顾客容易感知，也便于评价。通常可以用某种形式来度量，如客运服务可以利用运行的时间作为衡量服务质量的一个依据；教育服务可以利用教学成果，例如考试、竞赛成绩或升学率作为衡量服务质量的一个依据。一般来说，顾客对他通过消费服务所获得的结果是非常关心的，这在顾客评价企业的服务质量中占有相当重要的地位。

2. 服务的功能质量

服务的功能质量主要是指顾客接受服务时的感觉，即顾客对服务的认知程度。例如：饭店服务员上菜时的动作；银行办理业务的环境；旅馆服务人员结账时的态度等。

由于服务的消费过程与生产过程的同步性，对顾客来说，消费服务除了感受到服务的结果即技术质量以外，还对服务的消费过程即功能质量非常敏感，实践也证明了顾客明显受到所接受服务的方式以及服务过程的影响。虽然消费服务的目的可能仅仅是为了获得该项服务的技术质量，但如果顾客在得到技术质量的过程中，由于发生了不愉快的事情，给顾客留下了不佳的印象，这样即使服务的结果即技术质量是完全相同的，顾客对服务质量的总体评价也会存在较大的差异。

综上所述，技术质量是客观存在的，而功能质量则是主观的，是顾客对过程的主观感觉和认识。顾客评价服务质量的好坏，是根据顾客所获得的服务效果和所经历的服务感受，两者综合在一起才形成完整的感受。

由于各种服务千差万别，虽然都提供了附加价值，但功能性的活动在不同的服务中的比重不相同，各种服务的技术质量和功能质量在整个服务质量中的比重会有显著的差别。而且，即使是同一种服务，如果服务过程有差异，技术质量可能不变，但功能质量也会有差异，例如法律诉讼代理服务，如果诉讼过程顺利，技术质量和功能质量都将较高；反之，如诉讼过程复杂、时间长，顾客的情绪可能受到影响，甚至超过耐心的极限而非常不满意。即使最终问题解决了，顾客得到的技术质量相同，但整个诉讼过程给他留下了恶劣的印象，严重影响了服务的功能质量，这样使得服务的总体质量较低。

大部分企业将技术质量视为服务质量的核心，集中企业资源提高服务的技术质量并以此作为企业竞争的主要因素。一般来说，如果一个企业能够在技术方面始终保持领先水平，通过不断开发新技术，将自己的竞争对手远远抛在后面，那么这种侧重技术质量的竞争战略是可以取得成功的。但由于世界经济一体化的趋势不断加快，高新技术在世界范围内的转移和扩散的速度越来越快，特别是新服务缺乏像产品的专利权那样的法律保护，可以很快被竞争对手所仿效，新服务的垄断优势难以持久。而且，随着技术创新难度的加大和技术淘汰步伐的加快，一个企业要想长期垄断本行业的技术开发，从而长期保持技术优势的状况将会日益减少。尤其是服务企业即使拥有高新技术，也可能由于经营管理不善，导致功能质量的低下而使服务质量不佳。

有鉴于此，西方管理学家建议，一个企业即使持续拥有高新技术，也最好将侧重服务的战略作为侧重技术战略的补充。至于不具备高新技术,或是不能持续拥有高新技术的企业,最好采用侧重服务的战略,即集中资源管理提供服务的过程,以提高服务的功能质量作为自己的竞争优势。

3. 服务的形象质量

服务的形象质量是指消费者企业在社会公众心目中形成的总体印象。它包括企业的整体形象和企业所在地区的形象两个层次。企业形象通过视觉识别、理念识别、行为识别等系统多层次地体现。顾客可从企业的资源、组织结构、市场运作、企业行为方式等多个侧面认识企业形象。企业形象质量是顾客感知服务质量的过滤器。如果企业拥有良好的形象质量,些许的失误会赢得顾客的谅解;如果失误频繁发生,则必然会破坏企业形象。倘若企业形象不佳,则企业任何细微的失误都会给顾客造成很坏的印象。

4. 服务的真实瞬间

服务的真实瞬间是服务过程中顾客与企业进行服务接触的过程。这个过程是一个特定的时间和地点,这是企业向顾客展示自己服务质量的时机。真实瞬间是服务质量展示的有限时机。一旦时机过去,服务交易结束,企业也就无法改变顾客对服务质量的感知;如果在这一瞬间服务质量出了问题也无法补救。真实瞬间是服务质量构成的特殊因素,这是有形产品质量所不包含的因素。

服务生产和传送过程应计划周密、执行有序,防止棘手的"真实瞬间"出现。如果出现失控状况并任其发展,出现质量问题的危险性就会加大。一旦真实的瞬间失控,服务质量就会退回到一种原始状态,服务过程的职能质量也会进一步恶化。

(三)服务质量的评价与分析

对服务质量进行客观的评价、分析是服务质量管理的一项重要内容。SERVQUAL 调查法与服务质量差距模型是 20 世纪 80 年代中期到 90 年代初,美国服务管理专家帕拉休拉曼(A. Parasuraman)、赞瑟姆(Valarie A Zeithamal)和贝利(Leonard L. Berry)等人提出的,是目前用于服务质量评价与分析最为普遍的方法。

1. SERVQUAL 调查法

SERVQUAL 理论是 20 世纪 80 年代末由美国市场营销学家帕拉休拉曼(A. Parasuraman)、来特汉毛尔(Zeithaml)和白瑞(Berry)依据全面质量管理(Total Quality Management,TQM)理论在服务行业中提出的一种新的服务质量评价体系,其理论核心是"服务质量差距模型",即服务质量取决于用户所感知的服务水平与用户所期望的服务水平之间的差别程度(因此又称为"期望-感知"模型)。用户的期望是开展优质服务的先决条件,提供优质服务的关键就是要超过用户的期望值。其模型为

$$SERVQUAL 分数 = 实际感受分数 - 期望分数$$

SERVQUAL 是一项纯粹经验性的方法,广泛运用于服务性行业,用以理解目标顾客的服务需求和感知,并为企业提供了一套管理和量度服务质量的方法。SERVQUAL 调查法以服务质量差距模型为基础,是调查顾客满意程度的有效工具,是衡量顾客对服务质量感知和期望的多维标准。该标准设置 5 个服务质量维度(五构面)测评顾客感受到的服务质量状况,见表 6-1-1。

表 6-1-1　SERVQUAL 调查法的 5 个维度

有形性维度(Tangibles)	有形设施、沟通材料的外貌、员工的衣着整洁程度
可靠性维度(Reliability)	准确、可靠地履行所承诺服务的能力
响应性维度(Responsiveness)	迅速且随时提供服务的意愿
保证性维度(Assurance)	员工所具有的知识、礼仪及传达信赖和信心的能力
移情性维度(Empathy)	设身处地为顾客着想和对顾客的关照及个性化的关注

以上这五构面后来又被其他学者扩展为十构面。

(1) 有形性(Tangibles)。外观感受,如物理设备、人员、通信设备等。

(2) 可靠性(Reliability)。准确完成承诺服务的能力。

(3) 响应性(Responsiveness)。乐于帮助顾客,提供快速服务。

(4) 胜任性(Competence)。拥有服务所必须的知识和技能。

(5) 礼貌(Courtesy)。友善、礼貌、尊重顾客。

(6) 信用性(Credibility)。服务诚实、可信。

(7) 安全性(Feel Secure)。让顾客没有疑虑、危险或冒险之感。

(8) 接近性(Access)。易于接触和接近。

(9) 沟通性(Communication)。聆听顾客并采纳他们的观点,并使顾客及时得到服务的信息。使用顾客所明白的语言。

(10) 理解顾客(Understanding the Customer)。努力了解顾客以及他们的需求。

在这些服务质量维度中,研究者们在定性研究的基础上得出结论,不管是对于服务性行业的哪个部门,顾客在对 SERVQUAL 服务质量构面重要性的认识上是一致的,即可靠性最为重要,有形性最不重要。

SERVQUAL 法最根本的一项工作是通过样本顾客调查来收集数据,以便了解顾客对服务质量的感知,并进一步结合组织提供的服务,对顾客感知进行评估,找出服务缺口。在这些调查中,被调查者(顾客)被要求围绕服务属性的关键构面回答一系列问题。通常是将有形性、可靠性、响应性、保证性、移情性五个层面进一步细分,每一层面被细分为若干个问题,通过调查问卷的方式,让用户对每个问题的期望值、实际感受值及最低可接受值进行评分。然后通过问卷调查、顾客打分和综合计算得出服务质量的分数。问卷一般采用 10 分制:10 表示完全同意,1 表示完全不同意。中间分数表示不同的程度。

SERVQUAL 量表如图 6-1-2 所示。

对于每一个顾客,一个因素的调查分数为

$$SQ_i = W_j(P_i - E_i)$$

其中:SQ 是感知服务质量;P_i 是第 i 个因素在顾客感受方面的分数;E_i 是第 i 个因素在顾客期望方面的分数;$i=1,2,\cdots,n(n=22)$;$j=1,2,\cdots,m(m=5)$。

由于感知服务质量是在可靠性、响应性、保证性、有形性、移情性等 5 个维度同等重要条件下的单个顾客的总感知质量,而在现实生活中顾客对决定服务质量的每个属性的重要性的看法是不同的,因此,通过顾客调查后,应确定每个维度的权重,然后加权平均得出更为合理的 SERVQUAL 分数。也可以以不同行业的特性为依据,对 5 个维度按重要性设定维度的权重,如 W_1、W_2、W_3、W_4、W_5。

维度	评价项目	客户期望 完全不重要 非常重要	客户感知 完全不重要 非常重要
有形性	1. 有现代化的服务设施 2. 服务设施具有吸引力 3. 员工有整洁的服装和外表 4. 公司提供的设施与他们提供的服务相匹配	1 2 3 4 5 6 7 8 9 10 1 2 3 4 5 6 7 8 9 10 1 2 3 4 5 6 7 8 9 10 1 2 3 4 5 6 7 8 9 10	1 2 3 4 5 6 7 8 9 10 1 2 3 4 5 6 7 8 9 10 1 2 3 4 5 6 7 8 9 10 1 2 3 4 5 6 7 8 9 10
可靠性	5. 公司对顾客所承诺的事情都能及时完成 6. 顾客遇到困难时,能表现出关心并提供帮助 7. 公司是可靠的 8. 能准确地提供所承诺的服务 9. 正确记录相关的服务	1 2 3 4 5 6 7 8 9 10 1 2 3 4 5 6 7 8 9 10 1 2 3 4 5 6 7 8 9 10 1 2 3 4 5 6 7 8 9 10 1 2 3 4 5 6 7 8 9 10	1 2 3 4 5 6 7 8 9 10 1 2 3 4 5 6 7 8 9 10 1 2 3 4 5 6 7 8 9 10 1 2 3 4 5 6 7 8 9 10 1 2 3 4 5 6 7 8 9 10
响应性	10. 员工会主动告诉顾客提供服务的准确时间 11. 员工总能提供及时的服务 12. 员工总是乐意帮助顾客 13. 员工总可以安排好工作时间,及时满足顾客的需求	1 2 3 4 5 6 7 8 9 10 1 2 3 4 5 6 7 8 9 10 1 2 3 4 5 6 7 8 9 10 1 2 3 4 5 6 7 8 9 10	1 2 3 4 5 6 7 8 9 10 1 2 3 4 5 6 7 8 9 10 1 2 3 4 5 6 7 8 9 10 1 2 3 4 5 6 7 8 9 10
保证性	14. 员工是值得信赖的 15. 在从事交易时顾客会感到放心 16. 员工是有礼貌的 17. 员工可从公司得到适当的支持,以提供更好的服务	1 2 3 4 5 6 7 8 9 10 1 2 3 4 5 6 7 8 9 10 1 2 3 4 5 6 7 8 9 10 1 2 3 4 5 6 7 8 9 10	1 2 3 4 5 6 7 8 9 10 1 2 3 4 5 6 7 8 9 10 1 2 3 4 5 6 7 8 9 10 1 2 3 4 5 6 7 8 9 10
移情性	18. 公司会为不同的顾客提供个性化服务 19. 员工会针对顾客个人情况给予关怀 20. 公司总能很好地理解顾客的需求 21. 公司总是优先考虑顾客的利益 22. 公司提供的服务时间能符合所有顾客的需求	1 2 3 4 5 6 7 8 9 10 1 2 3 4 5 6 7 8 9 10 1 2 3 4 5 6 7 8 9 10 1 2 3 4 5 6 7 8 9 10 1 2 3 4 5 6 7 8 9 10	1 2 3 4 5 6 7 8 9 10 1 2 3 4 5 6 7 8 9 10 1 2 3 4 5 6 7 8 9 10 1 2 3 4 5 6 7 8 9 10 1 2 3 4 5 6 7 8 9 10

图 6-1-2 SERVQUAL 量表

对于一个顾客的 SERVQUAL 分数为

$$SQ = [\sum(W_j(P_i - E_i))]/n$$

其中:$i=1,2,\cdots,n(n=22)$;$j=1,2,\cdots,m(m=5)$。

对服务质量的评分为

$$SQV = (\sum SQ)/客户数量$$

在 SERVQUAL 的实际应用中,应考虑不同行业的特点、特性,结合实际设计测评指标。例如,某电信运营企业采用五个电信服务质量指标,即有形性、反应性、可靠性、保证性、关怀性。再通过对若干电信公司经理、员工和顾客的访谈,结合电信业顾客满意管理的基本特性,设计了适合本企业的指标体系,如表 6-1-2 所示。

表 6-1-2　某企业指标体系

维度及权重	评价指标	期望均值	感知均值	差距均值
有形性 35%	1. 容易操作			
	2. 操作的一致性			
	3. 提供增值电信服务			
	4. 员工电信服务周到、细致			
	5. 运用最新技术提供电信服务			
可靠性 30%	6. 电信服务正常运行			
	7. 首次提供正确的电信服务			
	8. 技术资料正确			
	9. 承诺能够及时履行			
反应性 15%	10. 能够迅速并实时响应顾客要求			
	11. 一线员工具有高效率的办事风格			
	12. 不会因太忙无法响应			
	13. 为客户提供各种与公司沟通的渠道			
保证性 10%	14. 主动利用各种沟通渠道告知顾客最新信息或功能			
	15. 为顾客提供充分的信息反馈通道			
	16. 所提供的资料是可以相信的			
	17. 员工的责任心			
	18. 员工的专业技能			
移情性 10%	19. 提供连续跟踪电信服务			
	20. 员工的文明礼貌态度			
	21. 提供个性化的电信服务			
	22. 价格与支付要求合情合理			
	23. 能够提供个性化促销活动			
	24. 记录顾客抱怨并加以改进			
	25. 对顾客要求给予充分理解			

服务质量的评估是在服务传递过程中进行的。通过评估顾客期望的服务和感知的服务,企业能够找到服务缺口,把握服务质量构面之间的轻重次序(改进服务的指导标准),使得企业能够集中有限的资源用于提高最重要的服务质量构面。在服务成本得到有效控制的同时,最大程度地提高服务质量。

2. 服务质量差距模型

服务质量差距模型把服务质量概念定义为顾客期望与对其服务表现的感知间的差距,并建立差距分析模型(见图 6-1-3),专门用来分析服务质量问题根源。

模型首先说明了服务质量是如何形成的。顾客对服务的期望来源于以往的经历、个人需求以及口碑沟通。实际经历的服务,在模型中称为感知的服务,它是一系列内部决策和内部活动的结果。在服务交易发生时,管理者对顾客期望的认识,对确定组织所遵循的服务质量标准起到指导作用。

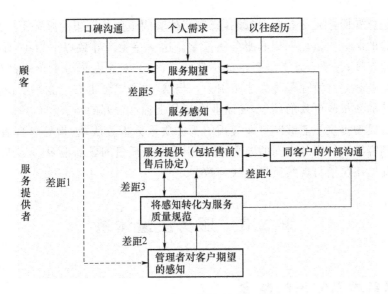

图 6-1-3 服务质量差距模型图

分析和设计服务质量时,根据这个模型要求必须考虑的步骤,查出问题的根源。要素之间有 5 种差异,也就是所谓的质量差距。顾客期望与顾客感知的服务之间的差距(差距 5)是差距模型的核心,它取决于与服务传递过程相关的其他 4 个差距的大小,弥合这一差距,要通过弥合其他 4 个差距来实现。

差距 1 是管理者认识的差距,是指顾客期望与管理者对这些期望的感知之间的差距,即管理者错误理解了顾客对服务质量的感知。产生这种差距的原因主要有:①对市场调研和需求分析的信息不准确;②对期望的解释信息不准确;③没有进行需求分析;④与顾客接触的员工向管理层传递的信息失真或丧失;⑤臃肿的组织层次阻碍或改变了在顾客联系中所产生的信息。

差距 2 是服务质量标准的差距,指服务质量标准与管理者对质量期望的认识不一致,即管理者没有构造出满足顾客期望的服务质量标准。产生这种差距的原因主要有:①企业对服务质量规划不善或规划过程不完善;②管理层对企业的规划管理混乱;③企业没有明确的目标;④服务质量的计划得不到最高管理层的支持;⑤企业对员工承担的任务不够标准化;⑥对顾客期望的可行性认识不足。

差距 3 是服务传递的差距,指在服务生产和供给过程中员工的行为不符合质量标准,未达到企业制定的服务规范。产生这种差距的原因主要有:①制定的标准过于复杂或太苛刻;②员工对标准有不同意见,未严格按照规范执行;③标准与现有的企业文化不一致;④服务的生产和供给过程管理不完善;⑤在企业内对规范的相差、引导、讨论不充分,员工对规范的认识不一致;⑥技术和系统没有按照标准为工作提供便利;⑦员工能力欠缺,无法按服务规范提供服务;⑧企业对员工的考核评价体系不完善,未体现服务质量方面的要求。

差距 4 是市场信息传播的差距,指在市场上传播的服务质量信息(企业对外所做出的承诺)与实际提供的服务不一致。产生这种差距的原因主要有:①市场营销规划与运营系统未能有效协调;②企业未能按照营销沟通活动中提出的标准完成工作;③在广告等营销沟通过程中存在夸大其词、承诺过多的倾向。

差距5是感知服务质量差距,指顾客感知或体验的服务与期望的服务不一致,一般是顾客感知或体验的服务质量比期望的服务质量差。这一差距会导致以下后果:①对企业提供的服务持否定态度;②使企业的服务形成不良的口碑;③对企业形象和声誉产生消极影响;④企业失去老顾客并对潜在顾客失去吸引力。当然,这个差距也有可能产生积极的结果,它可能导致相符的质量或更高的质量,使企业在市场上拥有较好的声誉和口碑。

差距分析模型提供了能够跨行业应用的服务质量分析方法,它指导管理者发现企业提供的服务与顾客期望的服务之间的差异,追寻引发服务质量问题的根源,为消除差距制定战略、战术,保证期望质量与现实质量达成一致。

第二节 服务质量体系

一、服务质量体系的概念

在2000版的ISO9000标准中,"体系"是指"相互关联或相互作用的一组要素"。服务质量体系是指在服务质量方面指挥和控制组织的体系,是为实现服务质量所需的组织结构、程序、过程和资源。对它的理解应注意以下三个方面。

(1) 服务质量体系的内容应以满足质量目标的需要为准。

(2) 服务企业的质量体系主要是为满足服务企业的内部管理的需要而设计的。它比特定顾客的要求要广泛,顾客仅仅评价该服务质量体系的相关部分。

(3) 为了合同或强制性质量评价的目的,可要求对已确定的服务质量体系要素的实施进行证实。

服务企业要实现自己的质量战略,应以完善的服务质量体系作保证。服务质量体系的作用是达到和保持服务质量的目标,使服务企业内部相信服务质量达到要求,使顾客相信服务符合要求。质量体系既是实施服务质量管理的基础,又是服务质量管理的技术和手段。建立服务质量体系要服从于服务企业的质量方针和目标。

二、服务质量体系设计的要求与内容

(一) 服务质量体系设计的要求

服务质量体系的总体设计要求从顾客需求出发,首先制定明确的质量方针和质量目标,然后分析服务质量形成流程,确定质量活动,落实质量职责,并考虑到各要素之间的协调一致。所有这些方面和因素都经过周密策划和协调之后,再进行总体结构设计,并以质量文件形式进行阐述,最后形成完整的服务质量体系。

服务质量体系设计的基本要求如下。

(1) 制定明确的质量方针和质量目标

质量方针是服务质量体系的灵魂,是服务企业总的质量宗旨和方向。只有制定明确的质量方针和目标,才能使整体服务质量体系形成核心,才能有的放矢地选择要素和确定质量活动,并形成以质量方针为核心,以质量职能为运行机制的有机整体。服务企业的最高管理层应重视并亲自主持制定企业的质量方针,以正式文件颁布企业的质量方针,并以必要的措

施确保质量方针的传播、理解、实施和保持。

(2) 明确服务质量形成的流程

服务质量形成流程的确定是服务质量体系总体设计的基础。通过分析明确企业质量形成的流程,并清楚描述出服务质量的产生、实现、改进的过程,才能正确选择和确定服务质量体系要素,并进一步确定质量活动和展开质量职能,以便实现质量目标。

(3) 应符合服务质量标准和有关法规的要求

ISO 9000 系列标准虽然不是强制性标准,但作为国际性规范化管理标准,已被广泛接受和采用,并按着这套标准规范企业的质量管理行为。为参与国际竞争,开展服务贸易,在建立服务质量体系时,应遵照 ISO 9000 系列标准的要求进行。服务质量体系的设计还应体现企业所属行业的特点,应符合相关行业的法令、法规和标准。

(4) 符合全面质量管理原理要求

全面质量管理的原理是基于质量产生过程,对其进行全过程、全方位与全要素的全面控制和管理。全面质量管理要求预防为主、综合协调和系统管理,并强调质量管理人人有责,实现质量、成本和效益的一致性。ISO 9000 系列标准的制定和阐述,都充分注意到和包含了全面质量管理的原理和要求。因此,在按照 ISO 9000 标准建立服务质量体系时,也应该充分考虑到和体现全面质量管理的原理和要求。

(二) 服务质量体系设计的内容

服务质量体系设计的主要内容包括以下几个方面。

(1) 制定服务质量方针

质量方针是企业服务总方针的核心,服务质量方针应使整个企业的总方针适应服务竞争的要求,引导企业在服务市场竞争日趋激烈的环境下,凭借其服务的优势取胜。

服务质量方针应明确服务企业所提供的服务的等级、企业的质量形象和信誉、服务质量的目标、保证服务质量的措施、全体员工的作用等内容。服务质量方针还应体现企业所处行业及企业自身的特点,应是切实可行的。

(2) 明确服务质量形成的流程

服务质量形成流程的确立是建立服务质量体系的基础。企业应根据服务质量方针及企业实际设计服务质量形成流程。

根据市场调研把顾客的需求与具体的服务内容和质量特性或质量要素列成相关的服务提要,根据这些提要再进行具体的服务设计。具体服务设计包括:服务本身的规范设计、服务提供的规范设计和质量控制的规范设计。

服务设计完成之后,就是服务的提供。服务人员通过一定的场合和形式,把设计的服务内容及质量特性提供给顾客,使顾客得到满意的服务。在服务提供过程中,不仅服务的方式、手段和态度的不同会影响服务质量,而其服务过程和环节处理是否恰当,也会影响服务质量的好坏。因此,在服务提供的质量控制环节上,也应根据行业特点和本部门情况,确定恰当的质量控制环节。

对服务质量的评价和反馈,同样也是服务质量形成流程的一部分。只有正确测量、评价服务结果,并把改进信息不断反馈到服务质量流程管理之中,才能建立有效的服务质量体系,按螺旋形式不断改进质量。

(3) 服务质量体系要素的选择与展开

在服务质量体系中,要素具有把输入转换为输出的功能,服务质量是通过要素的管理和控制来完成某种服务过程,并以此来实现服务质量方针和目标。因此,质量要素的选择与展开,是编制服务质量手册的基础,直接关系到体系建立和质量文件的编制,也是能否保证实现质量方针的基本要求。服务行业可根据本部门的特点,并参照 ISO9000 标准的要求,选择适合本单位的质量要素,建立有效的服务质量体系。

(4) 服务质量活动的确定

服务质量活动是从识别需求到评价全过程中与服务质量直接或间接相关的全部活动。质量活动是选择服务质量体系要素的基本依据,确定质量活动又是对服务质量体系要素的延伸和体现。

服务质量活动可分为直接质量活动和间接质量活动。直接质量活动是指与服务质量设计、形成和实现直接相关的活动。间接质量活动是以组织、计划、协调、控制、反馈为特征,通过一定的媒介对服务质量的形成和实现产生间接影响的活动,如质量信息管理、质量教育等。这两种质量活动的划分并不是绝对的,而是相对的。在服务质量体系设计中,质量活动的确定应该鲜明准确,重点突出,这也是服务质量体系结构制定的基础。

(5) 服务质量体系组织结构的确定

服务质量体系组织结构是组织为行使质量管理职能的一个组织管理的框架,其重点是将组织的质量方针、目标层层展开成多级的职能,再分解为各级各类人员的质量职责和权限,并明确其相互关系。服务质量体系组织结构的确立是总体设计中的一项关键性工作,它可以使分散的质量要素和质量活动形成一个有机的整体,并通过质量职能的展开使这些要素和活动有效地运行,以便实现质量目标。

服务质量体系组织结构的基本形式应考虑到领导层、质量管理部门和质量检验评审部门的设立。这些组织结构的设立一般应依据以下原则:一是根据质量活动的需要建立质量职能部门;二是按体系要素和功能展开确立机构;三是服务质量体系组织结构应与经营管理相一致,并突出质量经营主导思想;四是体系结构应相对稳定,同时又能适应市场变化的需要;五是注意机构既不能太简也不能太繁。

上面已探讨了服务质量体系设计的几个方面:质量方针的制定、质量流程的确立、质量要素的选择和展开、质量活动的确定以及质量体系组织结构的设计,并阐述了它们之间的关系,即质量方针是服务质量体系的核心,质量流程是建立体系的基础,是选择质量要素的依据,质量活动是质量要素的延伸和展开,而组织机构又使它们成为有机的整体,使体系能有效运行。这些方面都是服务质量体系总体设计中首先应该考虑的主要内容。

第三节 服务过程的质量管理

一、服务过程质量管理概述

服务企业的质量管理,是指在服务过程中,对实现服务产品质量所必须的质量职能和活动的管理。服务过程主要经历服务市场开发、服务设计和服务提供三个环节。因此,服务过程的质量管理也就主要指服务市场开发的质量管理、服务设计的质量管理、服务提供的质量管理。

服务市场开发的职责是识别和确定顾客对服务的需要和要求,形成服务提要,作为服务设计过程的基础。但服务企业市场研究与开发一直未受到足够的重视,许多服务企业甚至没有建立正式的服务市场研究与开发营销部门。这可能是与相当多的服务企业规模较小,资源相当有限有关;也与一些服务行业没有创新的动力或进行服务创新的机会有关。最重要的一点是由于新服务的创新要比一般产品的创新更加困难。其实,服务企业为了保持竞争力的需要,除了要维持现有提供的服务以及获得足够的资金以适应市场竞争的需求外,还应该在其服务组合中,通过取代在生命周期中处于衰退期的服务品种,并利用超额服务能力以抵消季节性波动,降低风险,探索新的机会。

服务设计过程,是将在市场开发过程中形成的服务提要转化为服务规范、服务提供规范和质量控制规范的过程,在设计转化过程中还要考虑到组织的方针目标和适宜的成本。在大多数服务部门,服务设计一直是一个被忽视的领域。差的服务设计导致了差的服务质量。在服务企业,很差的设计会影响员工,并损害他们的能力和做出优质服务的动机。另外,由设计而造成的系统缺陷不断地使员工和顾客之间、员工和员工之间处于不能融洽相处的状态。

服务提供过程是实现服务设计的过程,也就是按照上述三个规范(服务规范、服务提供规范、质量控制规范)的要求进行服务的过程,是顾客参与的主要过程。通过服务的提供,使顾客的需求得到满足。服务提供过程有两大基本特征:服务提供者与服务消费者之间的关系十分密切;服务生产过程和消费过程是同时的。

二、服务过程质量管理的内容

(一) 服务市场研究与开发的质量管理

与一般产品的市场研究相比,服务市场研究的范围有所差异,一般包括以下四个方面的内容。

(1) 对各种市场的确认和测量。

(2) 对各种市场进行特征分析,包括顾客对各种服务的需求,各种服务的功能分析,理想的服务特征,顾客找寻服务的方法,顾客的态度与活动,竞争状况、市场占有率、市场装备及竞争趋势等内容。

(3) 对各种市场进行预估,包括成长或衰退的基本动力,顾客的趋势与变迁,新竞争性服务业的类型,环境变迁(社会、经济、科技、政治等)内容。

(4) 明确个体服务市场的特征,包括确定顾客对提供的服务的需要和期望,各种辅助性服务,已经搜集到的顾客的要求、服务的数据及合同信息的分析和评审,服务企业职能部门相互协商,以确认他们为满足服务质量要求的承诺,服务质量控制的应用等。

通过市场研究和分析,服务企业一旦决定提供一项服务,就应把市场研究和分析的结果以及服务企业对顾客的义务都纳入服务提要中。服务提要中规定了顾客的需要和服务企业的相关能力,作为一组要求和细则来构成服务设计工作的基础。服务提要中应明确包含安全方面的措施、潜在的责任以及使人员、顾客和环境的风险最小的适当方法。

(二) 广告的质量

任何服务的广告都应反映服务的规范和注意顾客对提供服务质量的感受。市场研究与开发的职能部门应该认识到,由于对服务作了夸张的和不切实际的断言,可能会承担责任风险及财务上的纠纷。服务行业的广告宣传承诺过多可能会适得其反,而太过平淡则可能效果不大。要使广告取得适当的效果,必须注意以下四个方面的问题。

(1) 直接沟通。广告虽然是为了吸引企业目前的和潜在的顾客,但服务则是由企业全体员工共同努力提供的,因此在广告的创意和制作过程中,应充分听取不同岗位员工的意见,进一步激发员工提供优质服务的热情。

(2) 提供有形的说明,使服务被人理解。由于服务或多或少是无形的,因此,在广告中尽量提供有形的说明,可以使顾客更容易了解服务的内涵。在广告中创造性地应用被感知的有形证据,尽可能使广告词变得更加具体、更加可信,这就可促进企业在竞争中获得成功。

(3) 持续推进广告宣传。由于服务比较抽象,因此必须持续地进行广告宣传。一般来说,如果广告较长期地持续下去,可能会使顾客逐渐认同广告的内容和实质。

(4) 注意广告长期效果。过于许诺,使顾客产生过高的期望,而实际上服务又达不到广告中宣传的效果,尽管在短期内效果可能较好,顾客增多,但当顾客明白服务的真相时,就会心怀不满,并不再光顾。因此,广告必须注意长期效果,进行长期规划,维护企业的形象和声誉。

(三) 服务设计的质量管理

设计一项服务的过程包括把服务提要的内容转化成服务规范、服务提供规范和服务质量控制规范,同时反映出服务组织的选择方案(例如目标、政策和成本)。

1. 设计的职责

企业管理者应确定服务设计的职责,并保证所有影响到服务设计的人员都意识到他们对达到服务质量的职责。设计的职责应包括:①策划、准备、编制、批准、保持和控制服务规范、服务提供规范和质量控制规范;②为服务提供过程规定需采购的产品和服务;③对服务设计的每一阶段执行设计评审;④当服务提供过程完成时,确认是否满足服务提要的要求;⑤根据反馈或其他外部意见,对服务规范、服务提供规范、质量控制规范进行修正;⑥在设计服务规范、服务提供规范以及质量控制规范时,重点是设计对服务需求变化因素的计划;⑦预先采取措施防止可能的系统性和偶然性事故,以及超过供方控制范围的服务事故的发生,并制定服务中意外事件的应急计划。

2. 服务规范

服务规范是服务体系和服务过程的起点,是对所提供服务的完整阐述,包括根据顾客评价服务特性的描述及每一项服务特性的验收标准,这些服务特性包括等待时间、提供时间和服务过程时间、安全性、卫生、可靠性、保密性、设施、服务容量和服务人员的数量等。

设计服务规范之前要确定首要的和次要的顾客需要,首要的顾客需要即基本的需要。基本需要外的就是次要需要,是由不同的选择产生的。服务规范中要规定核心服务和辅助服务,核心服务是满足顾客首要的需求,另外附加的支持服务要求满足顾客次要需要,高质量的服务都包括相关的一系列的合适的质量支持服务。服务企业服务质量优劣的差别主要在于支持服务的范围、程度和质量。顾客把一些支持服务认为是理所当然的、服务企业必须提供的,因而在设计服务规范时,定义和理解次要服务的潜在需求是必要的。

3. 服务提供规范

服务企业在设计服务提供过程时应考虑服务组织的目标、政策和能力以及其他诸如安全、卫生、法律、环境等方面的要求。在服务提供规范中应描述服务提供过程所用方法的服务提供程序。对服务提供过程的设计，可通过把过程再划分为若干个以程序为支柱的工作阶段来有效地实现。这些程序的描述包含了每个阶段中的活动，具体包括：①对直接影响服务业绩的服务提供特性的阐述；②对每一项服务提供特性的验收标准；③设备、设施的类型和数量要求必须满足服务规范；④要求人员的数量和技能；⑤对服务供方和提供的产品的可依赖程度等。

4．服务设计的内容

（1）员工

员工不仅仅是一种"资源"，而且是服务的基本组成部分，是服务质量的决定性要素。服务设计不仅仅根据体系和过程对员工有详细的要求，而且必须考虑个人和员工整体怎样能对他们的工作和关于设计思想做出最大贡献。员工的服务设计应包括人员选择、培训（教育）和开发，以及与激励系统相适应的工作内容和工作设计的分析。

（2）顾客

服务质量在很大程度上是顾客和不同要素相互作用的结果。服务设计应考虑到顾客在生产服务的不同时间的作用和他们与体系中其他要素以及与其他顾客接触的方式。服务体系需要仔细地设计，易被初次使用者理解。

（3）组织和管理结构

服务的组织和管理部门必须和服务体系的其他要素相配合。首先明确定义服务概念、授权和分配责任，确保在控制和自由之间达成平衡，这种平衡对于员工处理重要事件的能力和热情是至关重要的；其次是确保组织内的非正式结构（质量、质量项目组）和员工所在的部门之间自动协调。

（4）有形或技术环境

顾客往往首先对服务的有形环境产生印象。对顾客而言，有形或技术环境如办公室设备、技术系统和服务的价格，传递着关于质量的清晰的信息，旅馆地理位置、建筑物的外观设计、大堂的布局和客房内家具的陈设都是有形环境。高质量的有形或技术环境对员工和顾客都是重要的，它们传递着无形服务的线索和信息，而且是服务质量体系的一部分。

5．质量控制规范

质量控制应设计为服务过程（市场开发、设计和服务提供）的一个组成部分。所制定的质量控制规范应能有效地控制每一服务过程，以保证服务满足服务规范和顾客需要。质量控制的设计应包括：①识别每个过程中对规定的服务有重要影响的关键活动；②对关键活动进行分析，选出一些质量特性，对其测量和控制以保证服务质量；③对所选出的特性规定评价的方法；④建立在规定界限内影响和控制特性的手段。

（四）服务提供过程的质量管理

1．服务供方的评定

服务企业作为服务的供方，要保证服务提供过程的质量，就要对是否遵守已规定的服务提供规范，对是否符合服务规范进行监督，在出现偏差时对服务提供过程进行调查。

服务企业进行过程质量测量的方法之一是绘制服务流程图，显示工作步骤和工作任务，确定关键时刻，找出服务流程中的管理人员不易控制的部分、不同部门之间的衔接等薄弱环节，分析各种影响服务质量的因素，确定预防性措施和补救性措施，并将企业员工的自查作为过程测量的一部分。

由于服务的无形性,服务企业管理人员很难量化服务质量的经济价值,但可以在服务提供过程中建立质量控制标准,发掘质量缺陷及奖励质量成功,并协助改善工作。不过,服务企业在制定标准和执行上,可能比制造业更困难。

另外,服务企业许多可以改善生产率的方法也都可以用来改善质量,如机器设备的采用,时间与动作研究,具体业务标准化、专门化,流水线作业等原则和措施。尤其是科技的利用可能最有效,但机器设备毕竟不如人那样有弹性。

2. 顾客评定

顾客评定是对服务质量的基本测量,顾客的反映可能是及时的,也可能是滞后的或回顾性的。很少有顾客愿意主动提供自己对服务质量的评定,不满意的顾客总是在不预先给出允许采取纠正措施的信息前就停止使用或消费服务。片面地依赖顾客评定作为顾客满意的测量,可能会得出错误的结论,导致服务企业决策失误。

对顾客满意方面的评定和测量,应集中在服务提要、服务规范、服务提供过程满足顾客需要的范围内。对顾客满意方面的评定和测量,企业可以通过顾客满意度调查的方法,根据本企业服务质量的特性,结合企业的服务质量目标设计调查问卷,定期进行调查以获得顾客满意度情况的信息。服务企业经常会发生自认为提供的是优质服务,但顾客可能并不满意的事,这可能表明了规范、过程或测量中的缺陷。通过顾客满意度调查可以帮助企业及时发现问题,将顾客评定与服务企业自身评定相结合,为改进服务质量、采取改进措施提供帮助。

3. 不合格服务的补救

没有任何服务质量体系能绝对保证所有的服务都是可靠、无缺陷的,不合格服务在服务企业仍是不可避免的。对不合格服务的识别和报告是服务企业内每个员工的义务和责任。服务质量体系中应规定对不合格服务的纠正措施的职责和权限,尽早识别潜在的不合格服务。服务质量体系针对不合格服务的补救应有两个阶段。

(1) 识别不合格服务

要识别不合格服务,成功地将服务问题揭示出来,就必须建立一个有效的系统来监测顾客的抱怨,进行顾客研究、监测及记录服务过程的工作状况。具体包括:①监测顾客抱怨。大多数经历不合格服务的顾客往往并不向服务企业投诉和抱怨,却会向其他人传诉他们消费不合格服务的经历。因此,要完整地了解顾客抱怨,并不能仅仅通过顾客的投诉。对服务企业来说,直接投诉和抱怨的顾客,其不合格服务的补救较容易做到,但对经历了不合格服务但又不进行抱怨的顾客,唯一的补救办法是通过顾客研究,将不合格服务找出来。②进行顾客研究。进行顾客研究的目的是识别不合格服务,研究的方式可以是定性的,也可以是定量的。以顾客身份亲身经历是识别一项服务的可能不合格之处的有效途径。③监测服务过程。通过对服务过程的详细流程图进行细致的检查,以找出其中的缺陷和失败点,及服务中存在潜在问题的地方,进行重点监测,形成文件记录,并且对过去的不合格服务进行系统的追踪和分析。一旦找出了潜在的缺陷,就可能对出现不合格的环节进行细致的观察,而且制定应付不合格服务的计划,以使问题发生时,能进行有效的处理。

(2) 处理不合格服务

在顾客看来,不能积极地处理不合格服务,往往是比出现基本的服务问题更为严重的缺陷。一些基本的服务问题,顾客很可能会发现并将它作为不可避免的事情来对待,但服务企业若不能解决已经暴露的不合格服务,则顾客往往更加不能容忍。企业要采取积极的措施以满足顾客的要求。在服务质量体系中,可通过以下三点得到保证:①让员工为不合格服务的纠正做准备。服务人员没有能力或不愿意对意外情况做出有效反应,是一个普遍存在的难题。在服务质量体系中,应当通过对员工在沟通技能、创造力、应变能力和对顾客的理解方面进行培训,使员工有准备地面对不合格服务,满足顾客的需求。②充分授权给第一线员工。不合格服务几乎都发生在顾客和第一线员工之间,顾客面对不合格服务时,最直接的反应能让第一线员工感觉到。培训员工而不对员工充分授权,将无益于解决顾客问题。给员工以满足顾客需求的权力与训练员工具有解决不合格服务的能力同样重要。在授权给员工时,还应让员工工作更便利。③奖惩员工。服务质量体系应规定对能正确识别并能采取积极措施来处理不合格服务以满足顾客需求的员工进行适当的奖励。同时对由于相反的行为而丧失解决顾客问题的机会并可能最终导致企业永远失去顾客的员工,要进行必要的惩罚。

  服务中错误是不可避免的,但这并不意味着无失误服务目标是不值得争取的。服务企业也应像制造业那样,追求"零缺陷服务",不断提高由服务的可靠性所带来的利润回报。

复习思考题

1. 结合自己所在企业实际,说明服务的特征。
2. 什么是服务质量?结合所在企业实际说明服务质量的内容。
3. SERVQUAL调查法测评服务质量状况有哪5个维度?
4. 利用服务质量差距模型对自己所在企业的服务质量进行分析,并提出解决办法和措施。
5. 服务过程质量管理的内容有哪些?
6. 企业应如何对不合格服务进行补救?
7. 什么是服务质量体系?所在企业的服务质量体系是否完善?存在哪些问题?

第七章 质量审核与质量认证

学习目标

【知识目标】
- ◆ 理解质量审核及质量认证的基本概念及内容
- ◆ 了解质量改进与质量突破的基本概念
- ◆ 了解质量手册应包括哪些基本内容

【能力目标】
- ◆ 知道产品质量审核的组织实施过程
- ◆ 知道质量体系审核的组织实施过程
- ◆ 了解产品质量认证的程序和内容
- ◆ 了解质量体系认证的程序和内容
- ◆ 了解质量手册的概念、结构和格式

质量认证是随着现代工业的发展,作为一种外部质量保证的手段逐步发展起来的。对于企业来说,申请权威机构对其质量体系进行认证,使用国际公认的合格标志,其产品就可以得到世界各国的普遍承认,并在国内外市场上获得用户的信任,有利于扩大产品市场,参与国际市场竞争。在进行质量认证时,企业要提交相关的质量文件,并接受第三方的审核。

本章将介绍质量审核、质量改进与质量认证的概念、内容,质量审核和质量认证的工作实施步骤以及企业编制质量手册的方法。

第一节 质量审核

企业质量管理活动成绩的好坏,必须根据顾客在购买和使用该企业产品后的"满意程度"加以客观评价。但是这种信息反馈的时间往往比较缓慢,等到"顾客投诉"不断反馈回来时,工厂已经生产和销售了许多这类有缺陷的产品,给社会造成了一定损失。为了及时发现企业自身的质量活动所存在的问题及质量管理活动效果如何,于是产生了质量审核。

一、质量审核的概念

(一) 什么是质量审核

1. 质量审核的必要性

审核是企业质量管理体系正常运行并保持稳定的有效管理手段,也是推动企业质量管理体系持续改进的基本方法。

2000版ISO 9000标准在有关"质量管理体系审核"要求中强调了审核的必要性:首先,它可用于确定符合质量管理体系要求的程度;其次,审核发现可用于评定质量管理体系的有效性;最后,还可用于识别改进的机会。

2. 质量审核的概念

在ISO 9000:2000《质量管理体系——基础和术语》中,质量审核(audit)的定义是:为获得审核证据并对其进行客观的评价,以确定满足审核准则的程度所进行的系统的、独立的并形成文件的过程。在该定义下,还有如下的注释。

- 内部审核,有时称第一方审核,用于内部目的,由组织自己或以组织的名义进行,可作为组织自我合格声明的基础。
- 外部审核包括通常所说的"第二方审核"或"第三方审核"。
- 第二方审核由组织的相关方(如顾客)或由其他人员以相关方的名义进行。
- 第三方审核由外部独立的组织进行。这类组织提供符合要求(如GB/T19001和GB/T24001—1996)的认证或注册。
- 当质量和环境管理体系被一起审核时,这种情况称为"一体化审核"。
- 当两个或两个以上审核机构合作,共同审核同一个受审核方时,这种情况称为"联合审核"。

根据这一定义,可以从以下几个方面进一步理解质量审核的含义:第一,审核是一个系统的、独立的并形成文件的过程。第二,强调审核证据的必要性,应确定获取审核证据的方法。审核证据是指与审核准则有关并可验证的记录、事实陈述或其他信息。审核证据可以是定性或定量的,并要求客观地评价获得的上述审核证据。第三,审核结论应确定组织的质量管理体系满足审核准则的程度。在考虑了所有审核发现后,应决定审核结果。依据审核准则的要求,确定审核结论。

(二) 审核的基本原则

1. 审核的客观性、独立性和系统方法

(1) 客观性

审核只能使用客观证据,即那些支持事物存在或其真实性的数据可通过观察、测量、试验和其他手段获得。

(2) 独立性

对于一个公正的、以确定满足审核准则的程度为目的审核来说,审核机构及其审核员应保持独立性,并避免利益冲突。

(3) 系统方法

审核是一个系统的、独立的并形成文件的过程。为了实现审核的目的,需要应用系统方

法,识别、理解和管理审核活动的相互关联的过程。

2. 审核准则

审核准则是指确定为审核依据的一组方针、程序或要求。如 ISO 9000 的标准要求;顾客提出的合同要求;法律、法规要求或组织制定的质量管理体系文件要求等。

3. 审核是一项授权的活动

审核授权可来自管理者的决策、合同要求、审核委托方或法律要求。审核授权是以信任为基础的,审核方在审核期间获得的有关受审核方的文件内容和信息应予以保密。

4. 审核一致性

审核的一致性是指由彼此独立的审核组对同一对象的审核,应得出相类似的结论。为了保证审核实施的一致性和有效性以及审核结论的可信性,审核机构应对审核方案进行策划和管理。

二、质量审核的组织管理

从质量审核的性质和要求出发,为正常有效地开展质量审核工作,必须保证质量审核职能的独立性和审核工作的客观、公正性。质量审核的内容和范围,涉及包括质量保证部门在内的所有业务部门。因此,建立职能独立的质量审核组织,配备素质符合要求并具有相应资格的质量审核人员是组织开展质量审核工作的基本条件。

(一) 审核范围和类型

1. 审核范围

审核范围是指审核的广度和界限。范围通常包括对地理位置、组织单元、活动和过程以及被覆盖的时间段的表述。一般来说,在确定一个组织具体的审核范围时,应考虑如下因素:

(1) 实施审核活动所覆盖的受审核方质量管理体系所涉及的场所区域,包括地理位置和职能部门;

(2) 实施审核活动所涉及的产品类别和产品实现活动与过程;

(3) 基于受审核方及其产品的特点不同,有关审核准则的应用或删减范围;

(4) 实施审核活动所覆盖的时间段。

举例来说,如果组织申请第三方认证/注册,审核范围应由审核委托人或受审核方与认证/注册机构一起确定,并作为审核方案策划的基础。审核完成后,认证/注册机构也将在签发的注册证书上予以说明;如果组织接受顾客为其购买的目的对其质量管理体系进行审核,其审核范围主要由顾客决定;如果组织实施质量管理体系内部审核,其审核范围由组织的最高管理者确定。

在实际的审核活动中,可分为:

(1) 全面审核,如第三方认证/注册、组织实施全面有效的内部审核或顾客依据某一质量管理体系要求实施的全面审核等。

(2) 部分审核,如对质量管理体系过程或针对某一特定项目或部门安排的专项审核,认证机构实施的年度监督审核或以验证上次审核后采取的纠正措施是否有效实施为目的而进行的跟踪审核等。

2. 审核类型

质量管理体系审核可分为三种基本类型：第一方、第二方和第三方审核。

(1) 第一方审核

第一方审核用于内部目的，由组织自己或以组织的名义进行，可作为组织声明自身合格的基础。"第一方审核"通常称为"内部审核"。

按照内部审核程序规定，制定年度审核计划，管理者授权成立审核组，由审核组长制定专项审核活动计划，准备审核工作文件，通知审核。工作文件的准备主要是指审核所依据的标准和文件、现场审核记录、不合格报告等。标准和文件必须是有效版本，必须已在现场实施。它们主要有：

① ISO 9001 标准；
② 质量手册、程序文件、质量计划和记录；
③ 合同要求；
④ 社会要求（有关法律、法规和卫生、生态要求）；
⑤ 有关质量标准（包括产品、设备、材料、环境、方法、人员等产品、资源性标准）。

检查表是审核员需准备的重要文件，应精心策划。

通知审核是审核组向受审核方通知具体的审核日期、安排和要求。必要时受审核方应准备基本情况的介绍。

(2) 第二方审核

第二方审核是由组织的顾客或由其他人以顾客的名义进行的审核，注重双方签定的合同要求。审核的结果通常作为顾客决定购买的因素。

进行第二方审核时应先考虑采购产品对最终产品质量或使用的影响程度后确定审核方式、范围，还应考虑技术与生产能力、价格、交货及时性、服务等因素。

第二方审核方式有：采购产品质量管理体系审核、采购产品质量审核、采购产品过程质量审核和采购产品特殊要求审核等。

第二方审核范围由审核方式决定，可以包括与采购产品有关的所有过程、场所和部门。

(3) 第三方审核

第三方审核基于自愿申请的原则，审核依据是 ISO 9001 或经商定的其他标准。第三方审核由外部独立的审核服务组织进行，这类组织通常是经认可的，提供符合（如 ISO 9001）要求的认证或注册。

第三方审核具有权威性，因为认证机构是根据 ISO/IEC 导则 62 及其 IAF 关于 ISO/IEC 导则 62 应用指南的规定，并经国家认可机构按规定的认可程序，审核和认可批准/注册，具有明确法律地位的独立的第三方公正机构。第三方认证机构的审核员，应符合 ISO 10011 和 LATCA 有关质量管理体系审核员注册准则规定，并经国家审核员注册机构按规定的认可程序批准/注册，认证机构聘用。

第三方审核对受审核方不提出如何改进的建议。在第三方审核中，审核员如被要求为其提出有关建议时，应向受审核方清楚地说明，鉴于第三方审核的独立、公正地位决定了审核员不应提出如何改进的建议。

受审核方质量管理体系经第三方认证证实符合要求，认证机构将签发质量管理体系注册证书，有效期一般为三年。到期后，需申请复审换证。

表 7-1-1 列出了第一方、第二方、第三方审核的比较。

表 7-1-1 第一方、第二方、第三方审核的比较

项 目	内部审核	外部审核	
	第一方审核	第二方审核	第三方审核
审核依据	1. 组织 QMS 文件 2. 合同要求 3. 法律法规 4. 标准	1. 合同要求 2. 标准 3. 法律法规 4. 供方 QMS 文件	1. 标准和法律法规 2. 受审核方 QMS 文件 3. 合同要求
审核覆盖面	1. 全面审核 2. 部分审核	合同要求	1. 注册认证或复审换证为全面审核 2. 监督审核、跟踪审核为部分审核
审核员	来自组织	组织的顾客或其代表	独立的认证/注册机构
权 力	表面上很小	依合同总值决定	表面上很大
建 议	要提出	取决于顾客方针	不提出
审核时间	按计划的时间间隔和组织决定	双方商定	按 LAF 导则 62 应用指南规定的人/天数

(二) 质量审核的构成

1. 质量审核的委托方

从国内外质量审核工作的实践看,提出要求的组织或人员可以是,但不一定是接受审核的组织或人员自身。

(1) 对第一方质量审核而言,某组织或人员希望通过自己的审核员或雇请人员通过内部质量审核,按照自己选定的质量体系或产品服务规范,对自己的质量体系或产品与服务进行审核。该组织自身就是委托方。

(2) 在第二方质量审核中,为满足顾客要求及保护组织自身的利益,在众多可以选择的供方中挑选合格的供应商,由组织自己的审核员或委托外部代理机构代表组织对供方的质量体系标准或产品与服务规范进行审核。这里的组织及顾客就是委托方。

(3) 在第三方质量审核中,由与第一方、第二方无商业利害关系的授权,考察某一组织质量体系是否对其所提供的产品或服务实施了质量管理控制的独立机构(如食品、医药、核能或其他管理机构)。一般是指国家行政主管部门或其被授权的管理机构。

2. 受审核方

被审核的组织是指具有自身的职能和行政管理的公司、集团公司、商行、企业、事业单位、社团或其他部分。

在内部质量审核中,受审核方为审核内容涉及的机构或部门。在第二方审核时,受审核方是供方组织。在第三方审核(认证)时,受审核方是申请审核(认证)的组织。

3. 审核员

审核员是指有能力实施审核的人员。从事质量审核的人员必须符合两点要求,即资格

和授权。所谓资格,是指质量审核员应具备 ISO 10011 审核指南所要求的个人素质、教育、培训、工作经历和审核经验,以及运用知识和技能承担独立审核任务的能力。审核员需经专门培训并经鉴定能胜任审核服务工作。所谓授权,是指质量审核员必须由审核的工作机构(或评定机构)聘用、注册。内部质量审核的质量审核员可以由企业的最高管理者授权。

审核员的个人素质最直接影响审核工作的质量,也直接关系到内审程序的有效实施。审核员在审核活动中应能够充分体现以下素质:

(1) 正当地获取和公正地评定客观证据;
(2) 不卑不亢,忠实于审核目的;
(3) 在审核过程中,不断地注意审核观察结果和人际关系的影响;
(4) 处理好同有关人员的关系,以取得最佳的审核效果;
(5) 尊重审核所在部门、区域的规定;
(6) 审核过程中排除干扰,认真进行;
(7) 在审核过程中,全神贯注,全力以赴;
(8) 在严峻情况下作出有效反应;
(9) 以审核观察记录为基础,得出能为大多数人所接受的结论;
(10) 忠实于自己的结论,不屈从于无事实根据要求改变结论的压力。

4. 审核组

审核组由实施审核的一名和多名审核员组成。通常任命审核组的一名审核员为审核组长。审核组可包含实习审核员,在需要的时候可包含技术专家。观察员可以随同审核组,但不作为其成员。审核组长除了应具备一名审核员的素质和能力外,还应具备附加的知识和技能,包括:策划审核以及在审核过程中有效地利用资源;代表审核组与委托方和审核组进行沟通;组织和领导审核组成员;领导审核组获得审核结论;预防并解决冲突;编制并完成审核报告。

(三) 质量审核的步骤

审核步骤包括提出审核、制定质量体系审核计划、组成审核小组、编制审核提纲、实施审核、提出审核报告、审核结束后对改进的措施进行跟踪验证。

在审核之前,先由委托方提出要求,一般由委托方明确审核的时间、内容及范围,规定应遵循的标准和文件,并提供相关的资料。

在审核准备阶段,首先由委托方或审核组提出审核执行计划。其内容包括:审核的目的和范围、应接受审核的部门及相关人员等。另外还要进行审核工作文件的准备。

在实施审核时,审核组要与受审核方建立正式的联系,双方确认审核的范围和目的,澄清审核计划中不明确的内容,然后到受审核方进行调查、验证活动,并编制审核报告。最后将审核文件提交给委托方。

对于审核查出的不合格处,要责令受审核方提出改进的措施及完成的期限。审核组应随时跟踪并向委托方反馈受审核方的改进情况,达到满意后,可发布跟踪报告。

质量审核的内容包括:

(1) 质量管理的领导与组织情况;
(2) 各部门质量职能活动及相互协调情况;
(3) 各项质量管理规章制度、工作程序、工作标准的执行情况;

（4）质量职能分配及岗位质量责任制执行情况；
（5）质量文件、档案、原始记录等是否正确、完善；
（6）质量信息管理系统的运行及协调情况；
（7）外协、外购件进厂及产品提供服务符合有关规定的情况；
（8）人员培训教育和设备安装满足质量工作要求的情况；
（9）质量政策、质量目标和质量计划的制定与执行情况；
（10）实物质量符合标准和规范的程度等。

每次审核不一定面面俱到，可有所侧重，要抓住主要问题进行审核。

三、质量审核的组织实施

由于质量审核的目的不同，对于内部、外部质量审核是有区别的，因而审核程序也有所不同，具体的实施程序一般可以按照 GB/T 19021—ISO 10011 来进行。

（一）产品质量审核

产品质量审核又称产品审核，是指从顾客的观点出发，由已经加工完毕并通过检查和试验、等待发运的产品中，抽取少量样品并对其质量进行检查和评价，以确定可能达到的顾客满意度。

产品质量审核是根据制定的质量计划来进行的。它要对已经检验过的所有质量特性加以评估。此外，有条件的话，还应进行在生产过程中无法进行的某些寿命、环境和可靠性试验。按照顾客的使用条件对产品进行检查，其目的是确认工序控制的真实性。因此，产品质量审核是一种重要的工序控制工程技术。

产品审核工作可由一个专门的机构来完成。在某些情况下可以在生产线的末端直接进行审核；在某些零部件同最终产品完全密封无法解体的情况下，审核工作也可以在某个加工区进行。审核的机构和地点问题要取决于怎样做才能对质量特性进行更有效、更客观的评估。

1. 产品质量审核的作用

产品质量审核有以下作用：

（1）能及时地掌握产品质量水平和质量动态，研究并预计其发展趋势；
（2）对审核中暴露出来的有关设计、工艺、标准和检验等诸方面的问题，及时反馈信息，以便采取有效措施，改进和提高产品质量；
（3）通过对产品质量缺陷的调查研究，同国内外同类产品进行分析对比，瞄准竞争产品，进行质量改进，提高产品的国内外市场占有率；
（4）研究出厂产品质量与为用户服务之间的相关关系，通过质量改进，降低产品的外部故障损失，节约服务费用，提高企业的产品质量信誉；
（5）研究产品质量水平与质量成本之间的相关关系，探求适宜的质量水平。

2. 产品质量审核的步骤

产品质量审核的步骤如下。

（1）建立产品质量审核组

由经过资格审定符合担任审核人员条件的若干人组成产品审核小组，其中应当有具备一定审核知识、经验丰富、工作能力较强的质量控制人员、工艺人员和检验人员参加。

(2) 编制产品质量审核大纲

产品质量审核大纲是实现产品质量审核的一个指导性文件。它应包括下列主要内容：

① 确定产品审核对象；
② 规定产品审核时使用的标准、规范；
③ 制定质量缺陷重要性分级标准；
④ 制定产品审核办法；
⑤ 确定产品审核间隔期、抽样地点和样本大小；
⑥ 规定产品审核实施步骤；
⑦ 规定产品审核报告的内容、格式等。

(3) 编制产品质量审核评级指导书

产品质量审核评级指导书是进行产品质量审核的标准和指导性文件。它包括两项重要内容。

第一项重要内容是：列出质量审核的具体项目。这些项目可按性能、寿命、可靠性、安全性和经济性等加以分类。在确定这些项目时要考虑顾客反馈的质量信息（比如投诉率等）、顾客对产品适用性的要求和企业产品质量现状等因素。一般说来，可以将下列几方面首先列为审核项目：

① 根据顾客反馈，质量缺陷发生的频数较多的质量特性；
② 在为顾客服务的过程中，顾客不满意的质量特性；
③ 对销售市场的产品竞争颇有影响的质量特性；
④ 造成过安全事故、质量事故的质量特性等。

第二项重要内容是：对每个产品审核项目可能发生的质量缺陷，具体给出应判定的缺陷等级。

要明确规定产品质量审核评级指导书的有效期。一般地，对大批量连续生产的产品，每年应对其作一次调整；对于成批轮番生产的产品，其有效期可以长些；对于单件小批生产的大型、成套产品，可以在审核前根据顾客需要，在成批检验的基础上，适当增加一些产品审核项目，并予以实施。

(4) 产品质量审核的抽样检验

在对产品质量进行审核的抽样检验时，首先，要确定产品质量审核抽样检验的间隔期。对大批量连续生产的产品，可以每日、每周或每月审核一次；成批生产的产品，可以按每月或每季审核一次；单件生产的产品，以单台或一套为单位进行审核。

其次，要确定产品质量审核抽样检验的地点。审核抽样检验的地点不同，审核的完整性和审核费用也不一样。理想的审核抽样检验地点应在产品的使用过程中。

再次，还要确定产品质量审核的样本容量。样本容量应根据生产批量的大小、产品的复杂程度、生产过程的稳定性、产品的使用要求和审核费用等因素来决定。一般说来，审核样本容量不宜太大。

最后，要进行审核检验。随机抽取审核样本之后，应当使审核检验人员站在一个爱挑剔的顾客的角度，对审核样本进行检验。一般情况下，这种检验可以使用该产品的检验和试验标准；但是对许多重要的产品，往往使用更为严格的检验和试验标准。

(5) 确定产品质量等级水平
(6) 产品质量审核结果的分析

应当对审核数据进行仔细分析,以便确定在设计、工艺、控制方法和程序等方面需要调查研究的质量缺陷及其原因,及时采取纠正措施,消除质量缺陷,提高产品质量。

(7) 产品质量审核报告和信息反馈

质量管理部门或审核小组的负责人应负责汇总审核结果,并按期向企业领导写出产品质量审核报告。

为了更好地对顾客负责,审核报告应当说明审核范围,记录审核的情况,提出审核结论(包括受审核的控制管理体系的有效性的结论),详尽地叙述每一条批评性的结论,指出是否需要对设备性能、检验效率、操作人员的技能等采取纠正措施。

对于那些出现致命缺陷和严重缺陷的产品,在向领导提出审核报告后,应有权冻结待运产品,追查质量不符合标准的原因,直至得出最后结论并采取纠正措施为止。

质量管理部门应及时对产品质量审核工作进行总结,并向厂长报告。同时还应向有关单位填发"产品质量审核情况通知",并要求有关部门将改进情况及时报告质量管理部门。另外,应将产品质量审核报告、有关记录和资料及时存档。

(二) 工序质量审核

工序质量审核(Process Audit)又称过程质量审核。它是为了研究和改善工序质量控制状态,独立地、系统地、有计划地对工序控制计划的质量、实施效果进行检查和评价的活动。

工序审核的目的是研究和改善工序质量控制的现状,提高工序质量控制的有效性。

工序审核的对象是在质量控制计划中作出安排并且正在运行的、处于统计控制状态的工序。处于非统计控制状态的工序不能作为工序审核的对象。

工序审核应是重点调查、分析质量控制计划是否安排得周密、得当;工序质量因素4M1E是否被控制在正常波动的范围;处于统计控制状态的工序其过程能力、过程能力指数能否保证工序质量,等等。工序审核着重于对关键工序质量控制的评价,而不单纯是调查工序能力和审核工序产品的实物质量。

1. 工序质量审核的作用

工序质量审核有以下作用:

(1) 调查工序质量控制计划的实施情况与效果,对其制定的是否切合实际、导向作用如何等进行评价,明确是否需要采取纠正或改善措施;

(2) 了解工序因素的现状,评估其达到的控制水平,研究因素变化与工序质量波动之间的关系,明确如何对工序因素进行更为经济有效的控制;

(3) 对关键工序进行质量审核,研究企业质量控制活动中存在的问题,加强工序质量控制点的管理,改善工序质量控制方法,为提高质量控制活动的有效性、增加预防控制作用和为质量保证能力指明方向。

2. 工序质量审核的内容

工序审核主要包含以下几个方面的内容:

(1) 审核工序质量控制计划的实施效果;

(2) 审核工序质量因素的统计控制状态;

(3) 审核工序的实物质量。

3. 工序质量审核的步骤

开展工序质量审核工作的步骤如下:

(1) 建立工序审核组织;

(2) 制定工序审核实施计划；
(3) 开展工序质量审核工作；
(4) 写出工序质量审核报告。

工序质量审核报告的内容应包括：本次审核概述；对工序审核计划的评价；对工序实物质量的评估；审核结论、建议措施，等等。

最后应将审核计划、审核记录、审核报告和其他有关文件资料归档。

(三) 质量体系审核

1. 质量体系审核的概念

质量体系审核简称体系审核，它是企业本身或外部对企业实施质量体系（或其要素）能否有效地达到规定的质量目标和顾客的要求，所进行的有计划的、独立的、定期的检查和评价活动。

体系审核的目的是审核、评价质量体系的运行情况和实施质量体系诸要素的有效性。这种有效性是以是否达到规定的质量目标、顾客对体系以及在该体系运行的情况下生产出来的产品（或服务）是否满意来衡量的。体系审核既是企业内部的一项日常的、有计划的、定期的质量管理活动，也是企业外部（例如买方企业）对本企业的质量保证能力的一种审查。通过体系审核，可以给被审核单位提供改进质量体系的机会。

2. 质量体系审核计划

质量体系审核计划是开展体系审核活动的依据。它主要是对质量体系审核活动事先作出统筹安排。其主要内容一般应包括以下几项：
(1) 需要审核的要素和所涉及的职能部门的质量活动范围；
(2) 审核人员的资格；
(3) 有关审核的结果、结论和建议的报告程序；
(4) 改善活动的跟踪审核。

3. 质量体系审核的内容

质量体系审核是全面质量管理中的一个重要内容。体系审核是根据既定的质量体系审核计划或全面质量管理大纲的要求进行的，其中包括对体系要素的所有主要活动加以评价。

体系审核的内容从总体来说，就是要根据规定的质量要求、质量目标、全面审核质量体系要素是否很好地得以实施。具体来说，可以重点审核下列几方面的内容：
(1) 体系诸要素的质量职能是否已转化为质量职责并得以认真贯彻落实；
(2) 组织机构是否完善；
(3) 要素的资源（例如人员素质、装备器材和财力状况等）是否确有保证；
(4) 要素构成是否合理；
(5) 工作现场、作业或工序是否符合规范；
(6) 在制品的质量状况；
(7) 活动程序是否符合规定；
(8) 活动有无记录，文件、资料、报告是否齐全清晰，保管是否得当；
(9) 体系的有效性如何，它包括：
①各级领导的质量意识是否增强；
②全体职工的质量意识是否增强；
③各职能部门和工作人员的工作质量是否提高；

④工序质量是否稳定；
⑤产品质量是否提高；
⑥工作效率是否提高；
⑦质量管理水平是否提高；
⑧企业管理水平是否提高。

第二节 质量改进

市场竞争的焦点是质量竞争，质量改进的重要性关系到企业参与市场竞争的成败。

一、质量改进的概念

（一）什么是质量改进

ISO 9000：2000 版对质量改进的定义为：质量管理的一部分，致力于增强满足质量要求的能力。

在该定义下，有如下注释：

要求可以是有关任何方面的，如有效性、效率或可追溯性。

对质量改进的内涵可以这样来理解。

（1）改进的对象是活动和过程。质量改进的范围包括开发设计过程、生产制造过程、使用服务过程的改进。

（2）改进的目的是为供需双方提供更多的利益。质量改进既要考虑供方本身的利益，又要满足顾客的利益。其质量改进的结果必须使活动和过程的效益和效率都得到提高。

（3）质量改进要求把活动和过程的效益与效率提高到一个新的水平，它的成效应是具有突破性的。

（4）改进的性质是创造性的，质量改进必须勇于改变现状，以创造性的思维方式或措施，使活动和过程获得有益的改变。

（二）质量改进与质量控制的关系

质量改进是建立在一些基本过程之上的，致力于增强满足质量要求的能力。组织的质量管理活动，按其对产品质量水平所起的作用不同，可分为两类：一类是质量"维持"，是为保持现有质量水平稳定的活动，通常通过质量控制来实现；另一类是质量"突破"，是根据用户需求和组织经营的需要对现有的质量水平在维持的基础上，加以突破和提高，使产品质量水平上新台阶的活动。质量改进与质量控制、质量突破都有着紧密的关系。

1. 两者的联系

质量控制与质量改进是互相联系的。质量控制的重点是防止差错或问题的发生，充分发挥现有的能力；而改进的重点是提高质量保证能力。因此，要搞好质量管理工作，首先要搞好质量控制，充分发挥现有控制系统能力，使全过程处于受控状态。其次在控制的基础上进行质量改进，使产品从设计、制造、服务到最终满足顾客要求达到一个新水平。

2. 两者的区别

首先是定义上的区别。质量控制是消除偶发性问题，使产品保持已有的质量水平，即质量维持；而质量改进是消除系统性的问题，对现有的质量水平在控制的基础上加以提高，使质量达到一个新水平、新高度。

其次是实现手段的区别。质量改进是通过不断采取纠正和预防措施来增强企业的质量管理水平,使产品的质量不断提高;而质量控制主要是通过日常的检验、试验和配备必要的资源,使产品质量维持在一定的水平。

(三) 质量改进与质量突破的关系

1. 质量突破与质量改进的目的相同

质量突破是通过消灭工作水平低下的长期性原因(包括思想上的和管理上的),使现在的工作达到一个较高的水平,从而使产品质量也达到较高的水平;同样质量改进也是为了实现质量水平的提高。

2. 质量突破是质量改进的结果

质量突破的实践表明产品的质量水平得到了提高,它的实现是通过日常许多大大小小的质量改进来实现的。只有不断实施持续的质量改进,才能使产品质量水平提高,才能实现质量突破。

3. 质量改进侧重过程,质量突破侧重结果

质量改进是一个过程,即 PDCA 循环。由于种种原因,每次改进质量的活动不一定都能取得好的效果,产品的质量水平不一定都能得到提高。但质量突破则表明产品的质量水平得到了提高,并取得了良好的效果。

二、质量改进的程序和主要工具

(一) 质量改进的程序

质量改进是质量管理的一项十分重要的内容,贯穿于产品和服务形成的全过程。质量改进活动的一般程序如图 7-2-1 所示。

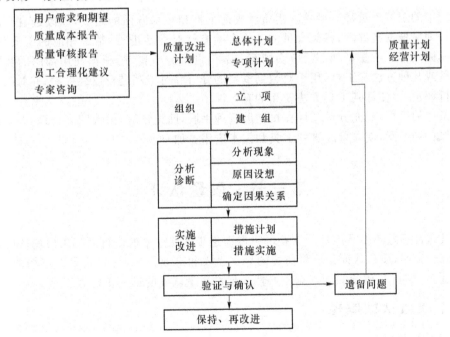

图 7-2-1　质量改进活动的一般程序

(二) 质量改进的工具

实施有效的质量改进,从项目确定到诊断、评价直至结果评审的全过程中,正确地运用有关的支持工具和技术,能提高质量改进的成效。在质量改进中,应根据不同的数据资料类型,运用数字数据的工具和非数字资料的工具分析处理数据资料,为质量改进决策提供依据。表 7-2-1 为用于质量改进的工具和技术。

表 7-2-1　用于质量改进的工具

工具	应　用
调查表	系统地收集数据资料,以得到事实的清晰实况
分层图	将有关某一特定论题的大量观点、意见或想法进行组织归类
水准对比	将一个过程与公认的领先过程进行比较,以识别质量改进的机会
头脑风暴法	识别可能解决问题的办法和潜在的质量改进机会
因果图	分析和表达因果图解关系;通过从症状到分析原因,到寻找答案的过程促进问题的解决
流程图	描述现存的过程;设计新的过程
树图	表示某个论题与其组成要素之间的关系
控制图	诊断:评估过程的稳定性 控制:决定何时某一过程需要调整,何时该过程需要继续保持下去 确认:确认某一过程的改进
直方图	显示数据波动的形态;直观地传达过程行为的信息;决定在何处集中力量进行改进
排列图	按重要性顺序表示每一项目对整体作用的贡献;排列改进的机会
散布图	发现和确认两组相关数据之间的关系;确认两组相关数据之间预期的关系

组织中的全体人员都应接受应用质量改进工具和技术方面的培训,以改进自己的工作过程。培训应根据各部门、各类人员的工作实际有针对性地进行,掌握相应的工具和技术,但切忌死搬硬套。质量管理部门应会同有关部门进行分析指导,根据使用部门的实际情况确定一种或几种方法和工具,用于对数据资料的分析和对工序进行监视控制,并对工具方法应用进行评价,以便评判工具方法使用的有效性。

有条件的组织,应充分运用计算机辅助管理手段,简化计算,加快图表处理,以方便资料数据的保存和查阅,使质量改进的工具和技术应用更加有效。

第三节　质量认证

质量认证是随着商品生产和交换的发展而逐步发展起来的。近百年来质量认证的发展历史已充分证明,质量认证是质量监督的科学手段和有效方式,是企业走向市场的通行证。21 世纪是质量世纪,质量的剧烈竞争必然会促进质量认证的进一步发展。

一、质量认证概论

1. 质量认证概念

"认证"一词的英文为 Certification。英文的原意是出具证明文件的行动,当用做"质量认证"时则具有进一步的含义。

国际标准化组织在 ISO/IEC 指南 2:1997 中对"认证"所下的定义是:"第三方提供产品、过程或服务符合特定要求的书面保证所用的程序"。

由此可见,根据相应的标准和有关的技术规范对企业的某一产品或服务进行试验或检查,如果该产品或服务符合这些标准或技术规范,则发给该企业有关该产品的认证合格证书,允许该产品出厂时使用合格标志,以证明该产品或服务符合相应的标准或技术规范,这种活动称为"认证"。

此外,还有质量体系认证。所谓质量体系认证,是指对供方的质量体系进行的第三方评定和注册的活动,目的在于通过评定和事后监督来证明供方质量体系符合并满足需方对该体系规定的要求,对供方的质量管理能力予以独立的证实。供方是指对产品或服务负责,并能确保质量保证实施的一方。制造厂、分包商、进口商、组装厂商、服务机构等都可称为供方。

习惯上,把产品质量认证和质量体系认证通称为"质量认证"。

2. 质量认证的特点

从上述定义可以看出,质量认证具有以下四个特点。

(1) 质量认证的对象是产品、过程和服务

这里所指的产品,按照 ISO 9000:2000 中产品被定义为"过程的结果"。因而服务已包括在产品的含意之中。关于过程,ISO 9000:2000 的定义是:"一组将输入转化为输出的相互关联或相互作用的活动。"在质量认证中,对于"过程"的认证可理解为:指产品形成过程中某些专业独立性较强的工艺、计算、检测、试验等过程。

(2) 认证工作的基础是标准

认证是以标准或技术规范为准则的。认证的基础是标准,没有标准就不能进行认证。

标准包括基础标准、产品标准、试验方法标准、检验方法标准、安全和环境保护标准以及管理标准等。ISO 9000 质量管理和质量保证标准系列,是认证中对供方质量体系作出评价的国际性标准,供各国及国际间认证选择使用。

(3) 质量认证活动是由第三方进行的

质量认证的最大特点是第三方进行的活动。所谓第三方,是指独立于第一方(制造厂、卖方、供方)和第二方(用户买方、需方)之外的一方,第三方与第一、第二方之间应没有直接的经济利害关系,以体现公正性和客观性。

(4) 认证合格的证明方式可以采用合格证书和认证标志

如上所述,产品质量认证是"第三方依据程序对产品、过程或服务符合规定的要求给予书面保证"的一系列活动,产品经过检查符合规定要求后,这一信息要通过认证合格证书和认证标志来传递给各有关方面。认证证书和认证标志通常由第三方认证机构颁发和规定。世界上第一个认证标志是 1903 年英国工程标准委员会创制的用于证明符合"PS"(英国标准)要求的标志。因形状像风筝,也称风筝标志。我国现在使用的"方圆标志"、"长城标志"、"PRC 标志"(见图 7-3-1)都是产品质量认证合格的标志。需要说明的是,单独进行质量体系认证合格的企、事业单位,只发认证合格证书,产品上不作合格标志。

3. 质量认证的一般程序

各国认证机构质量认证的程序都大同小异,质量体系认证的一般程序有以下几个步骤。

图 7-3-1 我国质量认证合格的标志

（1）填报申请表

供方按认证机构的规定认真填报申请表，交认证检查机构。认证机构审阅后，将意见告知供方，若拒绝申请，应说明理由。必要时，认证机构还可提供一些有关参考资料，同时也可要求供方提供有关补充资料。

（2）预备性考察

认证机构决定受理申请后，在开始正式评定之前，派人去供方作预备性考察，目的在于了解供方的规模和特点，并和供方商定认证日程。

（3）选定质量保证标准

供方综合考虑其职能范围、产品特点等各种因素，从 GB/T 19001—ISO 9001(2000 版)中对要素的选择和采用程度进行剪裁，标准的选择和剪裁应征得认证机构的同意。

（4）提出评定费用

由认证机构按规定核定评审费用。费用的大小一般与所选定的质量保证模式标准、企业规模、评定工作量大小等因素有关。

（5）准备证实文件

围绕所选定的质量保证模式标准的各项内容整理和完善有关质量文件和记录，对需要保密的资料，供方应事先明确，并取得审核人员谅解。

（6）评定质量体系文件

在安排现场审核之前，由认证机构详细审阅和评定供方提供的质量体系文件，并提出不符合要求和重大遗漏之处，以便供方在正式检查前作修改和补充。

（7）迎检准备

根据认证机构对质量体系文件审查和评定的意见，认真进行修正与完善，并做好现场评审接待工作的组织准备和物质准备。

（8）现场评定

由认证机构组织一个审核小组，该小组设组长一人，组长必须由具有主审核员资格的人员担任。到达现场后，审核小组应和供方管理人员建立联系，及时提出不符合要求处，要求供方纠正，并将审核结果通知供方领导。审核结束后，审核小组编写审核报告，上报认证机构，抄报申请认证的企业。

（9）整改

供方应在认证机构规定的期限内，对不符合要求的地方逐个进行整改。供方确认整改完毕后，向审核小组报告，由审核小组进行重点复查。

（10）批准注册

在所有不符合要求的问题得到解决后，认证机构根据审核小组的推荐，进行审批。批准后注册,并颁发证书。

(11) 监督

质量体系认证注册有效期通常为 3 年。在有效期内认证机构负责定期进行监督性检查,一般每年 2 次。若发现重大问题,可责令供方限期整改或注销注册。

(12) 到期重评

质量体系认证注册有效期届满之前,供方可向认证机构提出延长有效期或重评的申请。供方在更改其质量体系前也应事先向认证机构通报。

4. 我国认证制度的基本结构

我国认证制度的基本结构,分为四个层次。

第一个层次,是政府主管部门。根据我国产品质量法、标准化法和国务院认证管理条例规定,国家技术监督局作为国家的质量监督管理主管部门和标准化主管部门,负有依法统一管理认证工作的职能。政府主管部门负责授权和批准发证以及实施监督。即授权认可机构对各类涉及认证工作的机构和人员的资格进行认可,批准认可结果并颁发注册证书,同时对被认可的认证机构进行监督。

第二个层次,是认可机构。这是一个政府授权的、具体进行认可工作的机构。为了使认可工作更具权威性,认可机构的成员包括两大部分,一是与认证业务或利益相关的部门的代表及社会团体的代表;二是在认证领域有一定权威的专家。由于认可工作涉及的方面较多,而且专业性较强,认可机构将根据不同业务,分设若干专家工作委员会。该委员会将按符合国际标准及导则的认可程序对产品认证机构、质量体系认证(注册)机构、检验及校准实验室、培训机构以及评审人员作出评价,进行资格审查认可。

第三个层次,是认证机构,包括产品的认证机构、质量体系认证(注册)机构和检验及校准实验室。这些机构都是有独立法律地位的实体,他们得到国家技术监督局的批准授权后,就有资格在授权范围内独立地开展认证业务。在进行资格认可时,按国际导则的要求,每一个认证机构都必须编写自己的质量手册,以确保认证工作的质量。审核人员的培训机构以及认证咨询机构,也可以通过申请国家认可机构的认可,增强在认证市场上的竞争力。从事认证工作的审核人员,必须经过国家认可机构的考核,取得国家技术监督局所颁发的评审人员资格证书,才有资格受聘于认证机构,进行企业质保体系的审核,签发有效的审核文件。

第四个层次,是申请认证的企业。根据我国产品质量法的规定,企业法人可以独立地决定自己是否申请认证,独立地选择有资格的认证机构进行认证,任何地区或部门不得进行行政干预,强求企业到本地区、本行业指定的认证机构申请认证。

二、产品质量认证

产品质量认证的主要目的是证明某产品已建立了一个有效的质量保证体系,能够稳定地提供符合某特定的技术标准或规范的产品。上述特定产品标准和规范及其质量保证体系标准就是产品质量认证的依据,它必须能够满足广大消费者对产品或服务的需求,并由权威性标准化机构正式发布。产品质量认证涉及申请认证的企业和实施认证检查和检验的机构。为了确保认证检查和认证检验机构的公正性和权威性,并使受理申请后的认证工作能顺利地实施,客观上对申请认证和受理认证的各方均需有其一定的前提条件。为此,ISO/IEC 导则 7《适用于产品认证的标准的要求》,以及我国国家技术监督局第 28

号令《中华人民共和国产品质量认证管理条件实施办法》都对产品质量认证的依据和条件作出了原则性的规定。

产品质量认证分为强制性认证和自愿性认证。列入强制性认证管理的产品,需由国家法律、行政法规或"联合规章"予以规定,这类产品不经认证不得销售、进口和使用。安全认证也是一种强制性认证,对于安全标准覆盖的产品,必须申请安全认证。

1. 适合产品认证用的产品标准

(1) 认证依据的标准应当是具有国际水平的国家标准或者行业标准。现行标准内容不能满足认证需要的,应当由认证委员会组织制定补充技术要求。

(2) 我国的名、特产品可以依据国务院标准化行政主管部门确认的标准实施认证。

(3) 凡经国家技监局批准加入相应国际认证组织的认证委员会应采用该组织公布的并已转化为我国的国家或行业的标准。

(4) 经国家技监局批准与国外认证机构签订双边或多边认证合作协议所涉及的产品,可按合作协议规定的标准开展认证工作。

2. 产品质量认证的内容

产品质量认证的具体实施内容,因产品而异,差别很大,但其主要内容大致涉及以下几个方面:

(1) 产品的功能审核

产品的功能审核是产品质量认证中最重要的审核内容,主要审核如下几方面的功能:

① 关系到产品的性能;
② 关系到产品的安全性;
③ 关系到产品的可靠性和寿命;
④ 关系到产品的可维修性;
⑤ 关系到产品销售竞争上有特色的;
⑥ 关系到产品接口特性;
⑦ 关系到产品配套的完整性。

(2) 产品的外观质量审核

① 产品的外观尺寸、形状的一致性;
② 产品的外观有无碰伤、压伤、划伤;
③ 产品的标签或印证有无错误或模糊;
④ 产品有无影响使用的微粒、粉末等多余物和锈蚀、掉漆等状况。

(3) 产品的包装质量审核

① 包装箱(盒)上的标志,合格凭证是否符合规定要求;
② 装箱产品与装箱单是否相一致,有无错装或漏装;
③ 包装情况与技术标准、工艺文件的规定是否符合。

(4) 产品的质量稳定性审核

① 是否具有正常批量生产的条件;
② 是否具有保证质量稳定性的程序;
③ 是否具有保证质量稳定性的控制手段;
④ 质量不合格产品的处置程序是否适当。

(5) 产品的质量保证体系

企业是否具有适当的质量保证体系,是否符合 GB/T 19000—ISO 9000 系列标准的要求。

3. 产品质量认证程序

企业办理产品质量认证程序如下:

(1) 中国企业按照规定的要求向有关认证委员会提出书面申请;外国企业或者其他申请人向国务院标准化行政主管部门或者向其指定的认证委员会提出书面申请及其认证所需的有关资料。

(2) 认证委员会受理认证申请后,组织对企业的质量体系进行检查。国家注册检查应按照规定的要求签署检查报告,并将检查报告送认证委员会,同时对企业申请认证的产品进行现场抽样和封样,并由审检组或申请者送交指定的检验机构。

(3) 认证委员会通知认证检验机构对样品进行检验,各项检验和检测完成后,按照规定格式填写检验报告,经授权人审核签字后,将检验报告报认证委员会。

(4) 认证委员会对检验报告和检查报告进行审查,合格者,批准认证并颁发认证证书,进行注册管理,并准许使用认证标志;对不批准认证的发给书面通知,并说明原因和申请者应采取的行动。

三、质量体系认证

质量体系认证起源于产品质量认证中的"企业质量保证能力评定"。但这种质量保证能力评定的目的是确认该企业能否使认证产品始终符合标准的规定,因而在评定过程中往往只针对某项认证产品涉及的范围来进行,并不包容整个企业的质量体系,只是产品质量认证程序中的一个部分。所以说"企业质保能力的评定是后来单独的质量体系认证的前身"。

1. 质量体系认证的含义

质量体系认证是指经过认证机构对企业质量体系的检查和确认并颁发证书,证明企业质量保证能力符合相应要求的活动。

企业实行质量体系认证,有利于维护消费者利益;可以提高企业的质量信誉;促进企业建立健全质量体系;提高企业质量管理水平;减少社会的重复检验和试验费用。

2. 产品质量认证与质量体系认证的区别(见表 7-3-1)

表 7-3-1 产品质量认证与质量体系认证的区别

项目	产品质量认证	质量体系认证
认证对象	特定产品	供方的质量体系
评定依据	1. 产品质量符合指定的标准要求 2. 质量体系满足指定的质量保证标准要求及特定的产品补充要求 3. 评定依据应经认证机构认可	1. 质量体系满足申请的质量保证模式标准(GB/T 19001)要求和必要的补充要求 2. 保证模式由申请企业选定
认证证明方式	产品认证证书、认证标志	质量体系认证(注册)证书、认证标志
证明使用	认证标志能用于产品及包装上	认证证书和认证标记都不能用于产品或包装上
认证性质	自愿性认证和强制性管理相结合	一般属于自愿认证

3. 质量体系认证的认可程序

(1) 提出申请

① 要求进行质量体系认证审核的企事业或委托方(简称申请方),应向体系认证机构联系,根据需要索取质量体系认证审核申请表和企业概况调查表,按其内容认真填写。

② 申请方在要求的时间内,向体系认证机构报送申请表、企业概况调查表、质量手册、法人营业执照复印件、申请认证审核涉及的产品/服务简介及简要流程图等有关资料,并按规定标准交纳质量体系认证审核申请费。

(2) 受理申请

① 体系认证机构对申请方的申请表等有关资料进行审议,并填写质量手册初审检查清单。根据申请方的情况,体系认证机构在半月内做出受理、不受理或申请方改进后再受理的决定。

② 对是否受理的决定,体系认证机构必须及时书面通知申请方,并说明理由。

③ 对决定受理申请的单位,体系认证机构必须及时立卷编号,并与受审核方或委托方签订《认证审核合同书》,双方承担合同责任。

(3) 审核前准备

① 由经理签署任命项目审核组组长。

② 审查受审核方提供的质量手册和有关资料。必要时及时向受审核方提出修改、补充意见以及索取有关补充资料。

③ 拟订审核计划。

审核计划应包括:

a. 审核目的和范围;

b. 审核目的和范围所涉及的有关的部门、车间及主要责任者;

c. 审核组成员人数及名单;

d. 审核日期及会议安排;

e. 编写检查清单;

f. 草拟现场审核实施计划。

(4) 初访受审核方

由项目审核组组长决定是否有必要进行初访;初访的目的是双方协商确定审核日期及现场审核实施计划;根据对受审核方提供的质量手册和有关资料的审查,了解现场实况及特殊要求。对在初访中发现的问题,受审核方应及时采取措施加以整改。

(5) 实施现场审核

① 首次会议。首次会议是审核组全体成员与受审核方的联席会议,主要商定双方认为需要配合的有关事宜。

② 现场审核。双方应认真执行审核实施计划,完成审核任务。审核组成员应按检查清单调查事实,获取证据。对发现的不符合的事实,应征得受审核方授权代表的确认,并填写《不符合通知单》,经受审核方授权代表签字确认。

③ 审核组会议。审核检查完成后,由审核组组长召开审核组成员会议。提出审核检查的结论性意见。

④ 编写审核报告。由项目审核组组长负责编写审核报告,审核报告的内容包括:

a. 审核检查概况；
b. 审核依据、目的及范围；
c. 不符合项汇总情况；
d. 审核检查的总体归纳；
e. 审核检查结论；
f. 附件(包括项目审核实施计划和不符合通知单)。
⑤ 结束会议。由项目审核组组长代表审核组宣读审核报告。

(6) 纠正措施

对发现的不符合项,受审核方应编制整改计划,抄报体系认证机构,限期3个月内完成并抄报整改实施情况和效果；必要时体系认证机构可到现场复查整改工作的进行情况。

(7) 审核报告的提交和审议

由项目审核组组长负责,在审核组离开后一周内,把审核报告提交体系认证机构技术委员会审议、批准。经审批后的审核报告书的正本,送受审核方(或委托方),副本及有关资料送体系认证机构办公室存档备查。

体系认证机构自收到审核报告至做出是否准予注册的决定不得超过一个月。

(8) 颁证和公布

① 经技术委员会审议批准,向受审核方颁发国家质量体系认证主管部门统一颁布的并印有体系认证机构认证标志的质量体系认证证书。

② 获证方在体系认证机构进行注册。体系认证机构以公报形式予以公布,上报备案。对公布的质量体系认证证书持有者注册名录,并至少每年修订一次。

③ 获证方在规定范围内,允许使用质量体系认证标志。

企业通过质量体系认证只表明其在推行全面质量管理方面达到了一定的标准,奠定了一定的基础。按照国家技术监督局颁发的《质量体系认证实施程序规则》的要求,认证机构对获准认证的组织在体系认证证书有效期内还要实施监督管理,内容包括换证、质量体系更改报告、监督管理、认证注销、认证撤销、认证有效期满的复评等。

第四节　质量手册

在进行质量体系评定时,认证机构首先要求企业提供质量手册,以审查企业的质量体系文件是否符合所选定的质量体系模式标准,在实施现场审核时,审核员还要验证质量手册的实施情况。以判断质量体系运行的有效性。因此,无论是典型的产品认证,还是质量体系认证,都要求企业编制质量手册,以证明企业质量体系符合标准的要求。

一、质量手册的概念

质量手册是企业质量管理体系的文字描述。机构的设置,各部门之间的联系渠道和方法,各部门及有关人员的职责权限,质量管理体系程序,一般都要反映在手册中。因此,质量手册就成了现代企业质量管理工作的依据或法规性文件。

1. 质量手册的定义

在 ISO 9000:2000《质量管理体系——基础和术语》中,对质量手册给出了如下定义:"规定组织质量管理体系的文件"。

为便于理解,该定义又增加了注释:为了适应组织的规模和复杂程度,质量手册在其详略程度和编排格式方面可以不同。

由上述定义可以看出:

首先,质量手册是建立和实施质量管理体系的主要文件依据。它根据企业的质量方针,对质量管理体系及其各主要要素作充分的阐述,质量手册规定质量管理体系的基本结构,是实施和保持质量管理体系应长期遵循的文件。

其次,质量管理体系程序文件是质量手册必不可少的内容,是质量手册的基础。因而质量手册具有可操作性。质量手册是企业进行全部活动或部分活动的依据。

最后,质量手册的形式可以是质量管理体系程序的直接汇编,也可以是一组质量管理体系程序或由其一部分组成,可以针对特定的设施、职能、过程或合同来选择程序文件系列。

2. 质量手册的作用

质量手册的主要目的是规定质量管理体系的基本结构,对质量管理体系作充分的阐述,它是实施和保持质量管理体系应长期遵循的文件。主要作用如下:

(1) 组织有关质量活动的依据和准则;
(2) 作为编制程序文件和其他质量文件(作业文件)的框架;
(3) 描述质量管理体系过程的相互作用;
(4) 为内部、外部质量审核提供依据;
(5) 作为职工尤其是新进人员的培训教材;
(6) 保证质量管理体系及其要求满足顾客要求,并持续改进;
(7) 评价质量管理体系的有效性和持续的适宜性;
(8) 向组织内部和外部提供关于质量管理体系的一致信息;
(9) 在有要求的情况下,证明组织的质量管理体系符合标准要求。

二、标准对质量手册的要求

1. ISO 9001:2000 标准要求组织应编制和保持质量手册,质量手册作为质量管理体系文件的一部分应包括:

(1) 质量管理体系的范围;
(2) 任何删减的细节与合理性;
(3) 质量管理体系过程相互作用的表述;
(4) 质量管理体系程序文件及其引用。

2. 对质量手册的管理和控制包括:

(1) 为确保质量手册的充分性,在手册发布前应得到批准;
(2) 标识手册的有效、更改和现行修订状态;
(3) 必要时,对手册进行评审、更新并再次批准。

三、质量手册的结构和格式

ISO 9000 标准中对质量手册的结构和格式不作统一要求,标准只要求其内容能体现出标准的全部适用要求,如有裁剪应详细说明理由,且要保证不影响组织提供满足顾客和适用法律法规要求的产品的能力或责任的要求。

质量手册应描述组织为实现质量目标所识别的过程,以及为满足顾客要求所确定的众多过程之间的顺序和相互作用,规定控制过程所需的准则和方法,并对过程进行测量、监控和分析。组织对质量方针和质量目标的阐述,以及对质量目标的监控方式可以单独形成文件,也可以作为质量手册的独立章节。

四、质量手册的内容

质量手册通常包括:
(1) 目次;
(2) 批准页(颁布令);
(3) 前言;
(4) 应用范围或适用领域;
(5) 术语、定义(需要时,一般采用标准术语不必列出);
(6) 质量手册(包括质量管理体系文件)使用指南或编制、修订、管理程序;
(7) 质量方针和目标;
(8) 质量管理体系要求;
(9) 支持性资料(程序文件等)目录;
(10) 其他所需的附件。

复习思考题

1. 什么是质量审核?按其内容可分成哪几种质量审核?
2. 试述产品质量审核的目的和审核步骤。
3. 什么是质量改进?简述质量改进与质量控制、质量突破三者间的关系。
4. 质量认证的定义、特点及作用。
5. 质量认证的内容包括哪些方面?
6. 产品认证与质量体系认证有何异同?
7. 质量认证的表示方式是什么?简述认证证书和认证标志的作用。
8. 什么是质量手册?其作用是什么?
9. 质量手册中应包括哪些基本内容?

第八章 质量的经济性与质量成本管理

学习目标

【知识目标】
- ◆ 了解质量效益和质量损失
- ◆ 理解质量成本的含义及分类
- ◆ 了解质量成本管理的基本内容

【能力目标】
- ◆ 知道什么是质量效益和质量损失
- ◆ 能够解释质量成本的含义并清楚质量成本费用的分类
- ◆ 知道质量成本管理包括哪些基本内容

质量与经济密切联系,提高资本增值盈利的重要途径在于提高质量,而加强质量管理又必须着眼于经济效益,注重经济性。但在相当长的一个时期里,在产品质量经济性方面,存在着两种倾向:一种是忽视产品质量,废次品率高,造成大量厂内、厂外损失,给企业、社会造成极大的浪费。另一种是不惜工本,片面追求精益求精的高质量,脱离企业和消费者实际需要,不讲质量成本和质量效益。规定过高的内控标准,对产品某些次要性能进行高精度、高标准的技术工艺要求。其结果导致质量功能过剩,质量成本上升,而这样不为消费者需要的过剩质量造成的损失和浪费,往往不容易为人们所发现和重视。可见,产品质量差是社会生产中的极大损失和浪费,同样,超过消费者实际需要,生产过高的产品质量,也是极大的损失和浪费。因此,讲求质量的层次性、经济性,在满足消费者对产品特定使用需求的前提下,使质量成本最低,资本增值利润最大,是质量经营的目标和精髓。

第一节 质量效益与质量损失

加强质量管理,提高产品(服务)质量,提高企业竞争力,其最终目的是降低质量成本,实现质量的经济效益,进而最大限度地提高企业的资本增值水平。

一、质量效益

(一)质量效益的概念

一般所说的效益是指某项产品在生产过程中输入了劳动消耗和劳动占用后所获得的经

济效果：

$$经济效果 = \frac{使用价值}{劳动消耗}$$

质量的经济效益就是产品质量改善所发生的费用与由此而产生的经济收益的比值：

$$质量效益 = \frac{质量收益}{质量成本}$$

当这个比值大于 1 时，说明投入的为改善质量而发生的费用能产生经济效益，反之，则没有经济效益。

(二) 质量效益的构成

提高产品质量、开发新产品、增加产品品种、加强质量管理、提高工作质量将会给企业带来各种经济收益。例如：

(1) 稳定质量，减少三包等的损失费用；
(2) 树立质量形象扩大市场份额，带来收益的增加；
(3) 减少不良品损失带来的收益；
(4) 提高品质、提高商品附加值带来的收益；
(5) 提高设备运转率；
(6) 减少库存损耗；
(7) 减少检查费用；
(8) 管理费用的节约；
(9) 产品寿命周期内用户维护修理费用的节约；
(10) 用户生产率的提高和成本的降低；
(11) 用户适用范围利用率的提高。

提高产品质量所取得的经济效益，可以表现在产品的生产过程、使用过程以及整个企业经营所取得的收益等各方面。只有这些收益的总和高于提高产品质量所花费的费用，才能说明在经济上是合理的。因此，由于提高产品质量而获得的经营总效益可用公式表述为：

$$E_{总} = \frac{\Delta I_{总}}{\Delta C_{总}}$$

式中，$E_{总}$ 为由于提高产品质量而获得的经营总效益；$\Delta I_{总}$ 为由于质量改善所得到的经营总收益：$\Delta I_{总} = \Delta I_{市} + \Delta I_{使} + \Delta I_{生}$。

$\Delta I_{市}$ 代表市场收益，即由于采用高质量的产品而获得的市场经营的收益。它包括由于销售额的增加而带来的利润额的直接增加，以及由于推销费用的减少而带来的收益等；$\Delta I_{使}$ 代表使用收益，即由于质量改善而使得用户得到的收益；$\Delta I_{生}$ 代表生产过程中获得的收益，比如由于改进了工艺，而使原材料、能源或修理费用的节约等。

上述质量效益的内容是从狭义的质量内容考虑的，并且是从企业经营的总体出发考虑的。如果是从广义的质量内容考虑，还应包括工作质量与人的素质得到提高的效益。因此尚有许多项目未考虑在内，随着质量经营的发展，质量经济的内容还将不断扩大与完善。

二、质量损失

所谓质量损失主要包括以下三方面的内容。

（一）生产者的损失

生产者的质量损失包括因质量不符合要求，在出厂前和出厂后两方面的损失。其中包括有形的损失和无形的(隐形的)损失。

有形损失是指可以通过价值计算的直接损失，如废品损失、返修损失，销售中的包装修理、退货、赔偿、降级降价损失；辅助生产中的仓储、运输及采购中的某些损失等。

所谓无形损失指由于产品质量不好，影响企业的信誉，使订货量减少，市场占有率降低。这种损失是巨大的，且难于直接计算，对于企业的影响，可能是致命的，有时会导致企业破产的严重后果。

无形损失的另一种表现，就是不顾用户的实际需要，不合理地片面追求过高的质量内控标准，通常称之为"剩余质量"。这种剩余质量会使生产者花费过多的成本。为减少这种损失，在产品开发设计时必须事先做好认真的调查，制定合理的质量标准，应用价值工程的理论，进行深入分析，减少不必要的功能，使功能与价格相匹配，以提高质量的经济性。

在无形损失中，通常存在着机会损失。所谓机会损失，是指在质量形成的各个阶段，都存在着质量优化的机会，例如，寻求设计中的最佳寿命周期、最佳产品性能质量水平，寻求制造中的"零缺陷"、最佳工序能力指数、产品的最佳保修期等。上述类似最佳值会带来最佳效益，而实际效益与最佳效益之差就称为机会损失。

（二）消费者（或用户）的损失

消费者损失是指产品在使用过程中，由于质量缺陷而使消费者蒙受的各种损失。如使用过程中造成人身健康、生命和财产的损失，能耗、物耗的增加，人力的浪费等。使用中由于产品质量缺陷造成停用、停产、误期或增加大量维修费用等损失，都属于消费者的质量损失。至于假冒伪劣产品，毫无疑问也会给消费者带来不同程度的损失。

此外，消费者损失中也有无形损失和机会损失，功能不匹配就是最典型的一种。例如，仪器的某个组件失效，又无法更换，而仪器的其他部分功能正常，最后也不得不将整机丢弃或销毁处理，这就是产品的各组成部分功能不匹配给消费者或用户造成经济损失。

（三）社会的损失

广义来说，生产者和消费者损失都属于社会损失。反之社会损失最终也将对个人造成损失。这里所说的社会损失是指由于产品缺陷对社会造成的公害和污染，对环境和社会资源的破坏和浪费，以及对社会秩序、社会安全的不良影响等。例如，交通运输设备（飞机、汽车、轮船）每年因质量缺陷（非质量缺陷原因者除外）造成巨大的人身伤亡事故；工厂设备不符合标准而造成的污染，使动植物受害，或造成庄稼、树木枯死；一些工程设施严重破坏生态平衡等。当然，因产品质量不好所造成的社会资源的破坏和浪费，其损失就更大了。

三、质量波动的损失函数

前面已经说明，质量波动会给生产者、消费者或社会带来损失，下面要进一步讨论这种波动与损失的关系，并找出它们的规律。

产品在设计、制造时，对其各种质量特性，总是要分别规定合适的中心值作为理想的目标值，达到这个目标值时，损失最小。假设理想的质量目标值为 m。在制造和使用中，不可能正好达到 m 值，总是有一定偏差，这就是所说的波动。偏离 m 值时，就会有损失，损失的大小同偏差的大小有一定关系。其偏差越大，在使用时其波动的幅度就越大，超过其使用规格界限而造成的损失也越大。日本的质量专家田口玄一通过研究提出了损失函数的数学表达式：

$$L(y)=k(y-m)^2=k\sigma^2$$

式中，$L(y)$ 为当质量特性值为 y 时的波动损失；y 为实际的质量特性值；m 为理想的目标值，$(y-m)$ 为偏差；σ 为质量波动（或变异）时的标准差；k 为一比例常数。

此函数式的几何意义是代表了对称的二次曲线，如图 8-1-1 所示。图中 Δ 为偏差，此处假定 $y=m$ 时损失最小，并令其为零。

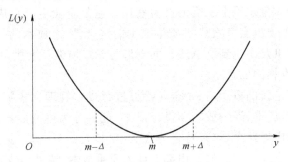

图 8-1-1　损失函数的曲线

【例 8-1-1】　若加工某一零件，尺寸偏差 Δ 超出 $\pm 5~\mu m$ 时，则规定要求返修，其损失为 $A=600$ 元，求损失函数 $L(y)$。

解　根据上述公式有

$$600=k(y-m)^2$$

经整理得

$$k=\frac{600}{(y-m)^2}=\frac{600}{25}=24$$

故得损失函数为

$$L(y)=24(y-m)^2$$

【例 8-1-2】　设计一个电源装置，规定输出电压的目标值为 $m=220~V$，当实际输出电压超过 $m\pm 15~V$ 时，电源则不能使用，将造成用户损失 3 200 元，求 $L(y)$。

解　常数 k 为

$$k=\frac{3~200}{(y-m)^2}=\frac{3~200}{15^2}=14.2$$

故得损失函数为

$$L(y)=14.2(y-m)^2$$

第二节　质量成本的基本概念

由于生产力的迅速发展、科学技术的飞速进步，人们对产品质量的要求日益提高，企业的生产经营活动更加讲求经济效益。开展质量成本的测定、报告、分析和研究，从而促进产品质量和经济效益的提高，已经日益成为企业全面质量管理工作的一个重要组成部分。

一、质量成本的概念

世界上最早把质量成本概念运用于实践的是美国的费根堡,他主张把质量预防费用和检验费用与产品不合要求所造成的厂内损失和厂外损失一起加以考虑,并首先提出质量成本的概念,得到了西方国家的普遍重视。

(一) 质量成本的含义

质量成本也称质量费用。根据 GB/T 19000—ISO 9000 标准,质量成本的定义是:将产品质量保持在规定的质量水平上所需的有关费用。它是企业生产总成本的一个组成部分。而在 ISO/CD-8402-1 委员会草案中对质量成本的定义是:总成本的一部分,它包括确保满意质量所发生的费用以及未达到满意质量的有形与无形损失。上述两个定义在表述上有所不同,但本质上是基本相同的。

成本的概念并不是新的概念,每个企业都要进行成本管理和核算。企业中常见的成本类型有生产成本、销售成本、运输成本和设计成本,也可分为可变成本、固定成本等。但是,质量成本不同于其他成本概念,它有特定的含义,很多人并不熟悉,甚至错误地认为一切与保持和提高质量直接或间接有关的费用都应计入质量成本,结果导致管理上的混乱,成本项目设置的不规范也使企业之间缺少可比性。例如,有的企业把技术改造、设备大修、员工一般培训和新产品开发设计的费用都一起计入质量成本之中,实际上这样计算出来的质量成本与生产总成本没有多少区别。

(二) 质量成本的构成

根据国际标准(ISO)的规定,质量成本是由两部分构成,即运行质量成本和外部质量保证成本。其中运行质量成本包括预防成本、鉴定成本、内部故障成本、外部故障成本。

1. 运行质量成本

(1) 预防成本

预防成本是指致力于预防产生故障或不合格品所需的各项费用,包括质量工作费(企业质量体系中为预防发生故障、保证和控制产品质量而开展质量管理所需的各项有关费用)、质量培训费、质量奖励费、质量改进措施费、质量评审费、工资及附加费(指从事质量管理的专业人员)、质量信息费等。

(2) 鉴定成本

鉴定成本是指评定产品是否满足规定质量要求所需的费用,是鉴定、试验、检查和验证方面的成本。一般包括进货检验费、工序检验费、成品检验费、检测试验设备校准维护费、试验材料及劳务费、检测试验设备折旧费、办公费(检测、试验发生)、工资及附加费(指专职检验、计量人员)等。

(3) 内部故障成本

交货前产品或服务未满足规定质量要求所发生的费用。包括废品损失、返工或返修损失、因质量问题发生的停工损失、质量事故处理费、质量降等降级损失等。

(4) 外部故障成本

外部故障成本是指交货后产品或服务未满足规定质量要求所发生的费用。包括索赔损失、退货或退换损失、保修费用、诉讼损失费、降价损失等。

以上各种费用属于运行质量成本范畴。

2. 外部质量保证成本

在合同环境条件下,根据用户提出的要求,为提供客观证据所支付的费用,统称为外部质量保证成本。其项目如:

(1)为提供特殊附加的质量保证措施、程序、数据等所支付的费用;

(2)产品的验证试验和评定的费用,如经认可的独立试验机构对特殊的安全性能进行检测试验所发生的费用;

(3)为满足用户要求,进行质量体系认证所发生的费用等。

从以上质量成本的构成可以看出:第一,质量成本是针对产品制造过程的符合性质量而言。也就是说,在设计已经完成、标准和规范已经确定的条件下,才开始进入质量成本计算。因此,它不包括重新设计和改进设计以及用于提高质量等级或质量水平而支付的那些费用。第二,质量成本是指在制造过程中那些同出现不合格品密切联系的费用。例如,预防成本就是预防出现不合格品的费用;鉴定成本是为了评定是否出现不合格品的费用;而内、外故障成本是因产品不合格而在厂内或厂外所产生的损失费用。第三,质量成本并不包括制造过程中与质量有关的全部费用,而只是其中的一部分,是制造过程中同质量水平最直接、最密切、最敏感的那一部分费用。工人生产时的工资或材料费、车间或企业管理费等均不得计入质量成本中,因为这是正常生产时所必须具备的条件。计算和控制质量成本,是为了以最经济的手段达到规定的质量目标。第四,质量成本的计算不是单纯为得到它的结果,而是为了分析,并在差异中寻找质量改进的途径以达到降低成本的目的。因此,它对企业的经营决策有着重要的意义。

二、质量成本费用的分类

质量的成本费用项目种类甚多,为了进行合理的管理和有效的控制,对其进行科学的分类是十分必要的。质量成本费用的分类可有不同的标准,通常可按下列方法进行分类。

(一)控制成本和故障成本(或损失成本)

质量成本按其作用可分为控制成本与故障成本(损失成本)。

控制成本是指预防成本加鉴定成本,是对产品质量进行控制、管理和监督所花的费用。这些费用具有投资的性质,以达到保证质量的目的,同时其投资的大小也是预先可以计划和控制的,故称控制成本,亦可称为投资性成本。

故障成本(或损失成本)亦称控制失效成本,是指内部故障与外部故障之和,这两部分费用都是由于控制不力而导致不合格品(或故障)的出现而发生的损失,故也常称为损失成本。

控制成本与故障成本是密切相关的,在一定范围内,增加控制成本可以减少故障成本,从而提高企业的经济效益。但是,如果不适当地增加控制成本,反而可能使质量总成本增加,从而降低企业经济效益。所以质量成本管理的一个重要任务,就是要合理掌握控制成本的大小,即找到控制成本在质量总成本中的合适比例,使质量总成本达到最小值。

(二)显见成本和隐含成本

质量成本按其存在的形式可分为显见成本与隐含成本。

显见成本是指实际发生的质量费用,是现行成本核算中需要计算的部分,质量成本中大部分费用属于此类。

隐含成本不是实际发生和支出,但又确实使企业效益减少的费用。这一部分被减少的收入不直接反映在成本核算中。如产品由于质量问题而发生的降级降价损失，由于质量原因而发生的停工损失等均属此类费用。

区分显见成本与隐含成本对于开展质量成本管理非常重要，因为这两类成本的核算方法不同，显见成本是属于成本正式开支范围的费用，可以通过会计成本系统，根据原始记录、报表或有关凭证进行核算；而隐含成本不属于成本正式开支费用范围，不直接计入成本。但从质量角度，隐含成本同企业的销售收入和效益有着密切的关系，必须予以考虑。因此，它需要根据实际情况进行补充计算。具体地说，显见成本可以采用会计核算办法，而隐含成本一般采用统计核算办法进行。

（三）直接成本和间接成本

质量成本按其与产品的联系可分为直接成本与间接成本。

直接成本是指生产、销售某种产品而直接产生的费用，这类费用可直接计入该种产品成本中，如故障成本等。间接成本是指生产、销售几种产品而共同发生的费用，这种费用需要采用某种适当的方法，分摊到各种产品中去。因此，正确区分直接成本与间接成本，对于准确地计算产品质量成本，有着重要的意义。一般说来，预防成本和部分鉴定成本多属于间接成本，而内部故障成本和外部故障成本多属于直接成本。

（四）阶段成本

质量成本按其形成过程可分为设计、采购、制造和销售等各不同阶段的成本类型。这种质量成本分类有利于实行质量成本控制。在不同的形成阶段制定质量成本计划、落实质量成本目标，加强质量成本监督，以便最后达到整个过程质量成本优化的目标。

此外，质量成本还可按其发生地点或责任单位进行分类，以便明确单位（如车间、科室）和个人的质量责任制，把质量成本计划目标和措施层层分解和落实，严格进行控制和核算。只有这样，才能使质量成本管理真正取得效果。

前面说明了有关质量成本的构成和费用的分类，这些都是质量成本核算的基础。为了有效地进行质量成本的核算，还必须严格划清如下五个方面的费用界限：

（1）质量成本中应计入和不应计入产品成本的费用界限；
（2）各种产品质量成本之间的费用界限；
（3）不同时期（如各月份）之间的费用界限；
（4）成品与在制品之间的费用界限；
（5）质量成本中显见成本与隐含成本的费用界限。

第三节 质量成本管理

产品的质量成本管理，需要进行质量成本预测，编制质量成本计划，对质量成本进行分析，并提交质量成本报告。

一、质量成本预测和计划

（一）质量成本预测

1. 什么是成本预测

质量成本预测是编制质量成本计划的基础，是企业质量决策依据之一。预测的主要根据是企业的历史资料、企业的方针目标、国内外同行业的质量成本水平、产品技术条件和产品质量要求,用户的特殊要求等,结合企业的发展,采用科学的方法,通过对各种质量要素与质量成本的依存关系,对一定时期的质量目标值进行分析研究,作出短期、中期、长期的预测,使之符合实际情况和客观的规律。预测的目的是挖掘潜力,指明方向,为提高质量、降低成本、改善管理及制定质量改进计划、质量成本计划、增产节约计划提供可靠的依据。

2. 质量成本预测的主要方法

(1) 经验判断法。当影响因素比较多,或者影响的规律比较复杂,难以找出哪怕是很粗糙的函数关系,这时可组织经验丰富的质量管理人员、有关的财会人员和技术人员,根据已掌握的资料,凭借自己的工作经验作预测。此外,对于长期质量成本也适宜使用经验判断方法。

(2) 计算分析法。如果经过对历史数据作数理统计方法的处理后,有关因素之间呈现出较强的规律性,则可以找到某些反映内在规律的数学表达式,用来作预测。

(3) 比例测算法。由于各个企业在产品性能、服务对象、规模以及人数等不同,质量成本总额不可能相同,即便是情况大致相近的企业,质量成本总额也可能相差甚远,但也不是说就没有共同的规律了。根据大量研究,发现下面几组数据对一般企业来说都有指导意义:

① 在简单的低公差的工业部门,质量成本的总额一般不超过销售总额的2%;

② 在异常情况下,如高精密度、高可靠性、高复杂性的情况下,质量成本总额可能超过销售总额的25%;

③ 如果把内部故障损失成本与外部故障损失成本统称为质量损失成本,那么在消费品工业中,质量损失成本一般是几倍于鉴定成本;

④ 预防成本一般不到全部质量成本的10%,普遍认为接近10%较好;

⑤ 质量损失成本的较理想比例是占质量成本总额的50%左右。

(二) 质量成本计划

1. 什么是质量成本计划

在预测基础上,针对质量与成本的依存关系,用货币形式确定生产符合质量要求的产品时,所需的质量费用消耗水平称为质量成本计划。质量成本计划由财务部门配合质量管理部门一起编制。编制的质量成本计划要力求接近质量成本的最佳值。

2. 质量成本计划的具体内容

质量成本计划应该由数值化的目标值和文字化的责任措施两部分组成。

(1) 数据部分计划内容

① 企业质量成本总额和质量成本构成项目的计划。它们是企业在计划期内要努力达到的目标。

② 主要产品的质量成本计划。这里所谓的主要产品是相对于产品质量成本对企业效益的影响程度而言的。

③ 质量成本结构比例计划。结构比例对企业效益有一定的影响,在质量成本总额一定的条件下,不同的质量成本结构效益是不同的。

④ 各职能部门的质量成本计划。

(2) 文字部分计划内容

此部分的计划主要包括对计划制定的说明,拟采取的计划措施、工作程序等,具体内容如下：
① 各职能部门在计划期所承担的质量成本控制的责任和工作任务；
② 各职能部门质量成本控制的重点；
③ 开展质量成本分析，实施质量成本改进计划的工作程序等说明。
质量计划必须在每年的年初向全厂发布，以指导全年的质量成本管理活动。

二、质量成本分析和报告

质量成本分析和报告是质量成本管理工作的两个重要环节。通过质量成本分析可以找出产品质量的缺陷和管理工作中的不足之处，为改进质量提出建议，为降低质量成本、寻求最佳质量水平指出方向。

（一）质量成本分析

质量成本分析是根据质量管理和质量保证需要，结合企业生产经营特点，运用成本分析的方法，找出影响质量成本的关键因素，从而不断地改进质量，降低总成本，增加企业经济效益。

1. 质量成本分析的内容

（1）质量成本总额分析

通过核算计划期的质量成本总额，与上期质量成本总额或计划目标值作比较，以分析其变化情况，从而找出变化原因和变化趋势。此项分析可以掌握企业产品质量整体上的情况。

（2）质量成本构成分析

质量成本的不同项目之间是互相关联的，通过核算内部故障成本、外部故障成本、鉴定成本和预防成本分别占运行质量成本的比率，以及分别计算运行质量成本和外部保证质量成本各占质量成本总额的比率，来分析企业运行质量成本的项目构成是否合理，可以寻求比较合理的质量成本水平。

（3）质量成本与企业经济指标的比较分析

即计算各项质量成本与企业的整体经济指标，如相对于企业销售收入、产值、利润等指标的比率，有利于分析和评价质量管理水平。例如，故障成本总额与销售收入总额的比率可称为百元销售收入故障成本率，它反映了因产品质量而造成的经济损失对企业销售收入的影响程度；再如，外部故障成本与销售收入总额的比率，称为百元销售收入外部故障成本率，它反映了企业为用户服务的费用支出水平，也反映因质量问题给用户造成的经济损失。

（4）故障成本分析

由于故障成本发生的偶然因素较多，所以，故障成本分析是查找产品质量缺陷和管理工作中薄弱环节的主要途径。可以从部门、产品种类、外部故障等角度进行分析。

2. 质量成本分析的方法

质量成本分析可采用定性和定量相结合的方法。定性分析可以加强企业质量成本管理工作的科学性，可以提高企业员工对质量工作重要性的认识，有利于增强员工的质量意识，推动企业质量管理工作。而定量分析的作用在于作精确的计算，求得比较确切的经济效果。定量分析有以下几种。

（1）指标分析法

指标分析法是对前面介绍的有关质量成本分析内容的指标作数量计算，主要计算增减量和增减率两大类数值。

以质量成本总额为例：

$$质量成本总额增减量 = 基期质量成本总额 - 计划期质量成本总额$$

$$质量成本总额增减率 = \frac{质量成本总额增减量}{基期质量成本总额} \times 100\%$$

其余质量成本指标可依此类推。

(2) 质量成本趋势分析

趋势分析的目的是掌握企业质量成本在一定时期内的变化趋势，可有短期趋势分析和长期趋势分析。分析一年内各月的变化情况属于短期分析，五年以上的属于长期分析。趋势分析可采用表格法和作图法两种形式。前者以具体的数值表达，准确明了；后者以曲线表达，直观清晰。

(3) 排列图分析

排列图分析就是应用全面质量管理中的排列图原理对质量成本进行分析的一种方法。应用这种方法，特别是当质量成本类型位于质量改进区域内，而工作重点应放在改善产品质量和提高预防成本上时，其效果更为显著。采用排列图进行分析，不仅可以找出主要矛盾，而且可以层层深入，连续进行追踪分析，以便最终找出真正的问题。

(4) 灵敏度分析

灵敏度分析指质量成本四大项目（质量成本总额、预防成本总额、鉴定成本总额和内部故障总额）的投入与产出在一定时间内的变化效果或特定的质量改进效果，用灵敏度 α 表示如下：

$$\alpha = \frac{计划期内外故障成本之和与基期相应值之差值}{计划期预防与鉴定成本之和与基期相应值之差值}$$

(5) 质量成本特性曲线

质量成本中的四大项目的费用大小与产品合格质量水平之间存在一定的变化关系。这条反映变化关系的曲线，称为质量成本特性曲线。质量成本特性曲线如图 8-3-1 所示，其中曲线 C_1 表示预防成本与鉴定成本之和，它随着合格品率的增加而增加；曲线 C_2 表示内部故障与外部故障之和，它随着合格品率的增加而减少；曲线 C 为质量总成本，是上述四项之和，即质量成本特性曲线。

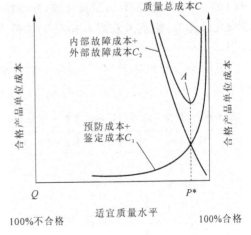

图 8-3-1 质量成本特性曲线图

从图 8-3-1 可以看出，质量成本与制造过程中的产品质量水平密切相关。在曲线 C 的左端，不合格品率高，产品质量水平低，内、外部故障费用都大，质量总成本 C 当然也大；当逐步加大预防费用时，不合格品率降低，内、外部故障费用及质量总成本都将随之降低。但如果继续增加预防费用，直至使不合格品率为零，内、外部故障费用可以趋于零，但预防成本本身的费用很高，导致质量总成本 C 相应急剧增大。只有在最低点 A 处，质量总成本最低。

另外可以证明,当质量总成本达到最低值时,产品的生产总成本亦达到最低值。

为了便于分析质量总成本的变化规律,将图 8-3-1 曲线 C 最低点 A 处一段局部放大,如图 8-3-2 所示。该图可分为三个区域,分别对应着各项费用的不同比例。

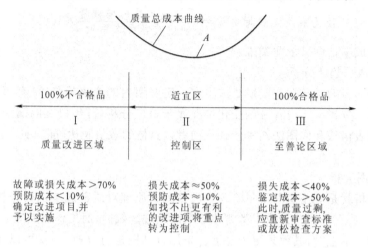

图 8-3-2 质量成本特性曲线的局部放大图

由图 8-3-2 可以看出:

① Ⅰ 区是故障成本最大的区域,它是影响达到最佳质量成本的主导因素。因此,质量管理工作的重点在于加强质量预防措施,加强质量检验,提高质量水平,故称为质量改进区域。

② Ⅱ 区表示在一定组织技术条件下,如难于再找到降低质量总成本的措施时,质量管理的重点在于维持或控制现有的质量水平,使质量成本处于最低点附近的区域,故称为控制区。

③ Ⅲ 区表示鉴定成本比重最大,它是影响质量总成本达到最佳值的主要因素。质量管理的重点在于分析现有的质量标准,减少检验程序和提高检验工作效率,甚至要放宽质量标准或检验标准,使质量总成本趋近于最低点 A。故称这个区域为至善论区域或质量过剩区域。

从整个变化规律看,各个企业质量成本的变化模式基本相似,但不同企业由于生产类型不同、产品的形式和结构特点不同、工艺条件不同,所以质量总成本的最低点的位置及其对应的不合格品率 p 的大小也各不相同。同样,三个区域(Ⅰ、Ⅱ、Ⅲ)所对应的各项费用的大小比例也各不相同,不能把图 8-3-2 所示的数字作为一个通用的比例。美国质量管理专家朱兰博士提出各类费用的比例大致如表 8-3-1 所示,可供一般性参考。

表 8-3-1 各类费用占质量总成本的一般比例

质量费用	占质量总成本的百分比(%)
内部故障	25~40
外部故障	25~40
鉴定费用	10~50
预防费用	1~5

(二)质量成本报告

质量成本报告是根据质量成本分析的结果,向领导及有关部门汇报时所作的书面陈述,以作为制定质量方针目标、评价质量体系的有效性和进行质量改进的依据。质量成本报告也是企业质量管理部门和财会部门对质量成本管理活动或某一典型事件进行调查、分析、建议的总结性文件。

质量成本报告的内容视报告呈送对象而有所不同。如送高层领导的报告，应以简明扼要的文字、图表说明企业质量成本计划执行情况及趋势，着重指出报告期内改进质量和降低成本方面的效果及进一步改进的潜力；送中层部门的报告，可按部门或车间的实际需要提供专题分析报告，使他们能从中找到本单位的主要改进项目。质量成本报告的频次，通常对高层领导较少，以一季度一次为宜；对中层或基层单位，以一月一次为宜，甚至可每旬报送一次，以便及时为有关领导和部门的决策和控制提供依据。提出报告应由财会部门与质量管理部门共同承担，以便既保证质量成本数据的可信度，又有助于分析质量趋势。

质量成本报告的内容有：
（1）质量成本计划执行和完成的情况与基期的对比分析；
（2）质量成本四个组成项目构成比例变化的分析；
（3）质量成本与相关经济指标的效益对比分析；
（4）典型事例及重点问题的分析与解决措施；
（5）效益判断的评价和建议。

质量成本的分析和报告应纳入经济责任制进行考核。

第四节　质量经济分析

开展企业的质量经济分析，就是要确定产品设计、制造、销售和售后服务等各个环节、各道工序的最经济质量水平，然后分别按照这种最经济的质量水平来组织生产，以保证企业在产品设计、制造、销售及售后服务全过程取得最好的经济效益。

一、质量经济分析的概念及内容

（一）质量经济分析的概念

质量经济分析，就是从经济和经济效益的角度，应用经济分析的方法，对不同的质量水平和不同的质量管理措施进行分析和评价，从中挑选出能使质量和经济效益达到最佳结合的质量管理方案，并用以指导日常的质量管理工作。

（二）质量经济分析的内容

质量经济分析的内容包括从产品设计、制造到产品的销售和售后服务的全过程，对质量和质量管理进行全面、系统的经济分析，具体包括以下几个方面。

（1）产品设计过程的质量经济分析。产品设计是整个产品质量形成的关键环节，设计过程的质量经济分析，就是要做到使设计出来的产品既能满足规定的质量要求，又能使产品寿命周期内的成本最小。它应该包括质量等级水平的经济分析，产品质量的三次设计（系统设计、参数设计、容差设计），质量改进的经济分析和可靠性的经济分析。

（2）产品制造过程的质量经济分析。就是力求以最小的生产费用，生产出符合质量设计要求的产品。在生产过程中出现高于或低于设计要求的产品，都是不经济的。高于设计要求,就会增加原设计成本,低于又会使产品的不合格率上升,废次品、返修品损失加大。所以要求确定出适合设计水平的最佳制造水平,使生产出来的产品质量水平既能满足设计要求,又能使制造中发生的成本最低。其主要分析内容包括不合格品率的经济分析、返修的经济分析、质量检验的经济分析以及工序能力的经济分析和生产速度的经济分析等。

(3) 产品销售及售后服务的质量经济分析。这里主要是研究产品质量与产品销售数量和售后服务费用之间的关系。其中主要包括产品质量与市场占有率和销售利润的综合分析,产品质量与产品销售及售后服务费用的关系,最佳保修期和最佳保修费用分析,交货期的经济分析,广告费用与提高质量的对比分析等。

二、产品设计和制造过程的质量经济分析

(一) 产品设计过程的质量经济分析

产品设计过程的质量经济分析的内容是多方面的,下面着重介绍两点,即适合质量水平点(适质点)的选择和设计过程的成本考虑。

设计过程是产品生产过程和质量经济分析的首要环节,是质量成本管理参与质量经营活动的最重要的阶段。据国外统计资料表明,通过提高产品设计质量获得的节约费用,最大幅度可占生产费用总和的80%;而设计质量的平庸甚至缺陷,在研制过程中通过技术革新、攻关手段获得的节约费用,最大幅度只占生产总费用的20%。另据统计,设计上的缺陷如能在设计过程中及时发现,修正与更正,比起留待在生产加工制造中暴露与解决要节省20~30倍的力量。

在设计阶段质量经济分析的原则是:从用户与生产者的共同利益出发,从产品性能与产品成本的结合点出发,以最低的产品寿命周期成本,取得产品的最佳质量水平,给用户、生产者、社会带来综合的经济效益,因此在设计时要从用户、生产者及社会等各个方面进行质量经济分析和评估,以实现质量与效益的最佳结合。在现代产品设计过程中,应当使设计质量参数和成本之间取得平衡;这就得从产品设计开始直到使用寿命周期结束的全过程中,考虑参数与成本的关系,这也就是产品的价值。

产品适用性参数的选择,应以适当的成本所能提供的最高功能为基准,即质量功能和质量经济性的统一,优质和低耗的统一。为此在设计时,一方面要从产品的适用性出发,反对粗制滥造,使用户蒙受损失的"不足质量";另一方面也要反对不考虑经济效益的"过剩质量"。因此提出了"最适合质量水平"的概念。

最适合的质量水平(适质点)是设计时要着重解决的问题,一方面要考虑用户对产品的使用功能是否满意,是否买得起;另一方面也要考虑企业的成本和收益。因此要找出质量的变化与成本、价格、利润之间的关系,即质(Q)—本(C)—利(P)的关系(见图 8-4-1)。

设计的最适合质量水平,即图 8-4-1 中所示的曲线(Ⅰ)与曲线(2)间距离最大的一点(点Ⅱ)。曲线(1)表示质量与成本的关系,在一般情况下,产品成本是随着质量水平的提高而增加,因为产品质量等级的提高,要求技术工艺和管理水平、原材料的等级都提高,设计和制造成本相应增加,总成本随之而提高;曲线(2)表示质量与效益的关系,实质是销售收入,因此,销售收入—总成本=利润,所以从图 8-4-1 上看,曲线(2)与曲线(1)距离最长的点也即是利润最大的点,称其为最适合质量水平点(适质点),在图 8-4-1 中为点Ⅱ。

另外从点Ⅰ、点Ⅱ、点Ⅲ的比较来看,当质量水平从点Ⅰ提高到点Ⅱ时,成本增加了 A,

收益增加了 B，$B>A$。当质量水平从点Ⅱ提高到点Ⅲ时，成本增加了 C，收益增加了 D，$C>D$，收益的增加低于成本的增加，点Ⅲ不可行，所以点Ⅱ为最好。应该是选定的"适质点"。

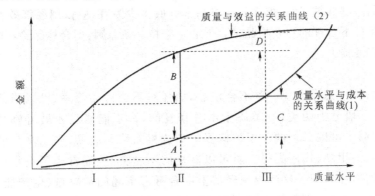

图 8-4-1　质量、成本与效益之间的关系曲线

在产品设计过程中，除确定最适合的质量水平外，还要考虑设计阶段的成本。其内容包括：

（1）产品规划成本，如市场调查，技术经济分析费用等；
（2）正式设计成本，如结构组合费用，设计评审费用等；
（3）试制试验成本，如试制费、试验费、鉴定评审费用等；
（4）技术管理成本，如情报管理费用、设计管理费用等。

在设计过程中应对这些费用加强管理，并及时进行分析，以实现设计的最佳经济效益。

此外，在设计经济分析中还应包括对合适的原材料的等级水平的选择，代用材料的选择，适用技术标准的制定等。

（二）制造过程的质量经济分析

制造过程是产品质量形成的最重要阶段，其目的是要生产出符合设计要求的产品，所以在这一阶段的质量经济分析是要以最低的消耗来维持和保证获得最佳的加工水平，以达到稳定的生产出符合质量设计要求的产品，制造过程质量经济分析的主要内容如下。

1. 适宜的过程能力分析

所谓过程能力在前面已经介绍过，它是指工序在控制状态下实际加工的能力。对于机加工产品来说过程能力过高，说明采用设备的精度过高，原材料要求过好，这对于发挥设备能力、提高工作效率、降低成本、提高效益都是不利的，过程能力过低，说明加工能力满足不了产品技术标准的要求，会产生大量废品，造成大量浪费，也不利于企业提高经济效益，所以一般要求过程能力指数值在 1～1.33 之间。这是机加工行业的要求，其他行业要看具体情况而定。总之要能发挥设备的潜力，提高生产效率。同时也要求废品率较低，兼顾质量和经济效益两个方面的要求，这是我们所要追求的适宜的工序能力。

2. 适宜的不合格品率分析

生产过程中的不合格品率，一般来说越低越好。质量管理便是致力于将不合格品率控制在尽可能低的范围里。但不合格品率的高低是受到许多条件制约的。在有些情况下，过严地控制不合格品率，可能会降低生产率，反而影响到经济效益。这时可暂时维持一定的不合格品率，而将生产能力充分发挥出来，提高生产效率。视情况还可以将不合格品进行返修或回炉,而获得较好的经济效益。然后在此基础上,不断加强质量控制,逐步降低不合格品率。所以从经济效益的角度来考虑,对不合格品率的情况需要进行具体分析,不可以笼统地断定"不合格品率越低越好"。那么不合格品率到底多少为宜,应该用经济效益作为衡量标准,确定不同条件下合理的不合格品率。但必须坚持一条原则:不合格品绝不能流入用户手中,造成不应有的损失。

3. 返修分析

在生产过程中,总会出现一些不合格品,加强对不合格品管理,可以降低厂内厂外损失。不合格品一般分为两类:一类属于不可修复的(即不能修复或虽可修复但经济上不合算);另一类属于可以修复的。不可修复的不合格品称为废品,可以修复的不合格品则又包括返修品、回用品、代用品等。对可以修复的不合格品,通常都要进行返修。但返修要付出人力、物力和时间。这就要从经济上综合考虑市场的需要量、生产能力和返修率。一般来说,在市场滞销,生产能力过剩时,应对不合格品进行返修;在市场畅销,生产能力不足时,应暂时不进行返修,集中生产能力进行生产,而将不合格品聚集起来,在市场淡季或生产能力富裕时再集中返修。

4. 质量检验分析

选择合理的检验方式。按照检验方式的不同特点和不同作用,工序检验方式分为预先检验、中间检验和最后检验,固定检验和流动检验,全数检验和抽样检验,首件检验和统计检验等。这些检验方式其特征和作用各不相同,应合理选择。选择合理的工序检验方式,不仅可以正确地反映质量,还能减少检验费用,缩短检验周期。因此,选择工序检验方式的原则应是既要保证质量又要便利生产,还要尽可能减少检验工作量,降低检验成本。工序质量检验分析的内容包括:需不需要进行质量检验;如果需要,采用全数检验还是抽样检验;抽样的样本数多少为最好;采用何种抽检方式;在多工序情况下,在哪些工序检查最为有利等。

(1) 经济检查点

从经济的角度来考虑,是否需要进行质量检查,决定于检查所带来的效益是否大于检查所需的费用。进行检查,需要检查费用;不进行检查,废次品进入下道工序或用户手中,就要发生损失。这种损失将随不合格品率的增大而增大。

(2) 经济检验量

检验从数量上可以分为全数检验和抽样检验。一般来说,现行的检验方式多为抽样检查,特别是对要进行破坏性试验的产品。但对小批量的产品,或产品可能具有严重缺陷甚至是致命缺陷时应进行全数检查。此外,还应取决于不合格率和检查费用。

三、销售和售后服务过程的质量经济分析

销售和售后服务过程的质量成本,是指在销售过程中为保证产品或服务质量而支出的一切费用,以及未达到产品或服务质量标准而产生的一切损失性费用。它一般包括产品服务费用、保修费用、退货损失、折价损失、索赔费用等。产品服务费用,是指在产品的包装、运输、安装、使用和维护方面为用户提供服务活动而支出的费用。保修费用,是指保修期间或根据合同对用户提供修理服务所支出的一切费用。退货损失,是指因产品质量问题,造成用户退货、换货而支出的一切费用。折价损失,是指由于产品质量低于标准,经与用户协商同意折价出售的损失和由于折价损失而减少的其他收益。索赔费用,是指由于产品质量问题,

经用户提出申诉,而进行索赔处理所支付的一切费用。因此,加强销售过程的质量成本控制,对降低产品的质量总成本、增强企业的竞争能力、提高质量效益等具有十分重要的意义。

这里主要介绍以下几个方面的内容。

1. 广告宣传费

广告宣传是向消费者提供商品信息,宣传产品的特性和使用知识的手段,是联系生产者与消费者之间的桥梁。因此,广告宣传对于吸引消费者、扩大产品销售量、提高市场占有率具有重大意义。因而在销售过程中,花费必要数量的广告宣传费用,对扩大产品销售是不可缺少的。但如何使广告费用产生最佳的效果,要根据市场情况和本企业的生产能力和销售量来确定,一般有以下几种情况:

(1) 不作广告。当生产能力低于市场最低需要量,即为卖方市场时,产品供不应求,可不作广告宣传。

(2) 最大广告费用。广告费用所带来的利润正好等于广告费用。

(3) 最佳广告费用。单位广告费用的利润最高。

称最大的广告费用点为极限点。市场实际需要量为广告起始点。当销售量低于起始点时不需作广告;当销售量等于极限点时,不能再增加广告费用,再增加就亏本了。

2. 销售服务费用

这些费用是指帮助客户进行安装调试、技术培训发生的费用;在无偿服务的有效期内发生的全部费用,包括人工费、材料费、咨询费、退货、折价、更换损失等;为招收和训练一支具有足够能力去诊断和维修故障的服务力量而发生的费用等。通过对这些费用支出的分析,确定哪些取得了理想的效果,哪些得不偿失甚至没有结果,从而为下一轮改进销售服务质量提供经济依据。

3. 信誉费用

产品销售信誉包括包修期限、维修服务点的设置密度、交货期等。一般来说,包修期越长,维修服务点越多,用户接受服务的覆盖面越大,交货期越准确,产品在市场上的信誉越高。销售量越大,市场占有率越高,此时企业付出的信誉费用也会相应增大。但如果包修期过短,服务维修点过少,交货期不能保证,信誉费用是少了,但产品销量将受到影响。因此,信誉费用也有个最优化的问题。

(1) 最佳包修期的确定。产品在使用过程中,其故障规律一般服从"浴盆曲线"。开始为早发故障期,故障率较高,随后下降。到偶发故障期,故障率比较稳定。而到衰耗期,故障率逐渐升高直至失效。所以维修费用也相应地呈现浴盆曲线的形状。最佳包修期最好能确定在进入衰耗期之前。

(2) 销售服务网点的确定。维修服务点设置即是对用户提供技术服务。技术服务是指产品在使用或消费过程中,厂家对用户进行消费指导,帮助提高产品的使用效能,在发生故障时进行修理维护,恢复产品的使用性能。那么,技术服务网点设置越多,用户越方便,销售量会增大。但过多的维修服务网点,也必然使厂家投入更多的维修服务人员和设备,费用会增加。所以,产品维修可采取多种形式,除设立维修服务点、生产企业派人到用户现场进行修理外,还可以提供备件由用户自行修理。产品生产企业应加强维修人员的培训,提供技术指导和服务,努力降低产品的维护费用。

质量经济分析的内容极其丰富,它几乎渗透到质量经营管理的各个环节和层面,这里阐述的只是其一部分重要内容。同时,在质量成本管理过程中,还必须充分运用质量会计分析所取得的成果,指导具体的质量成本管理活动。

"提高经济效益的巨大潜力蕴藏在产品质量之中",这句名言已经被世界许多企业的成功经验所证实。只有减少与质量有关的损失,企业效益才能得到充分体现和增加。要用经济的手段生产用户所满意的产品,重视使用中的适宜性,同时满足企业的需要和利益。为此应把企业效益和社会效益统一起来,在整个质量活动中坚持质量与经济的统一。这就是质量经济分析的任务。

复习思考题

1. 质量成本的构成项目有哪些?分别是什么含义?
2. 质量成本预测的方法有哪几种?
3. 质量成本分析有哪些内容?质量成本分析的方法有哪几种?
4. 质量成本报告应包括哪些基本内容?
5. 质量成本特性曲线说明了什么?
6. 质量经济分析有何意义?
7. 适合的质量水平是指什么?
8. 从经济的角度来看,产品的合格率是否越低越好?

练习题

某种温度控制器,按照质量标准规定,当偏差超过±0.5 ℃时必须返修,这时的返修损失为1 000元,求损失函数。

附表1 标准正态分布表

$$\Phi(u) = \frac{1}{\sqrt{2\pi}} \int_{-\infty}^{u} e^{-\frac{x^2}{2}} dx$$

u	0	1	2	3	4	5	6	7	8	9
0.0	0.500 0	0.504 0	0.508 0	0.512 0	0.516 0	0.519 9	0.523 9	0.527 9	0.531 9	0.535 9
0.1	0.539 8	0.543 8	0.547 8	0.551 7	0.555 7	0.559 6	0.563 6	0.567 5	0.571 4	0.575 3
0.2	0.579 3	0.583 2	0.587 1	0.591 0	0.594 8	0.598 7	0.602 6	0.606 4	0.610 3	0.614 1
0.3	0.617 9	0.612 7	0.625 5	0.629 3	0.633 1	0.636 8	0.640 6	0.664 3	0.648 0	0.651 7
0.4	0.655 4	0.659 1	0.662 8	0.666 4	0.670 0	0.673 6	0.677 2	0.680 8	0.684 4	0.687 9
0.5	0.691 5	0.695 0	0.698 5	0.701 9	0.705 4	0.708 8	0.712 3	0.715 7	0.719 0	0.722 4
0.6	0.725 7	0.729 1	0.732 4	0.735 7	0.738 9	0.742 2	0.745 4	0.748 6	0.751 7	0.754 9
0.7	0.758 0	0.761 1	0.764 2	0.767 3	0.770 3	0.773 4	0.776 4	0.779 4	0.782 3	0.785 2
0.8	0.788 1	0.791 0	0.793 9	0.796 7	0.799 5	0.802 3	0.805 1	0.807 8	0.810 6	0.813 8
0.9	0.815 9	0.818 6	0.821 2	0.823 8	0.826 4	0.828 9	0.831 5	0.834 0	0.836 5	0.838 9
1.0	0.841 3	0.843 8	0.846 1	0.848 5	0.850 8	0.853 1	0.855 4	0.857 7	0.859 9	0.862 1
1.1	0.864 3	0.866 5	0.868 6	0.870 8	0.872 9	0.874 9	0.877 0	0.879 0	0.881 0	0.883 0
1.2	0.884 9	0.886 9	0.888 8	0.890 7	0.892 5	0.894 4	0.896 2	0.898 0	0.899 7	0.901 5
1.3	0.903 2	0.904 9	0.906 6	0.908 2	0.909 9	0.911 5	0.913 1	0.914 7	0.916 2	0.217 7
1.4	0.919 2	0.920 7	0.922 2	0.923 6	0.925 1	0.926 5	0.927 8	0.929 2	0.930 6	0.931 9
1.5	0.933 2	0.934 5	0.935 7	0.937 0	0.938 2	0.939 4	0.940 6	0.941 8	0.943 0	0.944 1
1.6	0.945 2	0.946 3	0.947 4	0.948 4	0.949 5	0.950 5	0.951 5	0.952 5	0.953 5	0.954 5
1.7	0.955 4	0.956 4	0.957 3	0.958 2	0.959 1	0.959 9	0.960 8	0.961 6	0.962 5	0.963 3
1.8	0.964 1	0.964 8	0.965 6	0.966 4	0.967 1	0.967 8	0.968 6	0.969 3	0.970 0	0.970 6
1.9	0.971 3	0.971 9	0.972 6	0.973 2	0.973 8	0.974 4	0.975 0	0.975 6	0.976 2	0.976 7
2.0	0.977 2	0.977 8	0.978 3	0.978 8	0.979 3	0.979 8	0.980 3	0.980 8	0.981 2	0.981 7
2.1	0.982 1	0.982 6	0.983 0	0.983 4	0.983 8	0.984 2	0.986 4	0.985 0	0.985 4	0.985 7
2.2	0.986 1	0.984 6	0.986 8	0.987 1	0.987 4	0.987 8	0.988 1	0.988 4	0.988 7	0.989 0
2.3	0.989 3	0.989 6	0.989 8	0.990 1	0.990 4	0.990 6	0.990 9	0.991 1	0.991 3	0.991 6
2.4	0.991 8	0.992 0	0.992 2	0.992 5	0.992 7	0.992 9	0.993 1	0.993 2	0.993 4	0.993 6
2.5	0.993 8	0.994 0	0.994 1	0.994 3	0.994 5	0.994 6	0.994 8	0.994 9	0.995 1	0.995 2
2.6	0.995 3	0.995 5	0.995 6	0.995 7	0.995 9	0.996 0	0.996 1	0.996 2	0.996 3	0.996 4
2.7	0.996 5	0.996 6	0.996 7	0.996 8	0.996 9	0.997 0	0.997 1	0.997 2	0.997 3	0.997 4
2.8	0.997 4	0.997 5	0.997 6	0.997 7	0.997 7	0.997 8	0.997 9	0.997 9	0.998 0	0.998 1
2.9	0.998 1	0.998 2	0.998 2	0.998 3	0.998 4	0.998 4	0.998 5	0.998 5	0.998 6	0.998 6
3.0	0.998 7	0.999 0	0.999 3	0.999 5	0.999 7	0.999 8	0.999 8	0.999 9	0.999 9	1.000 0

续 表

u	0	1	2	3	4	5	6	7	8	9
−3.0	0.0013	0.0010	0.0007	0.0005	0.0003	0.0002	0.0002	0.0001	0.0001	0.0000
−2.9	0.0019	0.0018	0.0017	0.0017	0.0016	0.0016	0.0015	0.0015	0.0014	0.0014
−2.8	0.0026	0.0025	0.0024	0.0023	0.0023	0.0022	0.0021	0.0021	0.0020	0.0019
−2.7	0.0035	0.0034	0.0033	0.0032	0.0031	0.0030	0.0029	0.0028	0.0027	0.0026
−2.6	0.0047	0.0045	0.0044	0.0043	0.0041	0.0040	0.0039	0.0038	0.0037	0.0036
−2.5	0.0062	0.0060	0.0059	0.0057	0.0055	0.0054	0.0052	0.0051	0.0049	0.0048
−2.4	0.0082	0.0080	0.0078	0.0075	0.0073	0.0071	0.0069	0.0068	0.0066	0.0064
−2.3	0.0107	0.0104	0.0102	0.0099	0.0096	0.0094	0.0091	0.0089	0.0087	0.0084
−2.2	0.0139	0.0136	0.0132	0.0129	0.0126	0.0122	0.0119	0.0116	0.0113	0.0110
−2.1	0.0179	0.0174	0.0170	0.0166	0.0162	0.0158	0.0154	0.0150	0.0146	0.0143
−2.0	0.0228	0.0222	0.0217	0.0212	0.0207	0.0202	0.0197	0.0192	0.0188	0.0183
−1.9	0.0287	0.0281	0.0274	0.0268	0.0262	0.0256	0.0250	0.0244	0.0238	0.0233
−1.8	0.0359	0.0352	0.0344	0.0336	0.0329	0.0322	0.0314	0.0307	0.0300	0.0294
−1.7	0.0446	0.0436	0.0427	0.0418	0.0409	0.0401	0.0392	0.0384	0.0375	0.0367
−1.6	0.0548	0.0537	0.0526	0.0516	0.0505	0.0495	0.0485	0.0475	0.0465	0.0455
−1.5	0.0668	0.0655	0.0643	0.0630	0.0618	0.0606	0.0594	0.0582	0.0570	0.0559
−1.4	0.0808	0.0793	0.0778	0.0764	0.0749	0.0735	0.0722	0.0708	0.0694	0.0681
−1.3	0.0968	0.0951	0.0934	0.0918	0.0901	0.0885	0.0869	0.0853	0.0838	0.0823
−1.2	0.1151	0.1131	0.1112	0.1093	0.1075	0.1056	0.1038	0.1020	0.1003	0.0985
−1.1	0.1357	0.1335	0.1314	0.1292	0.1271	0.1251	0.1230	0.1210	0.1190	0.1170
−1.0	0.1587	0.1562	0.1539	0.1515	0.1492	0.1469	0.1446	0.1423	0.1401	0.1379
−0.9	0.1841	0.1814	0.1788	0.1762	0.1736	0.1711	0.1685	0.1660	0.1635	0.1611
−0.8	0.2119	0.2090	0.2061	0.2033	0.2005	0.1977	0.1949	0.1922	0.1894	0.1867
−0.7	0.2420	0.2389	0.2358	0.2327	0.2297	0.2266	0.2236	0.2206	0.2177	0.2148
−0.6	0.2743	0.2709	0.2676	0.2643	0.2611	0.2578	0.2546	0.2514	0.2483	0.2451
−0.5	0.3085	0.3050	0.3015	0.2981	0.2946	0.2912	0.2877	0.2843	0.2810	0.2776
−0.4	0.3446	0.3409	0.3372	0.3336	0.3300	0.3264	0.3228	0.3192	0.3156	0.3121
−0.3	0.3821	0.3783	0.3745	0.3707	0.3669	0.3632	0.3594	0.3557	0.3520	0.3483
−0.2	0.4207	0.4168	0.4129	0.4090	0.4052	0.4013	0.3974	0.3936	0.3897	0.3859
−0.1	0.4602	0.4562	0.4522	0.4483	0.4443	0.4404	0.4364	0.4325	0.4286	0.4247
−0.0	0.5000	0.4960	0.4920	0.4880	0.4840	0.4801	0.4761	0.4721	0.4681	0.4641

附表 2　相关系数检验表

α \ $N-2$	5%	1%	α \ $N-2$	5%	1%	α \ $N-2$	5%	1%
1	0.997	1.000	16	0.468	0.590	35	0.325	0.418
2	0.950	0.990	17	0.456	0.575	40	0.304	0.393
3	0.878	0.959	18	0.444	0.561	45	0.288	0.372
4	0.811	0.917	19	0.433	0.549	50	0.273	0.354
5	0.754	0.874	20	0.423	0.537	60	0.250	0.325
6	0.707	0.834	21	0.413	0.526	70	0.232	0.302
7	0.666	0.798	22	0.404	0.515	80	0.217	0.283
8	0.632	0.765	23	0.396	0.505	90	0.205	0.267
9	0.602	0.735	24	0.388	0.496	100	0.195	0.254
10	0.576	0.708	25	0.381	0.487	125	0.174	0.228
11	0.553	0.684	26	0.374	0.478	150	0.159	0.208
12	0.532	0.661	27	0.367	0.470	200	0.138	0.181
13	0.514	0.641	28	0.361	0.463	300	0.113	0.148
14	0.497	0.623	29	0.355	0.456	400	0.098	0.128
15	0.482	0.606	30	0.349	0.449	1 000	0.062	0.081

参 考 文 献

- [1] 张公绪,孙静.现代质量控制与诊断工程.北京:经济科学出版社,1999.
- [2] 谌东菱.质量管理概论(第2版).北京:经济管理出版社,2001.
- [3] 郭瑞昌.质量管理.北京:人民邮电出版社,1988.
- [4] 徐明达.质量管理小组活动——管理、工具、技巧.北京:清华大学出版社,2000.
- [5] 林汉川.ISO 9000与质量认证.广州:广东人民出版社,1996.
- [6] 高声荣.质量手册的编制与实施指南.北京:企业管理出版社,1995.
- [7] 杨文士.质量管理原理与理论(第2版).北京:机械工业出版社,1992.
- [8] 谭跃雄.现代质量管理学.长沙:中南工业大学出版社,1999.
- [9] 刘广第.质量管理学.北京:清华大学出版社,1996.
- [10] 周朝琦,侯龙文,郝和国.质量经营.北京:经济管理出版社,2000.
- [11] 伍爱.质量管理学.广州:暨南大学出版社,2001.
- [12] 龚益鸣.质量管理学.上海:复旦大学出版社,1999.
- [13] 倪国良,须永元.GB/T19000—ISO 9000贯彻与实施指南.北京:中国计量出版社,1997.
- [14] 张公绪.新编质量管理学.北京:高等教育出版社,1998.
- [15] 廖永平.工业企业质量管理.北京:北京工业大学出版社,1999.
- [16] 刘慧罗.质量管理学.西安:西北工业大学出版社,1992.
- [17] 日本科技联盟"QC方法研究会".新全面质量管理七种工具.北京:技术标准出版社,1982.
- [18] 应可福.质量管理.北京:机械工业出版社,2005.
- [19] 胡铭.质量管理学.武汉:武汉大学出版社,2004.
- [20] 唐家驹,等.质量管理学.北京:中国计量出版社,2004.
- [21] 陶靖轩,等.六西格玛管理简明教程.北京:中国计量出版社,2005.